고전소설과 대중문화

조선시대와 현대의 문화 동기화

송성욱 지음

도서출판 월인

고전소설과 대중문화

조선시대와 현대의 문화 동기화

송성욱

도서출판 월인

차례

Ⅳ 활용 가능성 모색

시작하는 말

한국 고전소설의 현대적 가치는 소설을 연구하는 동안 필자가 줄곧 생각해 온 문제의식이다. 고도의 첨단 기술과 매체로 인해, 어지러울 정도로 급변하는 시대적 상황이 더욱더 이 문제에 몰두하게 만들었다. 필자는 이와 관련하여 고전소설이 한국 문화산업의 근간으로 작용할 수 있다는 생각을 견지했다. 특히 TV드라마나 영화의 저변에는 한국적 스토리텔링이 잠재되어 있을 것이며, 이때의 한국적 특성이 고전소설과 상당한 연관이 있다는 생각이다.

이런 관점에서 필자는 지난 10여 년 동안 고전소설과 TV드라마와 연관성, 고전소설의 산업적 활용 가치, 고전소설의 대중문화적 성격 등에 대해 꾸준히 연구를 진행했다. 이제 이러한 결과를 바탕으로 이 책을 출간한다. 이 과정에서 기존 논문에서 필자가 견지했던 생각이나 결론이 완전히 수정되는 경우, 주장은 동일하나 내용이 다소 수정되는 경우, 논지를 전개하는 방법을 달리한 경우 등이 있었다. 또한 논문으로 발표할 때 제시하지 않았던 자료를 추가로 제시하여 논의의 풍성함을 더했다. 뿐만 아니라 책의 전체적 완결성을 꾀하기 위해, I부 전체 내용, III와 IV부의 각론 일부처럼 완전히 새로 집필되는 경우도 적지 않았다.

이 책은 크게 4부로 구성된다. I부에서는 최근의 사회, 문화적 상황을 바라보는 필자의 생각과 고전소설 연구의 관점을 서술했다. 논문 형식을 탈피하여 비교적 자유롭게 생각을 개진하기 하고자 했다. 이에 I부는 이 책 전체를 관통하는 문제 제기의 역할을 한다고 볼 수 있다.

II부는 I부에서 제기한 문제를 보다 추상적인 관점에서 접근한 글로 구성된다. 고전소설 자체가 지니고 있는 대중문화적 속성, TV드라마와 고전소설의 유사성, 고전소설의 문화산업적 가치 등을 다루었다.

III부는 II부와는 달리 보다 각론적 성격이 짙은 글들로 구성된다. 크게 TV드라마와 영화로 구별하여 개별 작품과 고전소설을 구체적으로 비교하여 그 유사성과 차이점을 드러냈다. 그리고 TV드라마, 영화 모두 외국의 작품과 비교하여 한국적 스토리텔링의 특성을 탐구하고자 했다. 영화의 경우, 중국 무협영화를 별도로 논한 것도 이러한 이유이다.

IV부는 활용의 측면이다. 앞에서 고전소설의 현대적 가치를 논하기 위해 문제 제기, 이론적 탐색, 구체적 논증 등이 있었다면 여기에서는 실제로 고전소설이 어떤 방식으로 현대 문화산업에 활용될 수 있을 것인지를 제시하고자 했다. 이 과정에서 필자가 그동안 대학 강의에서 진행한 한 사례를 별도로 서술했다.

필자는 고전소설을 강의하면서, 4차 산업혁명 시대를 온전히 경험하는 요즘 세대들에게 고전소설이 어떤 효용적 가치가 있을지에 대해 끊임없이 생각했다. 전통적인 미학의 개념으로는 접근하기 힘들어 보이는 이 시대의 문화적 현상에 대해서도 줄곧 고민해왔다. 20세기 이성의 시대를 경험했던 필자가 생각하는 '세계관'이라는 용어와 지금 세대들이 마블 영화나 RPG게임에 대해 논하는 '세계관'의 의미가 같을 수 있을까? 이 책은 필자의 이러한 사고의 과정을 담은 것이다. 여기저기 부족한 부분이 많을 것인데 너그러운 마음으로 이해해 주시기를 당부한다.

끝으로 늘 같은 자리를 지키며 이 책을 흔쾌히 출간해 주신 박성복 사장님, 꼼꼼하게 원고를 편집해 주신 진우성 부장님께 감사의 인사를 드린다.

2021년 여름에

송 성 욱

I

문제와 관점의 제시:
매체, 문화산업, 그리고 고전소설

1) 매체와 문화의 동기화

20세기 후반과 21세기 초엽을 동시에 사는 세대가 누리는 문화는 매 순간 놀라움의 연속으로 다가온다. 변화의 속도와 양상, 그것의 파급력이 모두 놀랄 거리 투성이다.

변화의 속도는 매체가 변하는 속도와 긴밀하게 연동되어 있다. 마치 모바일 전화기와 태블릿 PC, 거실의 TV, 주방의 냉장고가 한꺼번에 동기화되어 있듯이 매체와 문화 역시 동기화되어 있다고 보는 것이 타당할 듯하다.[1] 발터 벤야민(Walter Benjamin)이 20세기 초반의 문화적 특징을 기술에 의한 예술 작품의 복제로 규정한 바 있는데, 현대와 더불어 예술과 문화는 기술과 떨어지려야 떨어질 수 없는 관계에 놓여 있었다. 그러나 21세기를 사는 우리가 경험하는 문화와 기술의 연관성은 동기화라고 표현해야 할 정도로 한 몸처럼 붙어서 움직인다. 넷플릭스(Netflix), 웨이브(Wavvw)와 같은 OTT, 유튜브(You Tube), 페이스북(Face Book) 등과 같은 매체[2]는 매체이면서 그 자체로 문화이다. 심지어는 새로운 문화 형태를 생산하는 적극적인 기능까지 담당하고 있다. 여태껏 경험해보지 못한 놀라운 현상임에 분명하다.

문화를 누리기 위해서는 대체로 해당 문화에 대한 소양. 그것에 접근할 수 있는 비용과 여가가 있어야 한다. 그런데 이제는 그 매체를 다룰 수 있는 능력 또한 중요한 요소로 부각되고 있다. 게다가 이러한 변화가 10년, 5년이 아니라 1~2년 사이에도 급박하게 이루어지니 당혹스러

---

1 이로 인해 IoT란 신조어가 만들어졌다. 사물인터넷이란 말인데 경우에 따라서는 사물의 매체적 결합이 인간을 지배할 수도 있다는 섬뜩한 말이라는 생각이 든다. 2004년에 개봉한 할리우드 영화 〈아이, 로봇(I. Robot)〉은 이미 이러한 모습을 예고하고 있다.

2 이러한 매체를 어떤 식으로 규정할 수 있을지에 대해서도 망설여진다. 유튜브를 두고 SNS라고 해야 할지 포털이라고 해야 할지 의문이고 페이스북은 SNS의 전형이면서도 그 이상의 역할을 하고 있으니 무엇이라고 해야 할지 의문이다.

울 수밖에 없다. 이러한 변화의 속도 때문에 세대 간의 문화적 의식이나 그것에 대한 인식 태도의 간극 역시 전보다 훨씬 많이 벌어진다.[3] 혹자는 세대 간 언어 소통이 불가능할 정도라고 말할 정도이다.

문화는 변화를 거듭할 수밖에 없으니 이런 변화는 당연하다 할 것이다. 그런데 최근 문화의 변화는 자연스러운 변화가 아니라 인위적인 억지 변화라는 생각이 들기도 한다. 매체가 변하는 것은 기술의 발달과 연관이 있지만, 그 기술이 이렇게까지 빨리 변할 필요가 있는가에 대해서는 회의가 들기도 한다. 휴대폰이나 TV가 바뀌는 주기만 보더라도 너무 빠르다. 일반인이 그 속도를 따라 잡을 수가 없다. 알파고가 인간 바둑을 이긴 지 얼마 지나지 않았는데 지금은 그 알파고가 범접조차 할 수 없는 새로운 AI가 등장했고, 이제는 인간이 AI와 대결한다는 것이 어불성설이 되어 버렸다. 그러니 이 변화는 도저히 인간이 감당하기에는 벅찬 속도를 가지고 있다.

문화 변화가 이 정도의 속도감을 가지는 것은, 우리 사회가 그것을 필요로 한다기보다는 변화 그 자체의 관성이거나 산업적 논리가 깔려 있음이 분명하다. 개발자에게는 신기술에 대한 끊임없는 호기심이 있을 것이고, 그 신기술을 만들어야 해당 산업은 경쟁에서 살아남을 수 있다는 것이다. 따라서 우리의 요구에 의해서 기술이 만들어지는 것이 아니라, 만들어진 기술에 의해서 우리가 끌려가는 양상이 강화되고 있다. 물론 기술의 발달이 우리 사회를 이끌어가는 것이 당연하지만 지금 이 양상은 너무 일방적으로 인간이 끌려간다는 생각을 지울 수 없다. 문화의 변화가 자연스럽지 않다는 것이 바로 이런 사실과 연관이 있다. 기업과 해당 산업의 생존을 위해서 새로운 기술과 매체가 개발되고, 이

---

3 혹자는 세대 간 언어 소통이 불가능할 정도라고 한다. 실제 사용하는 언어가 달라지기도 하고, 의식 차이도 그만큼 크다는 말인데 충분히 공감을 한다.

로 인해 문화가 변화하니 문화 역시 억지로 변화한다는 생각을 지울 수가 없다는 것이다.

그러나 이러한 문화의 변화를 자연스럽지 않다고 생각하는 것조차 그러한 변화에 적응하지 못하는 세대의 넋두리일 수도 있다. 이러한 문화의 변화를 산업적 측면에서 바라보면 사정은 완전히 달라진다. 20세기 후반부터 시작해서 지금까지 문화와 산업과의 연관은 문화와 매체의 동기화만큼이나 긴밀해졌다. 1980년대까지만 해도 문화와 상업과의 관계에 대해 이런저런 말이 많았던 것이 사실이다. 예술의 상업화에 대한 비판적 경계 혹은 그러한 상업화가 현대문화의 숙명이라는 옹호 등이 있었고, 「퇴마록」, 「드래곤라자」 등의 작품이 출간되었을 때 이들의 문학적 가치를 따지거나 장르적 속성을 논하려는 많은 시도가 있었다.[4] 그러나 지금은 문화와 상업의 관계를 따지는 일이 사실은 구시대의 유물이 된 듯하다. 이제는 상위문화와 하위문화, 고급문화와 대중문화의 구별조차 의미가 없어졌으며, 한참 거론되었던 B급 문화에 대한 논쟁도 거의 없어졌다. 이는 문화가 매체와 동기화되듯 문화와 산업이 동기화되었다는 반증이기도 하다.

2) 문화산업의 시대와 한류

이제 우리에게 문화산업이라는 말은 낯선 단어가 아니라 당연한 단어로 각인된다. 그렇다면 우리에게 있어서 문화산업이라고 하는 것이

---

4 나무위키에 따르면, 이우혁의 「퇴마록」(엘릭시르, 2011)은 2013년 기준으로 누적 판매량 1,000만 부를 기록했다고 할 정도로 폭발적인 인기를 누린 판타지인데, 이것을 두고 판타지라고는 하지만 소설이라고 명명하는 데에는 다소 망설여지기도 한다. 이영도의 「드래곤라자」(황금가지, 1998)는 한국 판타지의 신기원을 개척한 작품인데 이 역시 사정은 마찬가지이다.

왜 중요할까. 실제로 디지털 기술이 가져온 혁명 중에 하나로 우리는 '경계허물기'를 들 수 있다. 디지털 기술만이 아니더라도 지금 이미 우리는 AI가 중요한 기술로 부각되는 4차 산업혁명의 시기를 살고 있다. 기업, 혹은 국가의 공간적 경계가 없어졌다. 이런 경계뿐만 아니라 이제 대중문화와 고급문화의 경계 역시 원천적으로 허물어졌다. 심지어는 도저히 화해할 수 없을 것 같았던 예술과 기술이 서로 동기화되어 있다고 했다. 이것을 우리는 혁명이라면 혁명이라고 할 수 있고, 전통적인 예술관을 지닌 사람에게는 혼란이라면 혼란일 수도 있을 것 같다.

이러한 시대에서 산업과 동기화된 문화는 우리가 생각했던 것 이상으로 큰 파급력을 지니게 되었다. 영화, TV 드라마, 음악, 게임, 관광 등 다양한 분야의 문화산업은 이제 그 국가의 이미지 제고에만 기여하는 소극적 기능에서 벗어나 국가의 경제적 경쟁력 자체로까지 부상한 지 오래되었다. 여기에는 문화산업의 경제적 부가가치와 그 파생력이 크게 작용한다. 실제로 문화만큼 부가가치가 높은 산업을 찾기가 쉽지 않을 것이다. 〈해리포터〉가 영국에 가져다 준 부가가치, 드라마 〈대장금〉이 우리나라 한식 업계에 가져다 준 그 부가가치를 한 번 생각해 볼 수 있을 것이다. 드라마 〈별에서 온 그대〉라는 드라마가 다른 나라에서 '치맥' 문화를 형성할 정도였고, 최근 타의 추종을 불허하는 BTS가 유발하는 경제적 효과는 연평균 5조를 넘는다고 한다.[5]

우리의 경우 문화산업은 한류, 문화콘텐츠 등과 같은 키워드와 맥을 같이 하고 있다. TV드라마에서 시작한 한류가 K-pop을 통해 본격화하고 온라인 게임을 통해 상당한 수익을 창출하면서, 경쟁력 있는 문화콘

---

5 현대경제연구원의 분서에 따르면 BTS의 연평균 국내 생산 유발 효과는 4조 1,400억 원으로 중견기업 평균 매출(1,591억 원)의 26배이며, 부가가치 유발 효과는 1조 4,200억 원으로 총 경제적 가치는 약 5조 6,000억 원에 달한다고 한다. 정민, 오준범 외 2명, 「방탄소년단(BTS)의 경제적 효과」, 『이슈리포트』, 현대경제연구원, 2018.12.17.

텐츠 개발에 상당한 관심을 가지기 시작했다. 이 관심은 문화 창작자뿐만 아니라 학자, 기업 나아가 국가 차원에서 폭넓게 일어났다.

한류가 문화산업계의 화두였던 2000년대 초반, 우리에게 이 한류라는 것은 과연 신뢰할 수 있는 경쟁력인가 하는 물음이 제기되기도 했다. 지금도 우리나라는 물론이고, 세계는 자기 나라의 문화산업을 육성하고 새로운 콘텐츠를 개발하기 위해서 혈안이 되어 있다. 우리는 이미 한류의 위력을 맛보았다. 그런데 그런 한류의 열풍이 지나간 자리에 남아있는 쓸쓸함도 우리는 경험을 했다. 2000년대 초반 한류를 주도했던 K-pop은 이른바 아이돌로 지칭되는 가수들의 독특한 음악적 현상으로 이해할 수 있는데, 당시에는 이러한 K-pop에 대한 음악성의 문제, 일회성의 문제 등의 측면에서 상당한 부정적 견해가 있었던 것이 사실이고, 이 일회적 인기가 사라지고 나면 한류도 무너질 것이라는 위기감이 있었던 것이 사실이다. 그도 그럴 것이 K-pop을 주축으로 하는 한류의 거리가 일본 신오쿠보에 형성되었을 때의 화려함과 한류의 열풍이 식은 다음 신오쿠보 거리의 삭막함은 너무 좋은 대조를 이루었다. 이때만 해도 한류는 우리 문화산업에서 신뢰할 수 있는 경쟁력이 아니라는 의심에 힘이 실리는 듯했다.

그러나 무너질 것 같았던 한류는 지금, 정확하게 말하자면 이 글을 쓰는 2020년에도 현재 진행형이다. 한류가 위기를 겪는가 했을 때 싸이의 '강남스타일'이 세계적인 인기를 누렸다. 프랑스 문화의 자존심이라고 할 수 있는 에펠탑 앞에서 수많은 사람들이 모여 싸이의 '강남스타일'을 불렀다. 방탄소년단 BTS는 빌보드 차트 중에서도 싱글 차트 1위에 오르기도 하면서 비틀즈에 버금가는 위대한 뮤지션으로 우뚝 섰다. 영화 〈기생충〉은 아카데미를 휩쓸었다. 세계 문화의 변방이었다고 생각했던 한국 문화가 이제는 세계 문화의 한가운데를 노릴 정도가 되었다. 중국, 일본 문화가 세계 문화의 한 자리를 당당하게 차지하고 있었다면 한국 문화는 여전히 그렇지 못한 것이 사실이었다. 그런데 지금은 사정이 달라지고 있다는 것이다. 한때 우리가 불안한 경쟁력, 실력 없는 일회적 인기 정도로 생각했던 한류 문화가 이 정도까지 성장한 것이다.

이 글을 시작하면서 최근의 문화적 현상은 놀랄 거리 투성이라고 했다면 한국 문화의 세계적 성장 또한 20세기를 살았던 세대에게는 놀랄 만한 현상임에 분명하다. 1997년 IMF 상황을 겪으면서 일본의 대중문화를 개방하고 할리우드 영화에 대한 수입 쿼트를 없앤다고 할 때, 한국의 대중문화는 무너질 것이라며 온 문화계가 그러한 정책을 반대했던 기억이 선명하게 남아 있다. 우리 문화의 체력이 얼마나 허약했으면, 일본 문화의 유입을 차단하고 외국 영화 수입쿼터제를 시행하고 아울러 우리 영화 의무 제작과 상영 제도가 있었을까 싶다. 당시의 사정과 비교하면 지금의 우리 문화가 세계 시장에서 차지하는 위상은 상전벽해에 가깝다. BTS를 비틀즈와 대등하게 놓고 비교하는 언론들을 보면 처음에는 '설마'라는 반응을 보내기 일쑤이다. 그런데 그 사정을 조금만 자세하게 들여다보면 충분히 그러한 비교가 가능하다는 생각이 든다. 우리에게 있어서는 이 또한 충격이라면 충격이다.

싸이의 '강남스타일'의 인기가 절정에 달했을 때, 파리의 한 대학에 있는 교수가 자기 나라에서 왜 이렇게 싸이라는 가수의 '강남스타일'이 선풍적인 인기를 누리는지 모르겠다며 그 이유를 묻기 위해서 필자를 찾아온 적이 있었다. 당시도 그랬지만 지금도 사정은 마찬가지라고 생각하는데, 과연 우리 스스로가 그러한 물음을 던져본 적이 있을까. BTS, 〈기생충〉 등의 영광이 있기까지 우리에게는 한류와 관련한 크고 작은 문화적 성과들이 꾸준히 있었다. 한류의 위기를 말할 때 싸이의 '강남스타일'이 등장해 그 위기를 불식시켰다. 드라마에서도 예외는 아니었다. 〈별에서 온 그대〉, 〈태양의 후예〉, 〈도깨비〉 등이 엄청난 성공을 거두었다. 〈겨울연가〉, 〈대장금〉이 거두었던 오래전의 성과를 그대로 계승했다. 그런데 이러한 콘텐츠들이 왜 그렇게 외국에서 성공했는지에 대해서 본격적으로 물어본 적이 있는가에 대해서 반성할 필요가 있다는 것이다.

3) 문화적 정체성, 원형성의 문제

바로 앞에서 거론한 반성의 필요성은 이 책의 집필 의도와도 무관하지 않다. 필자는 개인적으로 '한류'라는 단어를 사용하고 싶지 않다. 이게 잘못 전달되면 역설적으로 우리 문화가 너무 보잘것없었다는 의미가 숨어 있을 수 있다는 노파심이 생긴다. 왜냐하면, 이 '한류' 속에는 어떤 '일시적인 경향성', 혹은 '한 유행이다'라고 하는 의미가 숨어 있기 때문이다. 다르게 생각하면 한국 문화가 세계 문화의 한 부분, 아니면 세계 보편적 문화의 하나로서 자리 잡지 못했기 때문에 역으로 '한류'라는 말이 나오지 않았을까 라는 생각이 든다는 것이다.

이미 중국의 문화와 일본의 문화는 '중류(中流)', '일류(日流)'라는 말을 쓰지 않아도 세계 문화의 보편성 속에 한 자리를 차지했다고 생각한다. 한 국가의 특수한 문화가 아니라 세계 문화 중의 한 영역을 버젓이 차지하고 있다는 말이다. 이에 비에 한국 문화는 여전히 그러한 보편성을 획득하지 못했기 때문에 이런 물음들을 한 번 던져볼 필요가 있다는 것이다. 이것은 한류를 넘어, 민족성과 국가성을 넘어 세계 보편적 문화의 한 영역으로의 한국 문화를 지향하기 위한 노력의 일환이다.

이 맥락에서 문화의 정체성 혹은 원형성에 중요성이 부각된다.[6] 문화

6 이런 관점에서 고전소설 역시 중요한 요소로 부각된다.

는 분명히 창의력을 바탕으로 창조되고 끊임없이 변화한다. 그리고 상상도 할 수 없었던 최첨단 기술이 문화와 동기화된 이 시대에 이러한 정체성, 원형성은 소용없다는 주장이 나올 수 있다. 그러나 아무리 변화를 거듭한 문화이고, 그 문화가 굉장히 세련된 현대의 문화라 할지라도 그 저변에는 오랜 기간 꾸준히 흘러온 어떤 전통적 원형적 요소가 잠재하고 있다. 한국의 문화가 다른 나라의 문화가 될 수 없다. 그리고 다른 나라의 문화가 우리의 문화를 대체할 수도 없다. 그렇기 때문에, 문화라는 이름을 가지고 행세하는, 문화산업 역시 이 문화의 정체성, 원형성을 무시할 수 없다.

물론, 원형성, 정체성만을 고집하면 '그것은 지나친 국수주의다.'라고 비판할 수 있을지 모르겠다. 그러나 우리가 과거로 회귀해서 그러한 전통을 도드라지게 보이도록 만들자는 말이 아니다. 우리의 정체성을 저변에 깔고, 그 바탕에서 새로운 창의성을 혹은 새로운 창조적인 문화를 재탄생시키고자 하는 노력을 해야 된다는 것이다.

문화적 원형성, 정체성을 바탕에 둔 문화산업이 활성화된다면 그것은 더 이상 일시적 유행으로 끝나지 않는다. 에펠탑이 없는 파리를 우리는 생각해 볼 수 없고, 자금성이 없는 베이징을 상상할 수도 없다. 그러면 한국의 랜드마크는 무엇일까. 필자는 한국의 랜드마크를 '이것이다'라고 자신 있게 말할 수 없다. 중국에는 중국다움이 있고, 프랑스에는 프랑스다움이 있다면, 그 '다움'은 모두 그들의 오랜 문화적 전통과 원형성 위에 기반하고 있다. 그런데 한국다움이 무엇인지에 대해서는 필자 자신도 선뜻 떠오르지 않는다는 것이다. 그러니 우리가 한국의 랜드마크를 말할 수 없는 것은 어쩌면 당연하다.

여러 번 거론했듯이 한국의 문화와 문화산업은 환골탈태에 가까운 발전을 했고, 그런 문화를 만들어내는 기술력 또한 세계적 최고라 자부할 수 있다. 이러한 성과가 지속적으로 작용함은 물론이고 더 큰 경쟁력을 지니기 위해서는 한국다움이라고 할 수 있는 문화의 정체성과 원형성이 근간이 자리할 필요가 있다. 그렇게 된다면 명실상부 우리는 세계적인 문화강국이 될 수 있을 것이고, 세계 문화의 한 보편적 속성으로 한국문화가, 한국 문화산업이 자리할 수 있을 것이다. 또한 극소수의 아티스트 혹은 소수의 작품에만 의존하는 경쟁력이 아니라 문화 전반의 체력이 강해질 것이다.

4) 고전소설과 문화산업

고전소설 역시 이러한 문제의식을 가지고 접근할 필요가 있다. 사실 문화산업에서 가장 중요한 요소가 '이야기'이다. 문화산업이 문화콘텐츠를 기반으로 작동한다면 이 문화콘텐츠의 근간은 '이야기'가 될 수밖에 없다. 영화, 드라마, 게임은 물론이고 캐릭터나 관광, 공연 이벤트까지도 '이야기'를 전제로 한다. '이야기'가 결여된 문화콘텐츠는, 설사 성립한다 해도 성공 가능성이 현저히 떨어진다. 현대에 새롭게 생산되는 이야기도 중요하지만 문화산업에서 무엇보다 중요한 것은 오랜 시간 그 구성원들에게 공유되어온 원천 이야기이다. 이에 이미 오래 전부터 고전소설의 이러한 현재적 가치를 주목한 연구 성과가 나오기 시작하였다.

문화산업 강국 중에 유럽은 신화와 민담을 콘텐츠화 해서 강한 문화를 지니게 되었고, 중국은 「삼국지연의」를 가지고 있고, 중동은, 물론 중동에서 쓰이지 않았지만, 그 중동을 배경으로 하는 「아라비안 나이트」 같은 세계적인 인지도를 갖춘 원형 스토리가 있다. 영국은 셰익스피어의 작품을 가지고 있다. 이게 원형 스토리이고, 이 원형 스토리에서 파생되는 굉장히 다양하고 힘 있는 현대의 콘텐츠들을 우리는 경험한 바 있다.

고전소설이 문화산업에서 중요한 이유는 한국의 원형 이야기이기 때문이다. 원형 이야기는 신화나 설화와 같은 형태로도 존재하지만, 고전소설은 보편성과 특수성을 균형 있게 지니고 있는 원형 이야기이다. 문화콘텐츠로서 가장 가치 있는 원형 이야기는 세계가 공유할 수 있는 보편성과 해당 공동체만이 지닐 수 있는 특수성을 동시에 가지고 있는 형태의 이야기이다. 고전소설이 이 조건을 충족하고 있다. 게다가 고전소설은 장면과 사건의 구체성을 획득하고 있다.

고전소설이 원천 서사로서의 가치를 인정받기 위해서는 오랜 기간 동안 우리 공동체 속에 살아 있는 이야기라는 점을 입증해야 한다. 조선시대에 일시적으로 유행한 이야기라면 문화콘텐츠로서의 가치는 그만큼 떨어진다. 문화콘텐츠로서의 고전소설에 대한 연구는 바로 이런 관점에서 시작된다.

우리 공동체의 정서구조 속에 무의식적으로 작동하는 이야기가 고전소설이라는 것은 굳이 연구하지 않으면 알 길이 없다. 고전소설을 많이 읽은 독자라면 현대의 드라마를 보면서 고전소설과 상당히 유사하다는 느낌을 가질 수 있다. 고전소설 연구자라면 막연한 유사성을 넘어 서사구조나 원리의 공통성을 감지할 수 있을 것이다. 이런 까닭에 고전소설과 TV드라마의 연관성을 밝히려는 연구가 여러 방향에서 진행되고 있다. 〈쾌걸 춘향〉과 같이 고전소설을 직접 겨냥한 드라마와 비교를 하는 것은 한 방편일 수 있다. 그러나 고전소설과 전혀 연관이 없는 드라마와 고전소설과의 연관성을 밝히는 연구가 더 적극적인 경우가 할 것이다. 이런 연구가 있어야만 고전소설의 이야기가 원천 서사의 가치를 지니고 있음을 밝힐 수 있다.

원천 서사로서의 고전소설의 가치를 밝히는 연구만큼이나 중요한 것은 영화나 드라마와 같은 현대의 대중 서사물과의 연관성을 통해서 고전소설이 지니는 현재성을 밝히는 일이다. 이런 연구가 활성화된다면 현대 문학 분야에서 비평 분야가 별도로 존재하듯이 고전소설 분야에서도 비평이 가능해질 것이다. 예를 들어, 한국은 물론이고 중국에서 일대 파란을 일으킨 드라마 〈별에서 온 그대〉는 아무리 봐도 고전소설의 이원적 구조를 그대로 담고 있다. 또 드라마 〈도깨비〉는 고전소설의 이원적 구조와 닮았지만 사뭇 다르기도 하다. 이를 통해 고전소설의 이야기가 현대의 정서 구조 속에서 어떤 길항 작용을 하고 있는가를 살펴볼 수 있다.

문화콘텐츠로서의 고전소설을 연구하는 일은 고전소설이 현재와 만날 수 있는 길을 여는 단초이자 연구의 현재성을 담보할 수 있는 길이기도 하다. 영화나 드라마뿐만 아니라 게임, 캐릭터 등 다양한 문화산업 속에도 고전소설의 서사 구조는 잠재되어 있을 것이다. 이를 읽어내는 일이 문화콘텐츠로서의 고전소설을 가치 있게 할뿐더러 고전소설 연구의 새로운 지평을 열 수 있는 길이다.

5) 고전소설과 고전

앞에서 원형 혹은 원천스토리가 가지고 있는 문화적 힘에 대해 언급했다. 그리고 이 원형 스토리가 고전소설과 연관이 있다고 했다. 실제로 이 원형 스토리라고 하면 그 나라의 고전을 떠올리기 마련이다. 여기에서 필자가 언급하는 고전소설이 '고전'으로 인식되고 있는지에 대해서는 한번 짚고 넘어갈 필요가 있다. 고전이라는 것이 반드시 오래될 필요는 없다. 그래도 어느 정도 고전다우려면 그 책이 가지고 있는 어떤 역사성 혹은 전통성 등이 있어야 아마 고전답다는 인식을 하게 된다. 여기서 생각해봐야 될 것이, '고전소설이 우리 고전이냐'라는 것이다.

고전소설이라고 생각을 하면 쉽게 「춘향전」을 떠올리게 된다. 혹은 「심청전」 아니면 「홍길동전」을 떠올린다. 그러면 일반적으로 우리가 생각하는 고전의 개념에 비추어서 「춘향전」, 「홍길동전」이 과연 고전다움의 조건을 갖추고 있을까. 교양 수업으로 설화를 강의하는 자리에서 인상깊은 설화에 대해 발표를 하거나 보고서를 작성하라는 과제를 내면, 제법 많은 학생들이 「박씨전」, 「흥부전」 등을 택해서 과제를 수행하는 경우가 있다. 그도 그럴 것이 고전소설에 대한 체계적인 교육을 받은 경우가 아니라면 대개 자신의 독서 경험에 의존할 것인데, 전래동화 전집에 이러한 이야기가 포함되기 일쑤이다. 그러니 학생들 입장에서는 소설과 설화를 혼동할 수밖에 없다. 이런 현상은 분명히 의문으로 제기될 수 있다.

중국에는 「삼국지연의」가 있고 영국에는 셰익스피어의 작품이 있다면, 이것을 두고 고전이 아니라고 말하는 사람은 거의 없다. 이런 고전과 비교했을 때 우리 고전소설은 확실히 그 위상이 떨어진다고 인식할 수 있다는 것이다. 그래서 실제로 학계에서는 고전소설이라고 명명하지 않고 고소설이라고 지칭하기도 한다. 우리 소설을 대하는 인식의 문제가 깔려 있는 용어 선택이라고 할 것이다.

필자는 고전소설이라는 용어를 지지하는 편이다. '고소설'이라고 했을 때 이것을 영어로 표현한다면 'old noble'쯤 될 것이다. 이때 'old'라고 하는 것은 단지 '시간이 오래 된, 혹은 가치가 낡은' 이런 느낌을 줄 수가 있다.[7] 외국의 문학사를 보면 18세기 문학사, 혹은 19세기 소설, 20세기 소설, 21세기 소설, 이런 용어를 쓰고 있다. 우리는 이런 용어에 익숙하지 않다. 일제 강점기의 영향이라고 생각을 하는데, 고전문학과

---

7 다소 다른 맥락을 말하면 고전소설과 대칭되는 개념으로 현대소설을 거론할 수 있다. 그런데 '현대소설'과 대칭적인 개념으로 쓰려면 사실은 '고전소설'이 아니고 '고대소설'이 되어야 한다. 이것은 너무 어색하다.

현대문학의 이분론적 구분이 우리에게 너무 익숙해져 있기 때문이다. 우리 소설은 조선시대에 나왔으니까 '조선시대 소설'이라고 지칭할 수도 있겠다는 생각도 할 수 있겠다.[8]

조선시대에 창작된 고전소설은 작품들은 '오래됐다', '그냥 가치가 낡았다'와 같은 의미 이상의 어떤 것을 가지고 있다. 「흥부전」을 한번 생각해 보자. 「흥부전」은 가난한 흥부가 심술이 대단한 형인 놀부에게 설움과 박해를 당하다가 나중에 제비가 물어다 준 박씨 하나 심어서 대박을 맞이한 이야기이다. 그리고 놀부가 그러한 흥부의 행위를 따라 했다가 쪽박을 차게 되는 것이 「흥부전」의 기본적인 구조이다. 이러한 이야기는 설화와 상당이 유사하며, 이 정도의 이야기가 고전일 수 있을까 하는 의문은 충분히 가능하다.

이것은 우리가 문학, 혹은 소설, 혹은 고전이라고 하는 것을 인생에 대한 대단한 교훈, 어떤 굉장히 큰 무게를 가지고 있다는 것으로 생각을 하기 때문에 생기는 의문이다. 고전을 그렇게 생각한다면 「흥부전」은 확실히 가볍다. 그런데 '고전'이라는 것은 물론 책 자체가 교훈을 주기도 하지만, 우리한테 굉장히 다양한 교훈을 찾아내게끔 만드는 구실을 해주는 것 역시 고전이라고 생각을 할 수가 있다. 그리고 그 이야기 구조 속에 우리의 정신적인 원형이라든지, 우리 관습의 원형과 같은 보편적 원형성을 지니고 있어야 비로소 고전이 된다. 아무리 좋은 책이어도 그러한 원형성이 없다면 고전이 되기에는 다소 부족한 일면이 있다. 따라서 고전이라는 것은 하루아침에 만들어지는 것도 아니고, 누군가가 인위적으로 만들자고 해서 그 책이 고전이 되는 것도 아니다.

지금 우리 주변에는 훌륭한 책들이 많이 있다. 그러면 이 많은 책들

8 '소설'이라고 하는 이 명칭은 동양에서는 굉장히 오래된 개념이다. 영어 'Novel', 'Roman'의 번역어로 등장한 것이 아니라 기원전부터 등장한 용어라는 것이다. '소설'이라는 용어는 『장자(莊子)』의 「外物篇」에 등장한다. 물론 이 책을 저술한 장자는 기원전 사람이다.

이 지금 당장 고전이 될 수 있을까, 아니면 10년 후에 고전이 될 수 있을까. 아니다. 고전이라는 것은 굉장히 오랫동안 지속되어서 그 나라의 사람들에게, 혹은 그 나라의 대중들에게 두루 읽혔을 때 비로소 고전으로 인정되는 것이다. 오랜 시간 동안, 그리고 굉장히 많은 사람들에게 읽히는 이유는 그 속에 우리가 미처 몰랐던, 아니면 우리가 암묵적으로 공감하는 어떤 보편적 원형성이 있기 때문일 것이다. 따라서 우리한테 주어져 있는 조선시대의 소설인 고전소설은 충분히 고전 원형 스토리의 반열에 올려놓을 수 있다고 생각한다.

'문학작품이라고 하는 것은 독자들의 우매함을 깨우쳐주는 것이다. 그래야 비로소 훌륭한 작품이 될 수 있다.'라는 주장도 있다. 이런 관점에서 고전은 결코 쉽게 읽히지 않는다고 하기도 한다. 이것은 어떻게 보면 지나친 엘리트주의의 발상이라고 볼 수 있다. 우리 고전소설은 일반적으로 생각하는 그런 대단한 인생의 진리, 교훈 등을 가지고 있지는 않다. 그러나 고전소설은 엄밀하게 읽어보면 지금도 우리가 가지고 있는 정신사적인 원리, 정서구조를 고스란히 가지고 있다. '이것이 정말로 우리가 견지했던 정신사적 원리구나.'라고 발견을 못할 뿐이지, 실제로 살펴보면 그것은 우리가 버릴 수도 없고, 또 버리고 싶어도 버려지지도 않는 그런 원형성을 가지고 있다.

「흥부전」, 「홍길동전」, 「구운몽」 등의 소설이 수백 년을 두고 읽힌 것은 이미 독자들이 혹은 그 시대를 살았던 대중들이 소설의 내용에 대해서 암묵적으로 동의했다는 것을 의미한다.[9] 이 암묵적 동의가 집단적으로 만들어지기 위해서는 10년, 20년 정도의 세월을 가지고는 어림도 없다. 적어도 몇 백 년, 길게는 천 년 이상의 세월이 걸려야 이런

9 교육적 목적을 가지고 교육 과정에 편입되었기 때문에 읽혔다고 주장할 수도 있겠지만 학교 교육만으로는 이 정도 독서의 역사와 범위를 유지하기 쉽지 않다.

원형적 보편성에 대한, 혹은 보편적 원형성에 대한 암묵적 동의가 만들어진다. 그것을 두고 정서구조라고 할 수 있을지도 모르겠다. 이에 지금 우리가 여기에 살고 있는 것 자체도 예전부터 전해져 내려오는 어떤 원형성들과 같이 살고 있다는 것을 전제로 하고 있다.

이런 맥락에서 고전소설은 화석과 같은 과거 시대의 소설이 아니고, 가치 없는, 억지로 봐야 되는, 그런 소설도 아니다. 지금 우리와 항상 호흡하고 있고, 현재 우리 문화 특히 이야기 문화 저변에 항상 깔려 있는 원형 이야기이다.

이상에서 필자는 현대 문화의 특성, 문화산업과 한류의 연관성, 문화콘텐츠와 원형 이야기의 중요성 등에 대해 개괄적인 언급을 했다. 현대의 문화적 현상에 대한 필자의 생각을 관점과 문제의식을 중심으로 서술하였다. 그리고 이러한 맥락에서 왜 고전소설이 중요한 문제로 거론될 수 있는지에 대해서 밝혔다.

Ⅱ 이론적 탐색

I. 고전소설의 대중문화적 속성

1) 대중문화적 관점과 고전소설

고전소설과 현대의 대중문화, 특히 TV드라마와의 유사성을 비교하는 일은 이제 낯설지 않다. 필자를 포함하여 제법 많은 연구자들 사이에서 고전소설과 현대 TV드라마 사이의 유사성이 여러 측면에서 논의되었다. 이러한 논의가 처음 시도될 당시만 해도 조심스럽게 출발했다. 그러나 이제는 제법 많은 논의가 진행되었고 그 결과 이 둘의 관계가 생각했던 것보다 더 밀접한 연관이 있음이 속속 밝혀졌다. 이에 대한 대표 연구를 거칠게나마 정리하면 다음과 같다.

정병설, 「고소설과 텔레비전 드라마의 비교」, 『고소설연구』 18, 한국고소설학회, 2004.

송성욱, 「고소설과 TV드라마」, 『국어국문학』 137, 국어국문학회, 2004.

조광국, 「고전대하소설과의 연계성을 통해 본 TV드라마의 서사 전략과 주제」, 『정신문화연구』 31권 3호, 2008.

조광국, 「TV드라마 〈내 딸 서영이〉: 결연구조와 사랑의 스펙트럼」, 『문학치료연구』 29집, 한국문학치료학회, 2013.

송성욱, 「조선시대 대하소설의 현재성 - TV드라마와의 비교를 통하여」, 『개신어문연구』, 31집, 개신어문학회, 2010.

송성욱, 「고전소설의 이원적 구조와 TV드라마, 〈별에서 온 그대〉, 〈도깨비〉와의 비교를 중심으로」, 『한국고전연구』 39집, 한국고전연구학회, 2017.

송성욱, 「한국 스토리텔링의 전형성 탐색을 위한 시론 - 고전소설, 동아시아 리메이크 드라마와의 비교를 중심으로」, 『국문학연구』 40집, 2019.

이러한 논의는 대개 고전소설과 현대문화의 유사성 혹은 현대문화의 이면에 잠재된 고전소설의 속성 등에 주목하고 있다. 말하자면 고전소설의 문화원형적 가치를 밝히려는 노력이라고 볼 수 있다. 그런데 이런 연구 과정을 통해 고전소설 자체도 이미 대중문화적 속성을 다분히 지니고 있음을 암암리에 밝히고 있다. 현재적 관점에서가 아니라 조선시대에 그러한 성격을 지니고 있었을 가능성이 있다는 것이다.

적어도 1970~90년 중후반까지는 소설을 통해 산문정신 혹은 근대성을 읽어내려는 노력이 끊임없이 이어져 온 것은 사실이다. 여러 가지 이유가 있겠지만 여기에는 소설 자체의 장르적 속성이 주인공이라는 문제적 개인을 통한 비판적 시대 인식에 있다는 생각이 작용했을 것이다. 이런 인식을 강박 관념처럼 고전소설에도 그대로 적용하여 소설을 통해 시대적 비판의식 등의 산문정신을 읽어내려고 했다는 것이다. 필자 역시 소설의 이런 장르적 속성을 완전히 부정하는 것은 아니다. 그러나 모든 소설이 이러한 속성을 지닌다고 미리 단정하고 작품을 해석하려 하거나 이러한 속성에서 벗어나는 작품을 논외로 치부하려는 일에 대해서는 경계를 하지 않을 수 없다. 소설에 대한 개념과 장르적 성격은 항상 유동적일 수 있기 때문이다. 그것이 발생한 해당 문명권이나 국가의 시, 공간적 속성에 따라 소설의 개념과 성격은 얼마든지 바뀔 수 있으며, 그것을 해석하는 현재의 관점 역시 수시로 바뀔 수 있다.

최근 소설을 보는 연구자들의 시각은 확실히 20세기와 다르다는 것을 감지한다. 21세기로 접어들면서 상위문화와 하위문화, 고급문화와 대중문화의 구별이 아예 없어졌다고 해도 과언이 아니다. 이러한 시대의 문화 변화 양상들은 소설 나아가 문학에 대한 개념을 완전히 바꾸어 놓았다. 아마 지금 시대에 『퇴마록』이나 『드래곤라자』가 나왔다면 그 가치에 대한 별다른 논쟁이 벌어지지 않았을 것이다. 고전소설 역시 이런 맥락에서 바라보면 확실히 새로운 면모를 발견할 수 있다. 작품의 주제나 내용을 다르게 파악하는 것이 아니라 그러한 주제나 내용에 대한 평가가 달라질 수 있다는 것이다.

❶ 「東坡志林」에 이르기를 길거리의 아이들은 천하고 보잘것없어 그 집에서 싫어하고 괴롭게 여긴다. 잠시 돈을 주어 모여 앉게 해서 옛이야기를 들려준다. 「삼국지연의」의 유현덕이 패했다는 말을 들게 되면, 얼굴을 찡그리고 눈물을 흘리는 아이가 있으며, 조조가 패했다는 말을 들으면 즉시 기뻐 소리친다. 이것이 나관중의 「삼국지연의」의 위력이 아닌가? 이제 陳壽의 「三國志」, 溫公의 「通鑑」을 가지고 무리를 모아 들려준다면 눈물 흘릴 이가 없을 것이다. 이것이 통속소설(밑줄: 필자 주)을 짓는 이유이다.[1]

❷ 심지어 숙향전 풍운젼의 뉴 가항의 쳔ᄒᆞᆫ 말과 하류의 ᄂᆞ즌 글시로 판본에 ᄀᆡ각ᄒᆞ야 사상에 미미ᄒᆞ니 이로 긔록지 못ᄒᆞ거니와 대져 그 지은 뜻과 베픈 말을 볼진ᄃᆡ 대동소이ᄒᆞ야 사ᄅᆞᆷ의 셩경을 고쳐시나 ᄉᆞ실은 흡사ᄒᆞ고 션악이 ᄂᆡ도ᄒᆞᄂᆞᆫ 계교ᄂᆞᆫ ᄒᆞᆫ ᄀᆞ지라(밑줄: 필자 주) 젼혀 부인녀ᄌᆞ와 무식쳔류의 즐겨보기ᄅᆞᆯ 위ᄒᆞᆫ 고로 말ᄉᆞᆷ이 비루ᄒᆞ고 계칙이 경쳔ᄒᆞ야 불과 ᄉᆡᆼ산ᄒᆞ든 말노부터 즁간 혼인ᄒᆞ고 평ᄉᆡᆼ 공명부귀ᄒᆞ든 말ᄲᅮᆫ이니 그 즁 ᄉᆞ단인즉 부ᄃᆡ ᄌᆞ녀ᄅᆞᆯ 실산ᄒᆞ야 오ᄅᆡᆫ 후 ᄎᆞᆺ거ᄂᆞ 혼인에 ᄆᆞ장이 잇셔 간신이 연분을 닐우거ᄂᆞ 쳐쳡이 ᄉᆡ투ᄒᆞ야 가졍이 어즈러워 변괴 ᄇᆡᆨ츌ᄒᆞ다가 늣ᄀᆡ야 화락ᄒᆞ거ᄂᆞ 일즉 궁곤이 ᄌᆞ심ᄐᆞ가 즁년부긔 극진ᄒᆞ거ᄂᆞ 환로의 풍파ᄅᆞᆯ 만ᄂᆞ 만리의 귀향가고 일죠의 형벌을 당ᄒᆞ다가 ᄆᆞᄎᆞᆷ ᄂᆡ 신원셜치 ᄒᆞ거ᄂᆞ 그 환란고초ᄅᆞᆯ 말ᄒᆞᄆᆡ 부ᄃᆡ 죽기에 니르도록ᄒᆞ고 그 신통긔이ᄒᆞᆫ 바ᄅᆞᆯ 말ᄒᆞ면 필경 부쳐와 귀신을 일커ᄅᆞᆯ ᄲᅮᆫ이니 그 가온ᄃᆡ 쏘ᄒᆞᆫ 츙신효ᄌᆞ와 녈녀졍부의 놉흔 졀조와 아ᄅᆞᆷ다온 ᄒᆡᆼ실이 업지 아니 ᄒᆞ니 족히 감동ᄒᆞ고 효측ᄒᆞᆯ ᄇᆡ로ᄃᆡ 그 틈에 난신젹ᄌᆞ와 투부음녀의 계교ᄅᆞᆯ ᄡᆞ며 흔단을 지어ᄂᆡ고 ᄎᆞᆷ소을 부려 화변을 비져ᄂᆡ믄 ᄯᅳᆺ이 간교ᄒᆞ고 심슐이 악독ᄒᆞ야 ᄎᆞᆷ아 듯고 보지 못ᄒᆞᆯ 말이 만흐니 진실노 이런 닐이 잇셔도 맛당이 귀에 듯고 눈에 볼 ᄇᆡ 아니어ᄂᆞᆯ ᄒᆞ믈

1 東坡志林曰 塗巷中小兒薄劣 其家所厭苦 輒與錢令聚坐 聽說古話 至說三國事聞劉玄德敗 嚬蹙有出涕者 聞曹操敗 卽喜唱快 此其羅氏演義之權輿乎 今以陳壽史傳溫公通鑑聚衆講說 人未必有出涕者 此通俗小說之所以作也(金萬重, 西浦漫筆 중에서)

며 헛말노 지은 것 가지어 부부혼인에 다ᄃᆞ라ᄂᆞᆫ 규방에 은밀ᄒᆞᆫ 슈죡과 남녀의 셜만ᄒᆞᆫ 뜻을 셰셰히 문답ᄒᆞ고 낫낫치 칭도ᄒᆞ야 쳔연이 샹ᄃᆡᄒᆞᆫ듯 졍녕이 듯고 본듯ᄒᆞ게 ᄒᆞ니 이 엇지 부녀의 닉이 볼 ᄇᆡ리요 그러ᄂᆞ 보ᄂᆞᆫ ᄌᆞ로 ᄒᆞ야곰 ᄒᆞᆫ 사ᄅᆞᆷ의 어진 닐을 본밧고 즐겨ᄒᆞ면 그 유익ᄒᆞ미 적지 아니커니와 만일 간악ᄒᆞᆫ ᄌᆞ의 공교ᄒᆞᆫ ᄭᅬᄅᆞᆯ 긔묘히 올히 넉일진ᄃᆡ 그 ᄒᆡ로오미 장ᄎᆞᆺ 어ᄃᆡ 미ᄎᆞ리요 이러므로 그으기 탄식ᄒᆞ고 깁히 념녀ᄒᆞᄂᆞᆫ ᄇᆡ라[2]

익히 알려졌듯이 ❶은 김만중의 말이고, ❷는 홍희복의 말이다. 김만중은 역사책과 비교하여 소설의 효용적 가치가 '감동'에 있음을 인정하고 있다. 이에 김만중은 소설을 '통속소설'이라고 명명하고 있다. 홍희복은 소설의 내용이 대동소이하여 인물의 성격을 바꾸어 놓았지만 사실은 다 비슷하며, 계교를 부릴 때는 선악의 경계가 없다고 하였다. 통속성은 현대 대중문화의 기본 속성이며, 정형성은 그 기본 구조이다. 따라서 이 두 자료는 성격은 사뭇 다르지만 소설을 마치 현대의 대중문화와 같이 인식하고 있다는 점에서 공통점을 보인다.

물론 조선시대 소설 전체가 이와 같은 대중문화적 속성을 지녔다고 할 수는 없다. 조선시대 소설사는 상당히 다양한 얼굴을 가지고 전개되었다. 한문소설과 한글소설, 단편소설과 장편소설, 공연물로서의 성격을 포함한 판소리계 소설 등 세부 양식을 따지자면 실로 다양하다. 그리고 이 세부 양식들은 서로 일정 정도의 연관성을 맺으면서 발전했지만 꼼꼼히 따져보면 그 양식에 맞는 독특한 성격을 지니고 있는 것 또한 사실이다. 따라서 조선시대 소설의 성격을 단일한 측면에서 논하는 것은 무리가 있을 수밖에 없다. 조선시대 소설사는 진정성과 통속성 혹은 오락성과 사변성 등의 양가적 성격이 서로 밀고 당기는 양상으로

2 「제일기언」 중에서

소설사가 전개되었다고 볼 수 있다.

조선시대 소설은 17세기 중엽 이후 한글소설이 소설사의 주도권을 잡으면서 전성기를 누리게 된다. 「이생규장전」, 「만복사저포기」를 포함하며 17세기 이전의 한문 전기소설을 두고 대중성, 통속성을 지녔다고 해석하는 것에는 무리가 따르지만, 「구운몽」, 「사씨남정기」 등의 작품이 창작되면서 소설은 다분히 통속성, 대중성을 지니게 되었다고 볼 수 있다. 바로 이 시기가 우리 소설의 저변이 확대되는 한편 한국형 소설로서의 독자적 모습이 만들어지는 시기라고 볼 수 있다.

2) 17세기 소설사와 통속성

17세기 한글소설이 한문 전기소설과 완전한 결별을 선언한 것으로는 보이지 않는다. 「구운몽」의 양소유와 진채봉의 만남 장면에서 확인할 수 있듯이, 시를 매개로 한 내면 정서의 표현이나 여러 작품에서 쉽게 찾아볼 수 있는 전란의 잦은 설정 등은 전기소설의 관습을 그대로 가지고 온 것이라고 볼 수 있다.[3]

심각한 애정적 욕구가 형상화되고 있다는 점도 전기소설과의 관련성을 짐작하게 한다. 「소현성록」에는 운성과 형 소저, 명현공주 사이에서 벌어지는 갈등, 운명과 이 소저의 관계 등이 상당히 비중 있게 다루어지고 있다. 이는 한결같이 주인공의 자발적인 애정 욕구가 강조되는 이야기들이다. 특히 운명의 경우는 정혼을 통해 임 소저와 이미 혼인을 한 상태인데, 길에서 우연히 만난 이 소저에게 강한 애정을 지니게 된다. 이들의 애정은 비록 극심한 난관에 봉착을 하지만 결국 성취되다. 조강지처인 임 소저와의 인연보다 더욱 비중있게 다루어진다. 이를 통해 소설이 주인공의 자발적인 애정 요구를 무조건적으로 거부하지 않으며, 오히려 이를 수용하려는 경향을 지니고 있음을 읽을 수 있다.

대하소설 혹은 가문소설의 경우, 후대로 갈수록 이러한 자발적 애정 욕구가 부정되고 있다는 점[4]에서, 이는 초기 장편 한글소설인 「소현성록」의 독특한 일면이라 할 것이다. 당시의 전기소설과 비교하여 가장 거리가 멀리 있는 것처럼 보이는 「소현성록」에서 이러한 일면을 찾을 수 있다는 것은 상당히 놀라운 일이다.

---

3 한문소설과 한글소설의 관련 양상에 대해서는 박희병, 「한문소설과 한글소설의 관련양상」, 『한국한문학연구』 22집, 1998에서 상세하게 다루었다.

4 여기에 대해서는 송성욱, 「대하소설과 남녀 애정 문제」, 『성심어문논집』 24, 2002에서 상세하게 다루었다.

이러한 모습들을 두고 본다면 당시의 한글소설들은 대단히 새로운 소설의 틀을 마련하고 있음에도 불구하고 전기소설의 전통을 어느 정도는 유지하고 있음을 알 수 있다.

그러나 이러한 영향 관계는 어디까지나 지엽적인 것으로 보인다. 이를 두고 한글소설이 전기소설의 주제적, 세계관적 경향을 그대로, 의도적으로 계승했다고 할 수는 없기 때문이다. 단숨에 버릴 수 없는 소설적 관습의 관성적 혹은 자동적 계승이라고 하는 것이 보다 타당한 표현일지 모르겠다.

17세기 한글소설은 분량이나 내용의 측면에서 당시의 전기소설과 확연히 다르다. 가령, 장편 한글소설에서는 강한 애정의 필수 요건이라 할 수 있는 고독감이나 좌절감이 거세되어 있다.[5] 그렇기 때문에 장편소설의 애정은 전기소설에 비해 그 진솔성이나 절실성이 떨어진다. 「소현성록」에서 운명은 조강지처인 임 소저가 단지 박색인 것에 싫증이 난 것이고, 운성은 명현공주의 패악무도한 성정과 공주라는 신분이 주는 위압감에 거부감을 느낀 것뿐이다. 그런 만큼 이들의 애정은 전기소설의 그것에 비해 상대적으로 가벼워 보인다.

적어도 「만복사저포기」의 양생, 「이생규장전」의 이생, 「주생전」의 주생이 보여주었던 그 애정의 절실함이 감지되지 않는다. 특히 「창선감의록」에서 윤여옥이 보여주는 자유분방한 애정 관계와 비교하면 현격한 차이를 느끼게 된다. 「창선감의록」에서 진 소저를 대하는 윤여옥의 감정은 솔직하지만 거기에서 절실함을 읽을 수 없다. 나아가 엄월화와의 관계에서는 호색한에 가까운 무분별한 애욕을 드러내기까지 한다. 그렇기 때문에 전기소설에서는 애정 갈등을 통해 비판적 지식인의 내면적 고독감과 고뇌를 읽을 수 있는 반면, 장편소설을 포함한 한글소

5 전기소설의 분위기에 대해서는 박희병, 『한국전기소설의 미학』, 돌베개, 1997 참조.

설에서는 애정의 통속성을 발견하게 된다.

통속성은 말 그대로 세속에 두루 통할 수 있는 속성으로 이해할 수 있다. 세속에 두루 통하기 때문에 통속성은 대중성과도 맥을 같이 하는 용어이다. 통속성을 형성하는 요소는 여러 가지가 있겠지만, 전기소설이 보여주는 비판성, 지식인의 고뇌, 이들로 인한 사변적 성찰의 강요 등과 거리가 먼 것임은 확실하다. 통속성은 독자를 불편하게 만드는 것이 아니라 편하게 만들어 주는 무엇이다. 그렇기 때문에 통속성은 독자의 기대치를 충족시켜 주는 성질을 지니며, 기대치에 대한 충족은 위안과 위로의 효과를 가져온다. 전기소설은 확실히 통속성의 이러한 성격과는 거리가 있다고 할 수 있을 것이다.

물론 전기소설이 통속적 경향을 보이지 않는 것은 아니다. 작중 인물조차도 "사람이 이룰 수 있는 일이 아니다"[6]는 반응을 보일 정도의 우연하고도 기이한 재회가 이루어지는 「최척전」이나 죽은 사람이 다시 살아나거나 거문고가 스스로 곡조를 타는 등의 환상성이 곳곳에 설정되어 있는 「동선기」[7], 그리고 이들 작품에 설정되어 있는 장육불이나 만세산 신령과 같은 초월적 존재 등을 통해서 전기소설의 통속화 경향을 확인할 수 있다.

우연성과 환상성이 작품에 개입함으로써 문제 해결이 낭만적 방식으로 이루어지기 때문에 독자의 입장에서는 그만큼 편안하게 작품을 읽을 수 있다. 이를 통해 허구적 환상이나 대리만족을 느낄 수 있다는 점에서 이 낭만화 경향은 곧 통속성의 획득으로 이어진다.[8]

6 "玉英覺而記其夢 不能無萬一之冀". 장육불이 옥영의 꿈에 나타나 장차 기쁜 날이 올 것이니 죽지 말라고 하였는데, 이에 대해 옥영이 보인 반응이다.

7 양승민, 「「동선기」의 작품세계와 소설사적 위상」, 『고소설연구』 11집, 2001 참조.

8 그런데 전기소설이 보여주는 이러한 우연성과 환상성은 작품에 따른 편차는 있겠지만 한글소설의 그것과 동일한 의미를 지닌 것으로 파악되지는 않는다. 전기소설은 여전히 사실주의를 저변에 깔고 있기 때문이다. 따라서 전기소설의 낭만성 혹은 통속성을 두고

한글소설은 전기소설이 부분적으로 지니고 있는 우연성과 환상성을 극대화시키고 있다. 「창선감의록」에서는 청원대사가 남해관음의 계시를 받아 죽은 남부인을 살리고, 훗날을 도모할 수 있게 도와준다. 「사씨남정기」에서는 사정옥에게 관음찬을 부탁한 묘혜대사가 사정옥의 위기에 적극적으로 관여한다. 「소현성록」에서는 소현성이 하늘에 빌어 운명의 두 번째 부인인 이 소저의 목숨을 연장하기까지 한다.

전기소설 중에서는 통속화의 정도가 다른 전기소설에 비해 상대적으로 강하게 드러나는 「최척전」과 비교하면 초월계에 대한 이러한 설정은 상당한 차이를 보인다.

「최척전」에는 한글 소설과 비슷한 역할을 하는 초월적 존재로 장육불이 등장한다. 그러나 여기에서 장육불의 역할은 크게 부각되지 않는다. 주인공의 현실적 고난을 직접 해결해 주는 존재도 아니다. 다만 가끔 꿈에 나타나 조언을 하거나 간단한 예언을 해주는 정도이다. 그렇기 때문에 옥영도 꿈에 나타난 장육불의 말에 대해 그다지 큰 믿음을 지니지 않는다.

> "어느날 저녁에 꿈에 장육금불이 나타나 밝혀 말했다. "삼가 죽지 않도록 해라. 훗날 기쁜 일이 있을 것이다." 옥영은 깨어나 그 꿈을 기억해 내고는 만에 하나의 희망이 없는 것은 아니라고 생각했다.

사실 옥영은 이전에도 이미 여러 차례 자결을 시도했었고 주위 사람의 협조로 구원되곤 했었다. 그때는 장육불이 나타나지 않았다. 그리고 지금 나타난 장육불은 단지 한마디 말을 던지고 사라졌을 뿐이다. 앞으

'사실주의의 한계'라고는 할 수 있지만 새로운 속성으로의 완전한 전이라고 할 수는 없다는 것이다. 이에 대해서는 박희병, 「최척전」, 『한국고전소설작가론』, 집문당, 1990 참조.

로 어떻게 행동해야 되는지, 운명이 어떻게 될 것인지 구체적으로 지시하거나 암시하지 않았다. 옥영은 그 말에 대해 절대적인 믿음이 아니라 만에 하나 있을 수 있는 실낱같은 믿음으로 억지로 연명한다. 결국 장육불이 등장했지만 문맥에서는 여전히 옥영의 자의식이 강하게 작용한다.

「최척전」에서 장육불이 단지 가끔씩 현몽이나 하는 존재였다면, 한글소설에서의 초월적 존재는 직접 작품 속에 등장하여 구체적 역할을 수행한다. 한글소설에서는 한결같이 초월적 세계의 개입이 적극적일 뿐더러 극대화되어 있다. 그리고 「유충렬전」과 같은 영웅소설에서 확인되듯 이러한 경향은 한글소설의 주요한 구성 원리가 되는 천상과 지상의 이원적 구조로 발전한다. 환상성이 서사를 이끌어가는 부분적인 기능을 담당하는 것이 아니라 그 자체가 이미 소설의 중요한 주제적 기능으로까지 부각되는 것이다. 이런 맥락을 놓고 본다면 17세기 한글소설은 통속소설을 본격적으로 전개하는 역할을 담당했다고 볼 수 있다.

3) 이념성과 통속성의 연관성

이덕무의 언급에서 드러나듯이[9] 유교적 이념에 충실한 지식인의 입장에서 소설은 거짓투성이며 역사와 경전을 거칠게 만드는 무용지물에 불과한 것이었다. 그래서 소설의 가치를 부정했지만, 소설이 역사를 정면으로 건드리지 않으면서도 지배이념을 효과적으로 전달하는 교훈서로서의 구실을 한다면 굳이 마다할 이유도 없었을 것이다. 더구나 까다로운 한문 경전을 소화할 수 없는 여성에게 가부장제의 이념을 거부감 없이 전달할 수 있는 장치가 소설이라면 말할 나위도 없다. 결국 가부장제 유교적 이념과 가정, 가문이라는 공간적 구도와의 만남은 조선시대 소설의 생존법이었다.

한글소설이 강한 이념성을 지향하는 것도 이 부분과 관련이 있다. 나아가 그 이념성의 강화가 통속성으로의 경사를 지향하게 만들기도 한다. 전기소설에서 문제 삼은 것은 개인과 현실의 문제, 세계의 횡포에 대한 자아의 문제와 같은 것이지 특정한 이념을 전제로 하지는 않았다. 한글소설은 이와는 반대로 애초에 가부장제와 주자주의라는 구체적인 이념을 문제 삼고 출발한다. 그렇기 때문에 작품에서 설정된 초월적 요소와 같은 환상성 혹은 낭만성마저도 단지 서사적 차원에만 머물지 않고 주제적 경향까지 아울러 지니게 된다. 이 점은 전기소설과 비교하여 상당한 차이라고 할 수 있다. 선인이 악인에게 모함을 받아 죽을 위기에 몰렸을 때, 남해대사와 같은 천상적 존재의 계시를 받은 승려가 나타나서 이를 구한다. 앞 절에서 언급했듯이 이러한 설정은 통속성의 극대화임에 분명하지만 선인에 대한 절대적 가치를 부여하는 구

---

9 여기에 대해서는 이 책의 II부 2장 「고전소설과 TV드라마의 연관성」 부분에서 자세하게 다루었다.

실을 한다. 어떠한 시련이 있더라도 선인이 되기 위한 전제 조건으로서의 이념과 윤리를 버리지 않아야 한다는 인식을 절대화시키고 있다는 것이다.

「사씨남정기」에서 교씨 일당의 구체적이고도 현실적인 욕망을 제어할 궁극적인 수단으로 설정된 초월계가 당대 이념에 대한 작가의 회의나 그 이념의 무기력을 의미하지는 않는다고 본다.[10] 물론 김만중이 교화주의적 의도를 극대화하려는 목적으로 교씨 등이 활동할 욕망의 공간을 허용했다고 할 수는 있다.[11] 그러나 그러한 욕망을 제어할 기제로 현실적 제도가 설정되었다면 과연 「사씨남정기」가 쉽게 읽힐 수 있는 통속소설이 될 수 있었을까? 김만중은 하늘의 논리를 빌려 교씨의 욕망을 제어함으로써 간명하고도 효과적으로 가부장제 이념을 절대화하고 있다고 보아야 한다. 따라서 초월계의 설정과 같은 환상적 장치를 통해 얻은 통속성의 극대화가 곧바로 이념의 절대화와 맞닿아 있다는 것이다.

이런 맥락에서 본다면 17세기 한글소설의 통속성은 이념성의 강화와 궤를 같이 한다. 「사씨남정기」와 상당히 닮아 있지만 가부장제의 이념을 보다 구체화시키고 있는 「창선감의록」에서는 화진을 통해 효의 문제를 형상화하고 있다. 화진은 심씨를 모해하려 했다는 누명을 쓰고도 끝까지 자기의 죄로 받아들인다. 이 사건을 주관하는 최지부가 말하고 있듯이 어미가 아들을 고소한 내용을 아들이 변명할 수 없다는 것이다. 지극히 단순하고도 간명한 논리이지만 이것은 「창선감의록」에서

---

10 김현양은 「사씨남정기와 욕망의 문제」, 『고전문학연구』 12, 1997에서 「사씨남정기」에서 교채란의 욕망을 제어하는 수단으로 초월계라는 허구적 장치가 설정되어 있는 것과 관련하여, "김만중이 「사씨남정기」에서 욕망을 통제하는 현실의 기제를 소거한 것은 현존하는 제도로서의 현실의 기제 자체를 회의하는 의식으로부터 비롯된 것이라 생각된다"고 하였다.

11 김현양, 위의 논문.

효를 형상화하는 주요한 계기가 된다. 정작 죄를 다스리고자 하는 사람들은 화진의 결백함과 효성을 인정하려 하지만 잡혀온 당사자인 화진이 자기 잘못이라 고집하는 실랑이가 계속 벌어짐으로써 효가 주제적 맥락으로까지 부각되고 있다.

물론 이러한 문제가 작품 자체에서는 사회적, 역사적 맥락 속에서 구체화되지 못하는 일면이 있다. 효라고 했을 때 그것은 인간이라면 누구나 반드시 지녀야 할 일반적 심성일 수 있다. 그러나 가부장제를 뒷받침하는 부계혈연 중심의 주자주의적 맥락에서의 효는 무엇보다 중요한 이데올로기적 성격을 지닌다. 효가 가문의 수직적 질서를 유지시키는 근간 윤리임은 두말할 필요도 없을 것이다. 「창선감의록」에서는 효와 가부장제의 문제가 유기적으로 결합되지 못하고 있다. 여기에서는 가장권이 성립되지 않은 가정을 대상으로, 친모가 아닌 적모(嫡母)에 대한 애매한 효가 설정되어 있기 때문이다.

이는 올바른 가장의 탐색을 위해 부자갈등과 계후갈등을 치열하게 서술하고 있는 「유효공선행록」, 「유씨삼대록」과 좋은 비교가 된다. 「유효공선행록」 연작에서는 실권을 가진 가장을 설정하고, 그 가장이 올바르지 않아 발생하는 가문의 문제를 구체적으로 형상화하고 있으며, 이 갈등이 무려 5대에 이르기까지 지속된다. 때문에 「창선감의록」의 효는 일반적 심성으로서의 의미로 읽혀질 가능성이 더 많다.

그러나 엄밀한 의미에서 말한다면 어떤 이념적 문제를 전제로 하지 않은 선악 혹은 욕망은 있을 수 없다. 설사 이념과 무관한 심성 개념이 있다고 하더라도 그것은 항상 당대의 이념적 성향을 지닐 수밖에 없다. 더구나 당시의 한글소설과 관련해서는 표방하는 윤리의 문제가 왜 하필이면 처첩갈등과 같은 구도를 통해서 형상화되고 있는지를 설명해야 한다. 만약 작가가 작품을 통해서 성취하고자 하는 이념의 문제를 사회적, 역사적 문맥 속에서 구체적으로 형상화하려고 했다면 대단히 어려운 작품이 되고 말았을 것이다. 어떤 문제를 심도 있게 다룬다는 것은 그만큼 작가의 자기반성을 요구하는 것이고, 이것은 필연적으로 통속성과 거리를 유지할 수밖에 없게 된다. 그 결과 독자들이 섣불리 접근할 수도 없는 작품이 될 가능성이 농후하다. 앞에서 언급했듯이 「사씨남정기」에서 욕망의 제어 장치로 구체적인 현실적 이념이나 제도를 설정했다면 그 선악의 구별 문제 자체가 훨씬 복잡하고 어렵게 설정되었을 것이다. 뿐만 아니라 독자의 입장에서는 제시된 제도나 이념의 절대성마저도 회의를 품게 된다. 따라서 이념의 문제를 통속적 입장에서 풀어나가는 것은 어쩌면 당시의 한글소설 작가들이 지니고 있었던 어떤 전략이었을지도 모른다.

이런 의도를 달성하기에 가장 효과적인 방법은 극단적 대립과 적어도 이념적으로는 갈등하지 않는 이상적 모델의 제시였을 것이다. 바람직한 상태와 그렇지 못한 상태가 단선적으로 대립함으로써, 주제는 복잡한 설명의 과정을 걸치지 않아도 선명하게 드러난다. 그리고 이상적 모델을 제시함으로써 바람직한 상태 즉 드러내고자 하는 이념에 대한 회의나 부정을 최소화할 수 있다. 「사씨남정기」, 「창선감의록」에는 두 부인, 성 부인 등 주인공 고모의 역할이 크게 설정되어 있다.[12] 이 소설에서는 적어도 주인공의 고모가 존재하는 한 악인의 모계가 좀처럼 먹혀들지 않는다. 가장권이 결핍되어 있는 상태와 그나마 가장의 피를 이어받은 고모라도 존재하는 상태를 대비시켜 가장권의 필요성을 부각시키고 있다는 것이다.

「소현성록」에서는 군담의 설정을 통해 이러한 효과를 거두고 있다.[13]

12 「소현성록」에도 약간 변이된 형태이기는 하지만 고모의 역할이 부각된다. 소현성과 의남매를 맺은 윤부인의 제가 역할이 이에 해당한다.

13 「소현성록」에서의 윤부인은 소현성과 직접 피를 나눈 형제가 아니기 때문에 성 부인이나 두 부인과 같은 적극적인 가장 대리역으로는 부적절한 인물이었을 것이다. 따라서 다른

가장이 있을 때는 악인들이 어떤 일을 도모하지 못하다가 나라에 전쟁이 일어나 가장이 출전한 틈을 타서 모계를 꾸미는 장면의 설정 등이 그것이다. 이 설정은 운성의 이야기에서 확인되는데, 가장의 없을 때 벌어졌던 소동이 가장의 복귀와 함께 그 가장의 힘을 통해 해결되는 방향으로 이야기가 진행된다.

이와 같이 가장의 부재 상태와 존재 상태를 대비적으로 형상화함으로써 가장권의 의미가 효과적으로 부각된다. 물론 이러한 결핍과 충족을 통해 드러나는 가장의 의미는 구체적인 모습을 결여하고 있다. 단지 그 존재의 필요성만을 부각시키지 어떤 상태가 바람직한가에 대해서는 제시하지 못하고 있다.

이와 관련하여 「소현성록」에서는 바람직한 가장의 구체적인 모델이 제시된다. 소현성이 바로 그런 전형적인 인물이라고 할 수 있을 것이다.

> 이러구러 삼동이 진ᄒᆞ고 명년이 되나 샹셰 조곰도 일편된 일이 업셔 가지록 공경ᄒᆞ여 일삭의 십일은 화시긔 잇고 십일은 셕시긔 잇고 십일은 셔당의 쳐ᄒᆞ야 씍씍ᄒᆞ고 단엄ᄒᆞ미 ᄒᆞᆫ갈ᄀᆞᆺᄐᆞ니, 가즁인이 당초ᄂᆞᆫ 셕시ᄅᆞᆯ 취ᄒᆞᄆᆡ 철셕간장이라도 농쥰ᄒᆞ리니 반ᄃᆞ시 화시긔ᄂᆞᆫ 졍박ᄒᆞ고 셕시의게 졍이 도라가 진즁흔희ᄒᆞ리라 아랏더니, 뜻 아닌 샹셰 ᄉᆡᆨ을 취치 아니ᄒᆞ고 텬셩이 관후 공평ᄒᆞ여, 화, 셕 이인의 은ᄋᆡ ᄒᆞᆫ가지오, 화시긔 가권을 맛져 웃듬권이 오롯게 ᄒᆞ니, 가즁 상하와 족친이 경복ᄒᆞ고 도ᄅᆞ혀 고이히 넉이며 부인이 만심 환희ᄒᆞ고, 화시 ᄯᅩᄒᆞᆫ 한ᄒᆞ미 업셔 처음 투심이 태반이나 쥬러져 유화ᄒᆞ기ᄅᆞᆯ 힘ᄡᅳᄃᆡ, 셕파 숙질을 보면 ᄌᆞ연 변ᄉᆡᆨᄒᆞ니 셕파ᄂᆞᆫ 모ᄅᆞᄂᆞᆫ 체ᄒᆞ고, 셕시ᄂᆞᆫ 몸을 ᄂᆞᆺ초아 공경ᄒᆞ믈 부인 버금으로 ᄒᆞ니, 샹셰 그 유슌ᄒᆞ믈 더욱 공경ᄒᆞ며 ᄋᆡ즁ᄒᆞ나 일호 ᄉᆞᄉᆡᆨ지 아니며, ᄯᅩᄒᆞᆫ 화

서사적 장치가 더 필요했다고 볼 수 있다.

시롤 어려셔 만나 졍이 즁홀섇 아냐 쏘 냥즈의게 졍이 잇글여 쏘흔 은의 진즁ᄒᆞ니 사름이 그 심쳔을 아지 못ᄒᆞ고 의아ᄒᆞ더라[14]

소현성이 석 · 화 부인을 잘 다스리는 모습이 강조되어 있는 부분이다. 화 부인은 전형적인 요조숙녀인 석 부인과는 대조적인 인물로 투기가 심하고 성격이 급한 인물이다. 화 부인은 자신이 본바탕을 완전히 고치지 못했음에도 불구하고 별 불만을 보이지 않고 있다. 바람직한 가장이라면 제가(齊家)를 어떻게 하는지를 단적으로 보여준다 할 것이다.

그러나 가장의 이상적인 모습 이면에는 어떤 다양한 문제점이 노정되게 마련한다. 인용문에도 드러나듯이 화씨는 투기심을 태반이나 줄인 상태이지만 여전히 석 부인에 대한 불만을 가지고 있다. 이에 대해 당시의 일반적인 독자들은 이념과 제도 자체에 문제가 있어서 그리고 바람직한 모델이 잘못되어서 그렇다고 생각하지는 않았을 것이다. 모델의 일방적 제시로 인해 이제는 모든 문제의 원인을 화 부인에게 돌리게 될 것이 뻔하다. 통속소설이 노리는 바가 여기에 있다 할 것이다. 현대의 영화나 TV드라마에서 스타성을 지닌 배우가 선한 주인공 캐릭터 역할을 수행할 때, 이 캐릭터가 보여주는 긍정적 이미지가 관객에게 일방적으로 강요되는 것과 같은 이치라 할 것이다.

그런데 바람직한 모델을 통한 이념의 일방적 제시는, 경우에 따라서는 드러내고자 하는 이념이나 윤리가 지나치게 경직화되거나 생경하게 형상화되기도 한다. 이와 관련하여 중요한 장면이 있어 다소 길지만 인용하기로 한다.

부인이 이 말을 듣고 너무 놀라서 침소에 돌아와 곧바로 소공자를 불렀다. 소

---

14 『소현성록』 권 3.

공자가 부드러운 기색으로 부인을 대했지만 부인이 보기에는 억지로 얼굴색을 부드럽게 지은 흔적이 역력했고 오히려 처참한 기색이 은은히 담겨 있었다. 부인이 사단을 짐작하고 물었다.

"서주에서 사람이 왔다 하는데 어떤 사람이던고?"

공자가 머리를 숙이고 말을 하지 않고 머뭇거리자 부인이 다시 말했다.

"부모가 묻는 말에는 입에 머금은 것을 뱉고 곧장 대답함이 올바른 도리이거늘 어찌 대답이 없느냐?"

소공자가 다급하여 앉은 자세를 고치며 말했다.

"소자가 비록 불초하오나 부모의 명을 어찌 받들지 않으리까? 어머님 말대로 과연 서주에서 유장이란 자가 와서 여차여차 누이를 찾았습니다. 소자가 일단 속여서 물리쳤사오나 차마 입 밖에 내지 못하여 곧장 대답하지 못함이로소이다."

부인이 이 말을 듣고 딸의 행실을 속속히 알고는 크게 화를 내고, 주위의 하인들을 시켜 교영을 불러 마당에 꿇렸다.

부인이 꾸짖었다.

"네 타향에서 유배생활을 하며 정절을 잃었다. 이에 부모와 선조에게 욕이 미치고 소씨 집안의 명절(名節)을 허물어뜨려 버렸으니 죽음이 옳은지라. 세상에서는 불초녀(不肖女)요 시집에서는 더러운 계집이라. 천지에 용납하지 못하리니, 오늘로써 모녀의 정을 끊고 한 그릇 독약을 주나니 먹으라. 내 또한 무슨 면목으로 살아갈 수 있으리오?"

교영이 통곡하며 말했다.

"소녀가 모친의 경계(警戒)를 저버렸사오나 어미와 딸의 정을 생각하시어 목숨을 살려주소서."

부인이 소매로 얼굴을 가려 교영을 피하며 말했다.

"네 죄를 생각하면 남의 재촉을 기다리지 않아도 스스로 죽을 일인데 어찌 용서하란 말이 나느냐? 내 불명하여 정절 잃은 너를 자식으로 알았으니 머리카락이 솟구치고 몸이 떨린다. 다시는 어미라 부르지 말라. 네 비록 적소에서는 실절함이 있었지만 돌아올 때는 그 정을 거절했어야 했음에도 불구하고 다시 만날 것을 언약하였고 사는 곳까지 가르쳐 주었다. 이는 나를 어미로 여긴 것이 아니라 초목같이 여긴 일이라. 내 비록 용열하지만 자식을 처치할 위엄은 있으니 어찌 이런 더러운 것을 집안에 두리요. 네 이제 죽어 황천에 돌아가나 네 남편과 부친을 무슨 면목으로 보겠는가? 또한 세상 사람들이 나에게 침을 뱉어 꾸짖을 것이니 살아서나 죽어서나 무슨 희망이 있으리요?”

말을 마치고 독약 먹기를 재촉하니 월영소저가 머리를 부대끼며 애걸하고 주위 사람들 또한 무릎을 꿇고 빌었다. 그러나 양 부인의 화난 기색이 하도 등등해서 삭풍이 찬 눈을 날리는 것 같았다. 누가 그 위엄을 돌이키리요? 사람을 시켜 월영소저를 데려고 가라 하자 소공자는 다만 머리를 숙이고 눈물만 흘릴 뿐 입을 닫아 한 마디도 하지 않으니 주위 사람들이 그 생각을 알지 못하더라.

결국 교영이 약을 마시고 죽었다. 그 시체를 별당에 안치하고 부인이 제사를 올리라고 했다. 월영과 공자의 서러움은 차마 보지 못할 정도였다.

이에 장사를 지낼새 공자가 모친께 청했다.

“누이를 이씨 선산에 묻음이 불가하오니 소씨 선산에 묻는 것이 어떠하니이까?”

부인이 눈물을 흘리며 탄식했다.

“네 누이는 지아비 가문의 음부(淫婦)요 소씨 집안의 더러운 딸이니 어찌 소씨 선산인들 묻을 수 있으리요. 각별 다른 산을 골라서 묻을지어다.”

위 대목은 「소현성록」 권 1의 한 대목이다. 이 작품에는 여느 작품과는 달리 가장 처음 설정되는 이야기가 열 · 불열담이다. 양 부인의 둘째 딸이자 주인공 소현성의 누이인 교영은 남편의 유배길에 동행했다가 유장이란 남자와 사귀게 된다. 이때 교영의 남편인 이생은 사망한 상태였다. 이 사실을 뒤늦게 안 양 부인은 교영이 훼절했다고 하여 조금도 망설이지 않고 독약을 내려 죽게 한다. 복잡한 사건 전개 없이 아주 간략하게 설정되어 있는 이 장면이 「소현성록」에서는 하필이면 서두에 등장한다. 가부장제 이념과 이에 근거한 정절이라는 윤리로 인해 직접 딸을 죽이는 어머니의 모습에서 어떤 망설임이나 고뇌를 읽을 수도 없다.

이는 소설에서 이념성이 얼마나 경직되게 드러나는지 단적으로 보여주는 장면이다. 이때 경직화되는 이념과 윤리가 가부장제와 관련이 있음은 당연하다. 이러한 이념과 윤리의 강조는 결과적으로 현실을 관념화시킬 수밖에 없다. 전기소설에서 참으로 중요한 의미를 지니는 전란이 이들 한글소설에서 단지 배경화되고 있는 것도 이 사실과 무관하지 않을 것이다. 이렇게 현실이 관념화된 자리에 통속성이 침투하게 된다. 이것이 바로 17세기 한글소설의 통속성의 정체라고 할 수 있다. 이념성의 강화가 곧 통속성의 획득으로 이어졌다는 것이다.

대중문화의 전형이라고 할 수 있는 TV드라마 역시 강한 이념성을 지닌다. TV드라마는 당시의 보편적 이데올로기와 관습적 윤리를 충실하게 따르게 마련이다. 이 때문에 시청자들은 파격적인 영상이나 장면에서 충격과 일탈을 경험하지만 결국은 일상으로 안주하게 된다. 일상으로의 평안한 안주는 시청자들이 보편적으로 경험하고자 하는 기대치이다. 드라마는 이 기대치를 언제나 충족시킨다. 시청자들은 이런 기대치에서 벗어나는 장면에 대해 즉각적인 거부 반응을 보이며, 기대치가 충족되는 장면에서는 안도의 환희를 맛본다. 이렇게 보면 대중문화의 전형인 TV드라마가 강한 이념성을 보이는 것과 고전소설의 이념성은 맥이 닿아 있다고 할 수 있을 것이다.

4) 이념적 억압과 일탈적 욕망

이념의 강화는 통속성으로 이어지는 한편 필연적으로 억압을 발생시킨다. 작품이 낭만적, 통속적 성격을 극대화하고 있다고 했을 때, 이는 엄청난 위기를 전제로 해서 얻어지는 것들이다. 주인공이 겪게 되는 시련과 위기가 강하면 강할수록 천상적 존재를 통한 기적과도 같은 구원이 더 설득력을 지닐 수 있기 때문이다. 이때, 주인공이 맞는 위기가 이념의 무게에서 자초된 것임은 자명한 일이다. 박일용 교수는 「사씨남정기」는 가부장제 이념으로 인해 고통받는 작중인물의 비극적 형상화이며, 향유층들은 이러한 주인공들의 처지에 자신을 투사시켜 도덕적 우월성을 느끼는 한편 비극적 카타르시스를 맛본다고 했다.[15] 이 현상은 「사씨남정기」에만 국한되지 않는다. 「창선감의록」의 화진, 임 소저, 남 소저 그리고 「소현성록」의 운성의 처 형 부인이나 운명의 처 이 소저 모두 가부장제 이념으로 인해 고통받는 인물들이다. 작품에서 선인형으로 규정되는 인물들 대개가 억압과 위기를 겪고 있다.

그런데 작품 분량이 보다 길어지는 「창선감의록」, 「소현성록」에서는 이 억압의 반대편에 자유롭기도 하고 때로는 방탕하기도 한 욕망이 동시에 설정되어 있다.

「창선감의록」에 설정된 윤여옥의 삶이 이에 해당한다. 윤여옥은 진 소저를 향한 애정을 숨기지 못하고 조급해하는 모습을 보이기도 하고, 엄월화를 만나서는 뒷일을 생각하지 않고 탐하는 행동을 자행하기도 한다. 그리고 그 일이 있고 난 다음에는 '월화는 정절이 있는 여자인데 자기를 위해 수절할 것이고 자기는 엄숭의 사위가 될 수 없는 노릇'이라며 곧바로 후회하기도 한다. 앞으로 진행될 일의 정황을 정확히 알고

---

15 박일용, 「가문소설과 영웅소설의 소설사적 관련 양상」, 『고전문학연구』 20집, 2001.

있으면서도 순간적인 욕망을 억제하지 못하는 모습을 보여주는 것이다. 뿐만 아니라 비록 남장을 한 상태였다고는 하지만 진채경이 길에서 백경을 만나 혼인을 의논하는 대목 역시 자유분방한 모습으로 읽힌다.

「소현성록」에서 운성과 운명은 창기를 데리고 희롱하다가 부친에게 발각되어 심한 맞기도 한다. 운성은 형 소저와 혼인하기 이전에 이미 형 소저를 만났고 애정을 품고 있는 상태였다. 이후 정혼의 형식을 밟고는 있지만 자발적인 애정적 욕구의 발현이 앞서는 셈이다. 한편 운성은 장난으로 찍힌 앵혈을 없애기 위해 공연히 소영을 겁탈한다. 운명은 이미 혼인한 처지인데도 길에서 우연히 만난 이 소저를 보고 반하여 애정을 갖고 혼인 의사를 품는다. 그리고 그 혼인이 부친의 반대에 부딪히자 죽을 정도의 상사병에 걸리기도 한다. 그런가 하면 유부남인 김환이라는 사람은 소수빙을 보고 상사병에 걸린다.

「창선감의록」과 「소현성록」에서 설정된 이러한 모습은 확실히 이념에 의한 억압과는 정반대로, 그것으로부터 벗어나고자 하는 무한한 욕망을 보여주고 있다.[16] 물론 운성의 형 소저에 대한 그리고 윤여옥의 진채경에 대한 자연스러운 애정 감정과 운성의 소영 겁탈과 같은 무분별한 욕망을 같은 층위에 놓고 볼 수는 없다.

그러나 어느 경우나 할 것 없이 당시의 주자주의적 가부장제 이념에 비추어 본다면 분명히 바람직한 행위에 속하는 것은 아니다. 이러한 욕망은 절대악으로 규정되는 「사씨남정기」의 교씨나 「창선감의록」의 화춘 모녀의 욕망과는 질적으로 다르다. 물론 전혀 저항이 없는 것은 아니지만 궁극적으로는 이들의 욕망이 용인되고 있기 때문이다. 윤여옥이 월화에게 한 행동은 별다른 저항 없이 월화가 윤여옥의 첩이 됨으로

16 그런 까닭에 최기숙은 「소현성록」의 주제가 애정성취의 문제로 국한되어 있다고 평가하기도 했다. 최기숙, 『17세기 장편소설 연구』, 월인, 1999, 404~411면.

써 간단히 해결된다. 진 소저가 백경을 길에서 만나 수작을 한 것은 엄청난 윤리적 반란이라고 할 수 있지만 문제가 되기는커녕 도리어 재치 있는 행동이었다고 평가된다. 운명의 이 소저에 대한 사랑은 기존 이념을 고수하는 부친에 의해 저항을 받지만 결국에는 하늘의 인연이란 의미에서 인정된다. 김환의 경우는 소현성이 김환의 인물 됨됨이를 높이 사서 결국 수빙과의 혼인을 허락한다. 특히 김환의 경우는 주인공 가문의 가장이 자신의 딸을 한미한 집안의 부실로 들인다는 점에서 상당히 특이한 모습을 보이고 있다.

「사씨남정기」에서는 이와 같은 긍정되는 욕망의 구조를 찾아볼 수 없다. 그런데 같은 작가의 작품인 「구운몽」에서는 무한한 욕망의 사슬과 만날 수 있다. 비록 작품의 앞뒤에 걸린 환몽구조로 인해 현실의 욕망이 덧없는 것이라고 부정되고 있지만, 서술되는 분량만 보더라도 어디까지나 작품의 핵심은 현실 공간에서 펼쳐지는 양소유의 삶에 놓여 있다. 진채봉, 계섬월, 적경홍을 통해서 파격적인 여인을 만날 수 있는가 하면 양소유의 행적을 통해서는 자유롭고 때로는 방탕한 애정 욕망을 읽을 수 있다.

그렇다면 「사씨남정기」가 지닌 억압의 구조 이면에는 「구운몽」에서 펼쳐지는 욕망의 구조가 있는 셈이다. 결국 「창선감의록」과 「소현성록」에는 억압과 욕망이 같이 뒤섞여 있다면 김만중은 「사씨남정기」와 「구운몽」으로 나누어 그것을 설정하고 있는 것이다.

이 억압과 욕망의 문제는 그다지 단순하게 풀릴 문제가 아니다. 「창선감의록」과 「소현성록」은 차치하고라도 김만중은 욕망 또는 억압 하나만 다룬 소설만으로는 무엇인가 충분하지 않아 그 반대되는 소설을 남겼다. 이것은 그만큼 당시의 소설 작가들이 억압과 욕망을 동시에 문제 삼고 있었다는 것을 말해준다. 굳이 그렇게까지 욕망의 문제에 집착한 이유가 무엇일까? 이 작품들이 여성 독자를 겨냥한 것이라고 했을 때, "여성을 규방 속에 속박해 놓고서 늦추어 주어야 하는 모순의 타협점"[17]을 찾고자 이런 욕망의 구조를 마련한 것일까? 이와 관련하여 "자유스러운 남녀의 결연과정과 그것을 가로막는 장애의 낭만적인 극복과정은 현실을 초월하고자 하는 소설독자층의 소망을 충족"시키기 위한 것이라는 주장이 제기되기도 했다.[18] 만약 그렇다면 이 욕망은 다른 한편에서는 억압을 가하고 있는 이념과는 서로 상충되어야 하며, 결과적으로 한 작품 속에 이율배반적인 요소가 뒤섞여 작용하고 있다고 보아야 한다.

그러나 당시의 작가들이 과연 그렇게까지 여성 혹은 일반 독자에 대한 세심한 배려를 하면서 작품을 창작했을까 하는 의문을 가져볼 수 있다. 앞에서도 언급했지만 아직 이들은 새로운 소설적 틀을 마련해가는 시작점에 놓여 있는 작품인 만큼 그러한 배려를 할 소설적 역량이 수립되지 않았다고 보인다. 뿐만 아니라 여성에 대한 교화적, 교양적 수단으로서 소설의 가치를 어느 정도로까지 인식하고 있었는지에 대해 아직 확언할 증거도 없는 상태이다. 그리고 정말 당시의 독자들이 그러한 욕망의 구조를 통해서 억압에서 살짝 늦추어지는 느낌을 받았는지, 현실을 초월하고자 하는 소망이 충족되었는지를 또한 따져보아야 한다.

이런 맥락에서 다시 한 번 이들 소설이 가지고 있는 욕망의 구조를 면밀하게 검토할 필요가 있다. 무엇보다 「구운몽」은 가부장제 이념을 상징하는 부권의 결핍으로 인해 어떤 억압적 힘이 작용할 여지가 없는 작품이다.[19] 그 결과 양소유는 아무런 구속 없이 여성 편력의 여정을

---

17 이에 대해서는 임형택, 「17세기 규방소설의 성립과 창선감의록」, 『동방학지』 57집, 1988에서 상세히 다루었다.

18 박일용, 위의 논문.

19 여기에 대해서는 강상순, 「〈구운몽〉과 영웅소설의 소설사적 상관성」, 정규복 외, 『김만중 문학연구』, 국학자료원, 1993에서 상술하였다.

떠날 수 있게 된다. 집을 떠난 양소유에게 과거나 난리는 관심 밖이었다. 과거보다는 진채봉이나 정경패와의 만남에 더 관심을 두고 있으며, 난리를 피해 산에 머무는 동안 그가 터득한 것은 정경패를 유혹할 수단이 될 음악이었다. 확실히 무한한 욕망의 성취를 보여주는 구도라 할만하다. 그는 2명의 처와 6명의 첩을 차례로 얻지만 여느 소설과는 달리 처첩 간의 갈등이 존재하지 않는 이상적인 가정을 꾸린다. 8명의 여인과의 인연이 이미 하늘에서 결정된 것이기 때문에 갈등이 없었다고 할 수 있다. 양소유의 욕망이 천리(天理)에 의해 정당화되고 있는 것이다. 따라서 이러한 양소유의 욕망은 궁극적으로는 가부장제 이념의 완성과 궤를 같이 하고 있다.

한편 「구운몽」에서는 진채봉이나 계섬월, 적경홍과 같은 여성을 통해 애정 욕구를 솔직하고도 대담하게 드러내고 있다. 남성이 아니라 여성의 입장에서 표출되는 욕망이기에 주목하지 않을 수 없다. 물론 이러한 적극적인 여성의 모습은 이미 「최척전」의 이옥영을 통해 확인된다. 그러나 「최척전」의 옥영과는 달리 「구운몽」에서는 알게 모르게 여성의 이러한 태도에 대해 일정한 가치를 부여하고 있음을 읽어 낼 수 있다.

우리소설의 관습상 주인공과 가장 처음 인연을 맺는 여자가 조강지처 혹은 천정배필이 되는 것이 일반적인 양상이다. 그런데 진채봉은 처가 아니라 첩이 된다. 그리고 진채봉의 행실에 대해 작품 도처에서 평가가 이루어지기도 한다. 진채봉은 스스로 남자를 따라나선 탁문군을 본받았기 때문에 비록 재주가 뛰어나지만 이상적인 여성은 아니라는 것이다.

진채봉 이후에 설정되는 정경패는 철저하게 문밖 출입을 금하는 전형적인 요조숙녀로 설정되어 진채봉의 모습과 대비를 이룬다. 결국 진채봉이 정처가 될 수 없었던 이유는 가부장제적 이념과 윤리에 철저하지 못했기 때문이라고 할 수 있다. 뿐만 아니라 진채봉보다 더 적극적인 애정 의사를 품고 있는 계섬월과 적경홍은 그 신분을 기생으로 설정해 두었다. 기생이기 때문에 마음놓고 그러한 욕망을 발현할 수 있다는 것이다. 따라서 「구운몽」에서 드러나는 욕망의 구조 이면에는 가부장제 이념이 자리 잡고 있음을 알게 된다.[20]

「구운몽」에서 양소유가 보여준 욕망의 모습은 「창선감의록」의 윤여옥과 「소현성록」의 소운성, 소운명을 통해서도 그대로 드러난다. 윤여옥은 진채경의 주선으로 백경의 누이를 맞아들임에 있어 조금도 갈등하지 않는다. 오히려 그러한 여자를 주선한 진채경의 세심한 배려에 대해 감사할 뿐이다. 그렇기 때문에 남장한 진채경이 백경과 만난 것은 자유로운 연애의 모습이 아니라 억압을 받는 여성의 또 다른 모습으로 읽혀진다. 이 역시 가부장적 남성의 욕망 구조라 할 것이다. 그렇지 않다면 「소현성록」에서 운명과 이 소저의 결연은 결코 이루어질 수가 없었을 것이다.

운명은 임 소저와 이미 혼인을 한 상태였고, 임 소저가 덕성이 있는 여성이었다. 다만 운명은 임 소저가 박색인 것에 대해 불만을 품고 있었다. 그러던 중 이 소저를 만난 것이다. 그리고 부친인 소현성은 운명을 크게 꾸짖지만 결국 이 소저와의 혼인을 허락한다. 운성의 자발적인 애정 욕구를 인정했다고 할 수 있지만 달리 보면 재실을 얻고자 하는 남성적 욕망을 수락했다는 의미도 아울러 지닌다. 이는 소현성에 대한 애정 의사를 적극적으로 드러내는 화 부인이 항상 투기심이 많은 좋지 못한 인물로 묘사되는 것과 선명한 대조를 이룬다.

작품에서는 욕망의 발현에 관한한 관대한 쪽은 항상 남성이고 그 관대함의 이면에는 이 소저의 시련과 같은 여성의 수난이 설정되어 있는

---

20 이에 대해 강상순, 위의 논문에서는 가부장제와 가문 이데올로기가 빚어내는 억눌린 남성성에서의 일탈은 역설적이게도 그 체제가 주는 남성적 특권에 기반한 것이며 그 욕망의 구조란 결국 그 이데올로기의 구조와 짝하는 것임을 보게 된다고 해석하고 있다.

것이다. 그리고 운성과 이 소저의 만남은 하늘의 이치로 정당화시키고 있다. 「구운몽」에서 양소유의 삶이 전생의 인연으로 정당화되는 것과 같은 논리인 셈이다. 따라서 하늘과 같은 초월적 공간이 가부장적 이념과 이에 기반한 남성적 욕망을 절대화하고 있음을 다시 한 번 확인하게 된다.

당시의 여성들이 이런 욕망의 구도 속에서 편안하게 소설을 읽을 수 있었다고는 보이지 않는다. 오히려 더욱더 이념에 의한 비극적 억압을 맛보았을 것이다. 그럼에도 불구하고 이들이 소설과 지속적인 친연성을 유지할 수 있었다면 그것은 소설 속에 담긴 이념이 아니라 소설 자체의 서사적 흥미에서 그 이유를 찾을 수 있을 것이다.

그런가 하면 이들 작품이 한편으로는 다시 한문으로 번역된 이유도 여기에서 찾을 수 있지 않을까 한다. 한문으로 번역되었다면 남성 독자를 염두에 두었다고 할 수 있겠는데, 남성들은 이들 작품에서 실현되고 있는 남성적 욕망에서 어떤 흥미를 지녔을 수 있다는 것이다. 그리고 그 남성적 욕망의 이면에 깔려 있는 강한 가부장제 이념은 충분히 남성을 흡수할 수 있는 힘으로 작용하였으리라 보인다.

당시 한글소설은 바로 이러한 소설적 틀을 마련하기 위해 중국의 재자가인 소설과 일정정도 관계를 유지했을 것으로 짐작된다. 전기소설을 언급하는 자리에서 중국의 전기와의 관련성이 여러 가지 방향에서 거론되어 왔다. 물론 우리 전기소설이 중국 전기의 재현이나 답습은 분명 아니지만 중국의 영향권에서 자유롭지 못했던 것 또한 사실이다. 이것은 아마 당시 동아시아 문학 전부에 해당하는 말일 것이다.

마찬가지로 당시 한글소설 역시 중국의 영향권에서 자유로울 수 없었던 것으로 보인다. 그렇다면 당시의 한글소설은 새로운 양식의 틀을 고안하는 과정에서 중국의 재자가인 소설에 적극적인 관심을 가졌을 수 있다. 이미 「옥교리」나 「호구전」이 번역되어 읽혔기 때문에 이 재자가인 소설의 실질적인 영향력을 무시할 수 없는 노릇이다. 이들 재자가인 소설은 대개가 20회 정도의 장회체 형식을 취하는 장편에 해당하며, 「옥교리」처럼 남녀의 자유로운 애정 행위를 낭만적으로 형상화하거나 「호구전」과 같이 남녀의 애정을 형상화하면서도 극도의 윤리의식을 드러낸다. 따라서 전기소설과는 다른 새로운 양식적 틀을 짜는 데는 적당한 참고가 되기에 충분했을 것이다.

실제로 「옥교리」와 「소현성록」의 서두 부분이 상당히 흡사하다는 점[21], 「구운몽」이 「공공환」과 전체적으로 닮아 있다. 뿐만 아니라 「옥교리」와도 부분적인 유사점이 인정된다는 점 등에서 재자가인 소설과의 교섭 관계가 인정된다. 이것은 국문 장편소설이 자신의 지향점을 위해서 재자가인 소설이 보다 이용가치가 있었음을 의미하며 다른 한편으로는 새로운 소설과의 교섭을 시도함으로써 전기소설과의 결별을 선언했다고 볼 수 있다.

그렇다고 해서 한글소설이 중국소설을 그대로 모방했다는 것은 아니다. 중국 재자가인 소설에서 가정이나 가문의 문제를 본격적으로 다루고 있는 작품은 찾아보기 힘들이다. 당시 국내에 번역되어 널리 읽혔던 작품들은 말할 나위도 없다.

중국의 재가가인 소설은 한결같이 개인을 문제로 하는 작품들이다. '명교'를 무엇보다 중요한 주제로 삼고 있는 「호구전」만 하더라도 철중옥이란 주인공 개인의 능력만이 부각되고 있을 뿐이다. 따라서 가정과 가문의 문제를 형상화하는 방향으로 고안된 우리소설의 틀은 대단히 독특한 일면이 있다 할 것이다. 다만 당시 우리 한글소설은 억압의 측

---

21 「소현성록」의 서두 부분은 다른 우리 소설의 서두와 비교하여 상당히 특이한데 공교롭게도 이 특이한 서두 부분이 「옥교리」의 서두 부분과 대단히 흡사하다. 이에 대해서는 송성욱, 「17세기 중국소설의 번역과 우리소설과의 관계 - 옥교리를 중심으로」, 『한국고전연구』 7집, 2001에서 상술한 바 있다.

면이 아니라 남성적 욕망의 형상화와 관련해서는 중국 재자가인 소설과 다소 비슷한 모습을 보인다고 하겠다.

5) 고전소설의 환상성

대중문화를 논의하는 자리에서 환상성은 빼놓을 수 없는 속성이다. 어쩌면 환상성이 가장 핵심에 자리하고 있다고 해도 과언이 아닐 정도이다. 이것은 우리나라만의 특수한 현상이 아니라 세계적인 보편적 현상이다. 오히려 우리나라 대중문화가 뒤를 따라가고 있는 추세라고 볼 수 있다.[22] 문학에서도 환상성은 갑자기 불쑥 튀어나온 신종은 아니다. 오히려 그 반대라고 할 수 있다. 신화를 문학의 원류라고 본다면 환상성은 분명 문학의 가장 오래된 속성이라고 보아야 할 것이다. 최근의 문화산업계에서 그 소재를 찾기 위해 고전의 문화적 원형을 탐색하고 있는 것도 이러한 이유와 맞물려 있다.

앞에서 언급했듯이 초월적 존재나 공간은 환상적 분위기를 만드는 대표적인 요소이다. 이들은 현실 공간, 이성적 사고로는 경험할 수 없는 것들이고, 개인이 경험을 했다고 하더라도 객관적으로 증명할 수도 없는 것들이다. 환상성은 대개 이런 부류들로 이루어진다.

이런 환상성은 현실의 문제를 합리적이고 이성적인 사고에 의해 분석하고 해결하는 비판적인 인식과는 아무래도 거리가 멀 수밖에 없다. 따라서 환상성은 통속성, 낭만성과 더 가깝다고 할 수 있다.[23]

우리는 만화, 영화 등을 통해서 환상적 요소를 부단히 만난다. 과거에도 그랬고 지금도 사정은 마찬가지이다. 어쩌면 매체와 문화가 동기화된 지금 시대에 이러한 속성은 더 강하게 나타나고 있다고 볼 수 있다. 일찍이 1930년대부터 만화를 통해 강한 환상성을 보였던 DC코믹

---

22 우리나라에서는 「퇴마록」의 등장 이후 큰 인기를 몰고 있는 판타지 문학이 주종을 이루고 있는데, 아직 영화와 같은 본격 대중산업에서는 환상성이 제대로 응용되지 못하고 있다.

23 물론 환상성 그 자체가 대중성을 지닌다는 할 수 없다. 후술하겠지만 환상성이 역설적으로 강한 리얼리티를 보여줄 수도 있기 때문이다.

스가 〈슈퍼맨〉, 〈베트맨〉, 〈원더우먼〉 등의 영화를 지금도 흥행시키고 있고, 마블은 〈어벤저스〉 시리즈로 세계적 흥행을 기록했다.

한국은 TV드라마만 보면 사실 환상적 요소가 크게 부각되지는 않았다. 어디까지나 한국 드라마는 가족 서사가 주를 이루고 있었다. 그러나 지금은 한국 드라마도 환상적 소재를 상당수 많이 도입하고 있다. 〈신의〉(SBS, 2012년), 〈닥터 진〉(MBC, 2012년)[24], 〈나인〉(tvN, 2013년), 〈시그널〉(tvN, 2016년), 〈명불허전〉(tvN, 2017년) 등은 타입 슬립을 소재로 하고 있으며, 〈아랑사또전〉(MBC, 2012년), 〈별에서 온 그대〉(SBS, 2013년), 〈도깨비〉(tvN, 2016년), 〈사임당, 빛의 일기〉(SBS, 2017년), 〈호텔 델루나〉(tvN, 2019년), 〈경이로운 소문〉(OCN, 2021년) 등도 인기리에 방영되었다.[25] 특히 〈별에서 온 그대〉와 〈도깨비〉는 국내는 물론이고 해외에서도 큰 반향을 불러온 드라마이다.

조선시대 소설 역시 태생적으로 환상과의 만남을 전제로 하고 있다. 빈번한 초월적 요소, 천상과 지상의 이원적 구도, 몽환적 구도 등에서 환상적 요소들을 쉽게 발견할 수 있다. 또한 환상성에 대한 표제를 직접 달지 않고 있지만 조선시대 소설 연구에서 이 부분에 대한 해석은 상당한 비중을 가지고 있다. 따라서 환상성의 측면에서 조선시대 소설을 접근하는 일은 그간 이루어진 연구사의 거대 쟁점과 맞물려 있다고 보아도 과언이 아니다.

현대의 대중문화 논의를 포함하여 환상성은 명백히 극단적 평가를 받고 있다. 환상 자체에 대한 긍정적이고도 적극적인 의미를 부여하려

---

24 이 드라마는 MOTOKA MURAKAMI의 의학만화 『타임슬립 닥터 JIN』이라는 일본 만화를 원작으로 하고 있으며, 역사적 배경을 조선시대 말기로 바꾸어 각색했다.

25 이런 드라마들은 지상파와 케이블 TV를 가리지 않고, 대개 2012~2013년 사이에 집중적으로 제작, 방영되기 시작했다. TV드라마의 내용 역시 고전소설과 같이 정형적, 유형적 경향을 지니는 만큼 이 시기 드라마의 한 유형성으로 시공초월을 거론할 수 있을 것이다.

는 입장과 그렇지 않은 입장이다. 특히 현대 대중문화에서, 필자의 생각으로는 후자 쪽의 평가가 더 많은 비중을 차지하였다고 본다. 이 경우는 아무리 문학이 허구를 지향한다고는 하지만 현실과의 개연성을 문제 삼아야 한다는 리얼리즘적 시각에서 내려지는 평가들이다. 따라서 환상은 현실로부터의 도피, 저급한 상업적, 통속적 대중문화와의 야합이며, 공허한 욕망의 대리 충족이라는 부정적 기능을 한다는 것이다. 최근의 대중문화에서 환상성이 기여하는 방식을 고려한다면 이 점은 부정할 수 없을 듯하다.

그러나 조선시대 소설에 논의를 국한시켜 본다면 사정은 다르다. 물론 환상적 표상들에 위와 같은 이견이 존재하는 것은 분명하지만 그 가치를 적극적으로 인정하려는 방향에서 연구가 많이 이루어졌다.

가장 큰 연구 성과로는 이상택에 의해 진척된 연구로 환상성을 도선적 초월주의의 시각에서 해석하려는 입장이다.[26] 조선시대의 정신사적 혹은 문화적 코드 속에서 초월적 요소들은 이미 삶의 중요한 지침이었던 만큼 그 자체가 정신사적 리얼리티를 형성한다는 인식이다. 따라서 조선시대 독자들에게 그러한 환상적 표상은 현대인들이 생각하는 '전혀 근거없음', '황당무계'로 인식되지 않았을 가능성이 있다는 것이다. 당시 사회가 지금과는 상당히 다른 인식론적 구조를 지니고 있었다는 점을 감안한다면 그것은 현실적 삶의 가치나 의미를 부정하는 입장이 아니라 더 첨예한 현실인식을 부각시킬 수 있는 장치로 기능한다는 것이다.

김현주는 소설의 환상적 표상들은 물론이고 장면 표현의 방식에서도 도가적 철학이 담겨 있을 가능성이 있음을 조심스럽게 타진하고 있

---

26 특히 「한국도가문학의 현실인식 문제」, 『한국문화』 7집, 서울대 한국문화연구소, 1986 및 「취유부벽정기의 도가적 문화의식」, 『현상과인식』 3호, 1972 등이 그 대표적인 업적이라고 할 수 있다.

다.[27] 이른바 '반구상담화' 방식이라는 것인데, 이러한 입장 역시 조선시대 소설 전반에 도선적 의미들이 전제되어 있음을 보여준다.

「만복사저포기」가 비록 환상적 표상을 지니고 있지만 비판적 문제의식을 잘 드러낸 작품이라는 것은 주지의 사실이다. 「만복사저포기」는 현실에서는 실현될 수 없는 문제를 환상의 공간에서 성취하도록 형상화되어 있다. 외관상으로 본다면 지극히 허구적 환상성에 입각한 작품이라고 할 수 있다.

그런데, 현실에서 실현될 수 없는 문제를 현실에서 실현되도록 설정한 작품과 비교한다면 큰 차이가 있다. 이 경우는 현실적 실현보다는 환상적 실현이 오히려 진실에 가깝다. 환상적 실현은 이미 그것이 허구라는 것을 누구나 감지하고 있다. 따라서 환상을 통해서나마 문제를 해결하려고 안간힘을 쓰는 역설적 상황 통해, 제기된 문제가 보다 첨예해지고 작품은 리얼리티를 얻게 된다.

그러나 환상적 성취가 자동적으로 리얼리티를 획득하는 것은 아니다. 그것이 리얼리티를 획득하기 위해서는 작품의 다른 요소들 예컨대 제기된 문제의 심각도, 등장인물의 태도 등과 긴밀한 연관을 맺어야 한다. 「만복사저포기」에서는 환상적 표상이 비록 허황된 것이지만 기괴하거나 경이로운 것으로 환기되지 않는다. 주인공은 담담하게 그것을 받아들임으로써 또 하나의 현실이라는 효과를 드러낸다.

❶ 시녀가 그 명령대로 가서 뜨락에 술자리를 베푸니, 시간은 벌써 사경이나 되었다. 시녀가 차려 놓은 방석과 술상은 무늬가 없이 깨끗하였으며, 술에서 풍기는 향내도 정녕 인간 세상의 솜씨는 아니었다. 양생은 비록 의심나고 괴이하였지만, 여인의 이야기와 웃음소리가 맑고 고우며 얼굴과 몸가짐이 얌전하여, '틀림없

27 김현주, 「고소설의 반구상 담화와 그 도가사상적 취향」, 『고소설연구』 14집, 2002.

이 귀한 집 아가씨가 담을 넘어 나왔구나' 생각하고는 더 이상 의심하지 않았다.[28]

❷ 양생은 그곳에 사흘을 머물렀는데, 즐거움이 평상시와 같았다. 시녀는 아름다우면서도 교활하지 않았고, 그릇은 깨끗하면서도 무늬가 없었다. 인간세상의 것이 아니라고 생각되었다. 그러나 여인의 은근한 정에 마음이 끌려, 다시는 그런 생각을 하지 않았다. 얼마 뒤에 여인이 양생에게 말하였다. "이곳의 사흘은 인간세상의 삼 년과 같습니다. 낭군은 이제 집으로 돌아가셔서 생업을 돌보십시오." 드디어 이별의 잔치를 베풀며 헤어지게 되자, 양생이 서글프게 말하였다. "어찌 이별이 이다지도 빠르오?"[29]

❶에서 양생은 자기가 처한 공간이 환상적 공간인 줄을 미처 깨닫지 못하고 있다. 다만 의심만 하고 있을 뿐이다. 그런데 그곳에 머물러 있어 보니 현실에서와 같은 즐거움을 맛볼 수 있었다. 이에 그곳이 환상적 공간이고 자기가 귀신과 같이 있다는 사실이 밝혀진 후에도 전혀 놀라거나 두려워하지 않는다. 오히려 그 세계와의 이별을 아쉬워하고 있다. 이 과정에는 서술자도 적극적으로 개입하지 않는다. 환상이 곧 현실인 일원론적 구도로 이루어져 있다. 그러나 이런 장면을 구상한 작가나 독자는 이미 그러한 환상이, 실재하는 현실이 아님을 인식하고 있었을 것이다. 그렇기 때문에 작품은 현실적 문제를 환상을 통해서라도 해결하려는 간절함과 결국은 그것이 실현 불가능한 것과의 싸움이라는

---

28 侍兒一如其命而往, 設筵於庭, 時將四更也. 鋪陳几案, 素淡無文, 而醪醴馨香, 定非人間滋味. 生雖疑怪, 談笑淸婉, 儀貌舒遲意必貴家處子, 踰墻而出, 亦不之疑也.

29 留三日, 歡若平生然, 其侍兒, 美而不黠, 器皿潔而不文, 意非人世, 而繾綣意篤, 不復思慮, 已而女謂生曰: "此地三日不下三年君當還家以顧生業也. 遂設離宴以別." 生悵然曰: "何遽別之速也?"

리얼리티를 환기하게 된다.

환상적 표상을 통한 리얼리티의 획득은 「취유부벽정기」 등 『금오신화』 전체를 통해서도 확인된다.[30] 이것은 이 작품이 지니고 있는 비극적 결말을 염두에 둔 해석은 아니다. 행복한 결말 구도를 지니고 있는 「흥부전」의 환상성도 이와 마찬가지의 맥락에서 해석될 수 있다.

「흥부전」은 제비가 물어온 박씨에 의해서 한순간에 모든 상황이 역전되는 환상성의 극대화를 보여주는 작품이다. 그러나 이 환상은 "흥부가 겪던 절대적 궁핍이 신비로운 존재의 도움이 아니고는 해결될 수 없다는, 곧 절망적 현실의 역설적 표현"[31]이다. 그 속에는 흥부와 같은 당대 민중의 삶의 질곡과 염원이 고스란히 담겨 있다.

「흥부전」에서, 황당무계하기까지 한 환상이 이러한 효과를 가져오게 되는 것 역시 '환상=현실'라는 일원론적 작품 논리와 연관이 있다. 만약 작품 내적 논리가 현실과 환상이 뚜렷하게 구별되는 것이어서 등장인물이나 서술자조차도 그런 환상을 허구적 환상으로만 받아들인다면 환상을 통한 리얼리티는 획득되지 않았을 것이다.[32]

앞에서 「창선감의록」나 「사씨남정기」 등에서는 환상적 표상을 보다 적극적으로 사용하고 있다고 했다. 이들 작품에서는 한결같이 이런 환상성 표상에 대해서 등장인물들 역시 크게 동요하지 않는다.[33] 「사씨남정기」의 경우는 환상성보다는 초월적 세계라는 말이 어울릴 정도로 지

---

30 「취유부벽정기」에 대해서는 이상택, 위의 논문에서 상론한 바가 있다.

31 정출헌, 「중세사회 해체기의 빈부모순과 흥부전」, 『고전문학 이야기주머니』, 녹두, 1994 참조.

32 「흥부전」이 환상을 통해 리얼리티를 획득한다는 것은 신동흔, 「판소리 문학의 낭만적 결구와 현실의식」, 민족문학사연구소 제5회 공개학술발표회 발표문(1999년 11월 13일) 참조.

33 김성룡은 환상미학적 견지에서 「유충렬전」의 서술 양상을 분석하였는데, 여기에서도 환상적 사건에 대해 서술자와 등장인물 사이에서 다른 태도를 보이고 있음이 드러난다. 김성룡, 「고전소설의 환상미학」, 『한국고전소설과 서사문학』, 집문당, 1998 참조.

상과 초월계의 구분이 뚜렷하게 설정된다. 주지하듯이 천상과 지상의 이른바 이원론적 구도가 전개된다. 따라서 환상과 현실의 구분이 모호한 「만복사저포기」와는 달리 그 경계가 뚜렷해짐과 동시에 환상의 개입이 극대화되어 있다는 것이다.

여러 연구자들이 지적하듯이 한글소설의 이러한 환상성은 작품의 낭만성, 대중성, 통속성과 직접적으로 연관되기도 한다. 조동일은 구원을 믿고 맡길 초월계가 뒤에서 버티고 있기 때문에 현실의 고난이 더욱더 가혹하게 설정될 수 있었다고 하며, 박일용은 그런 초월계로 인해 작품이 낭만화된다는 해석을 하였다. 「최척전」이 환상적 표상으로 인해 낭만화되었다면 그 낭만화의 극대화가 한글소설에서 이루어지고 있다고 보아야 한다.

그런데 여기에는 반드시 짚고 넘어갈 문제가 있다. 작가를 알 수 없는 영웅소설들은 제쳐두더라도 「사씨남정기」의 작가 김만중이 왜 이런 환상적 표상들을 사용했을까 하는 문제이다. 이런 부분에 대해서 강하게 배척하고자 했던 것이 당시 사대부들의 일반 통념이었기 때문이다. 소설이라는 장르적 특수성 때문에 관성적으로 환상을 설정했다고 할 수도 있을 것이다.

김만중은 통속소설의 효용성을 정확하게 파악하고 있었던 사람이고, 「사씨남정기」가 어떤 의도에서 창작되었건 그것은 이미 규방소설적 속성을 강하게 지니고 있는 작품이다. 「사씨남정기」는 당대의 지배 이념을 여성에게 효율적으로 전파하려는 목적을 분명하게 가지고 있었던 셈이다. 「사씨남정기」에서 환상적 표상은 바로 이런 목적을 달성하기에 상당히 효율적인 수단이다. 선인이 악인에게 모함을 받아 죽을 위기에 몰렸을 때, 남해대사와 같은 천상적 존재의 계시를 받은 승려가 나타나서 이를 구한다.

여기에서 환상은 선인의 절대성을 부여하는 구실을 한다. 어떠한 시련이 있더라도 선인이 되기 위해 획득해야 할 이념과 윤리를 버리지 않는 것이 천명이라는 인식을 절대화시키고 있다. 김만중은 환상을 통한 하늘의 논리를 빌어 교씨의 욕망을 제어함으로써 간명하고도 효과적으로 어떤 이념성을 절대화하고 있다고 보아야 한다.

만약 작가가 작품을 통해서 성취하고자 하는 이념의 문제를 사회적, 역사적 문맥 속에서 구체적으로 형상화하려고 했다면 대단히 어려운 작품이 되고 말았을 것이다. 어떤 문제를 심도 있게 다룬다는 것은 그만큼 작가의 자기 반성을 요구하는 것이다. 그 결과 독자들이 섣불리 접근할 수도 없는 작품이 될 가능성이 농후하다. 「사씨남정기」에서 욕망의 제어 장치로 구체적인 현실적 이념이나 제도를 설정했다면 그 선악의 구별 문제 자체가 훨씬 복잡하고 어렵게 설정되었을 것이다. 뿐만 아니라 독자의 입장에서는 제시된 제도나 이념의 절대성에 대해서마저도 회의를 품게 된다. 그런데 강한 환상성으로 인해 독자들은 다른 고민이나 회의 없이 작품의 논리와 이념을 따라 편하게 읽어가면 된다. 「사씨남정기」에서 환상적 표상은 바로 이런 기능을 수행하도록 한다.

이와 같이 환상적 표상이 극대화되면서도 그것이 현실과 뚜렷하게 경계 짓는 이원적 구도의 소설은 환상이 이념성을 지닐 수밖에 없다는 특성을 지닌다. 그 이념성에는 물론 환상으로 현현되는 하늘의 논리가 현실의 논리보다 우선한다는 운명론이란 대전제가 깔려 있다. 이 운명론이 어떤 구체적인 이념과 맞물릴 때, 환상은 강한 목적성을 지니게 되는 것이다.[34]

한편 장편 대하소설의 경우는 환상성에 대해서 이와 뚜렷하게 구별되는 양상을 보인다. 사실 대하소설은 많은 부분에서 당대 여러 소설들

---

34 만약 이 운명론적 요소를 제거하고 본다면 이것은 현대 환상성의 극단이라고 할 수 있는 〈슈퍼맨〉과 같은 슈퍼히어로 이야기와도 비슷한 양상을 보여준다.

에 설정되어 있는 이러저러한 소재나 삽화들을 집대성하고, 여기에다 대하소설 특유의 독특한 내용을 덧붙여 이루어진 소설이다. 따라서 대하소설에서도 환상적 표상들은 빈번하게 설정되며, 주요한 서사적 기능을 수행한다. 주인공 가문을 도와주는 이인(異人)이 존재하고, 죽을 위기에 몰렸을 때 어김없이 나타나 구원을 한다. 또 앞날의 화나 천정(天定)한 액운을 예고하며 방비할 수 있도록 한다. 이는 이원적 구조를 근간으로 하는 한글소설에서 일반적으로 발견할 수 있는 양상이라 할 수 있다.

그런데 대하소설에서는 등장인물들 사이에서 환상성에 대한 이견이 존재하며, 여기에 서술자 나름대로의 견해가 또 덧붙여진다. 따라서 대하소설의 환상적 표상은 대단히 복잡한 층위들로 구성되어 있음을 알게 된다.

> 진양공주 행적을 하태후가 공주 초상에 기록하여 하사하셨는데 진공이 그 너무 신기하여 사람이 믿지 않을까 깊히 염려하여 꺼내지 않았더라. 이날 공주가 하가한 후의 성덕 이십 여 건을 기록하고 평일 신명한 것을 빼고 진후를 주면서 왈, "네 모비의 평일 행사를 다 말한 즉 공주가 기소를 받을 것이니 내가 그 중 현행을 기록하고 신기한 것을 삭제했다. 네 마땅히 한 자를 덧붙여 죽은 부모로써 시비를 일게 하지 말지어다.[35]

「유씨삼대록」 역시 여타의 대하소설과 마찬가지로 환상적 표상들이 빈번하게 설정된다. 특히 가장 비중 있게 다루어진 인물의 하나인 진양공주는 일찍 사망하지만 유언을 통해 앞날을 예언하고 처세의 방법까지 일러둔다. 진양공주의 남편인 진공 유세형은 바로 이러한 행적이 허

35 『유씨삼대록』 권 19. 필자가 임의로 현대역하여 옮긴다. 이하의 인용문도 마찬가지임.

탄한 것으로 오인받을 것을 걱정하여 신이한 행적들을 감추려고 한다. 그런가 하면 진양공주는 살아 있을 때, 누구보다도 강력하게 환상적 표상들을 거부한 인물이다. 며느리인 왕 소저가 자식 생산을 위해 절(수락사)에 기도하러 가는 것을 보고 아예 불교를 없애라는 상소를 하기도 한다.[36] 이로 인해 불교가 전면적으로 금지된다.[37]

그렇다고 해서 「유씨삼대록」의 서사적 문맥에서 환상적 표상이 사라지는 것은 아니다. 진양공주의 앞날에 대한 정확한 예언에 의해 서사가 전개되며, 유세형의 사망 직전에는 가뭄이 일어나고 형혹이 달을 가리는 이변이 일어나기도 한다. 따라서 「유씨삼대록」은 초월주의적 미학이 근저에 깔려 있는 작품이라고 할 수 있다. 이를 통해 환상성에 대한 이율배반적인 모습을 확인하게 되는 셈이다.

「소현성록」은 대하소설 중에서도 환상적 표상이 가장 뚜렷하게 설정되는 작품 중의 하나이다. 꿈, 요약과 변신, 예언 등 일반적 환상성은 말할 것도 없거니와 사람으로 변한 다섯 요괴와의 싸움, 구미호의 작난[38] 등 여타의 대하소설에서는 잘 확인되지 않는 환상적 표상들이 설정되어 있다. 그러나 여기에서도 「유씨삼대록」과 같은 양상을 발견하게 된다.

소현성의 모친과 아내인 석 부인이 우연히 찾아온 여승을 집안에 들

---

36 유풍을 상하게 하고 인륜을 멸하니 신의 소임은 유도라. 이미 길이 다르니 서로 통하여 묻는 것이 가하지 않습니다. 신이 힘이 없어 능히 천하 불법을 제압하지 못하고 부모 자식 사이에도 이런 일이 있으니 이는 성대치화를 상하게 하는 것이라 크게 부끄럽게 여기는 바입니다(권 14).

37 「여와록」에서는 후반부에 이 진양공주가 관음보살과 싸움을 하는 과정이 서술되어 있기도 하다. 「여와록」의 작가 역시 「유씨삼대록」을 읽으면서 진양공주의 불교 배척에 대해 강한 인상을 받았다고 볼 수 있다. 이에 대해서는 졸고, 「「여와록」과 조선조 대하소설의 관련 양상」, 『규장각』 20, 1997 참조.

38 이 경우는 「옥란기연」에서 계모박대형 사건과 복합되어 주요한 단위담으로 설정되기도 한다.

여 가문원의 길흉을 점치고, 며느리인 이 소저의 명이 짧아 치제를 해야 한다는 말을 듣는 일이 발생한다. 이 일을 뒤늦게 안 소현성은 아내를 엄책하고 모친에게 간곡히 간하는 등 강한 불만을 터뜨린다. 그러면서도 정작 자신은 하늘에 기도하여 명이 짧은 이 소저의 명을 늘인다. 그리고 이 행적에 대해서는 자신 외에는 아무도 모르게 한다. 신이한 능력을 지니고 있고 그것을 행하면서도 철저하게 숨겨 애써 거부하려고 한다는 점에서 「유씨삼대록」의 유세형과 같은 모습을 보이고 있다.

그런데 유세형이나 소현성의 이런 모습에서 발견할 수 있는 특이한 점은 이들이 굳이 배척하려고 하는 환상적 표지는 불교나 도교와 연관된 것들이지 환상적 표상 자체가 부정되지는 않는다는 것이다. 소현성과 아들 소운성은 요괴들과 싸움을 하기도 하는데, 그 자체가 이미 사람으로 변한 요괴라는 환상적 표상의 실체를 인정하고 있다는 것을 말해 준다.

> 해아가 비록 무식한 소견이 자교를 거스름이 불초하오나 불도란 것은 인륜을 폐하고 신체발부를 상하여 산중에 깊이 든 요물이라. 그 요괴스러운 것이 한두 가지 아니와 절곡하고 옥정이 모이어 서기와 사리되며 죽은 후 소화함에 문득 공항하여 부처라 하고 신령이라 일컬어 요괴스럽고 무상하여 폐륜지인이라. 하물며 중국 신령도 아니라 오랑캐 신령이라. 어찌 차마 추존하리까? 옛 당국 부적이 사리를 깨뜨렸고 성인이 또한 불도를 패도라 하시니 어찌 옳지 않으리까? 바라건대 태태는 세 번 생각하시어 수륙 일사를 파하소서. 이씨가 비록 장수하지 못하나 삼십 오세는 가오리니 비록 일년을 궂기는 일이 있을지라도 이십여 년 영화와 반드시 귀자 둘을 둘 것이는 이는 천정지수라. 어찌 한갓 괴로이 신령의 덕을 바라리까? 이런 요괴스러운 일을 행함은 불가하여이다.[39]

---

39 『소현성록』 권 15.

소현성은 불교를 요망한 것이라고 하면서도 자신이 직접 며느리의 운명을 점친다. 따라서 소현성은 유가적 천리(天理) 혹은 천명(天命)에 입각한 환상에 대해서는 인정을 하지만 그렇지 않은 경우는 배척한다는 입장을 지닌 것일 수도 있다. 요괴와의 싸움도, 배척해야 하는 요망한 환상과의 싸움이라 할 수 있을 것이다. 이에 대해서는 「유씨삼대록」의 진양공주나 유세형도 마찬가지이다.

그렇지만 정작 작품 도처에는 꿈, 환상적 군담과 같은 유가적 천리에 의해서도 설명되지 않는 환상적 표상들이 또한 설정되어 있다. 아무리 유가적 천리를 강조한다 하더라도 도선적 성격이 농후한 환상적 표상들이 설정되어 있다.

「소현성록」에서는 소현성이 다시는 오지 못하도록 쫓아낸 여승이 다시 찾아오는 일이 발생한다. 이 여승으로 인해 소현성이 하늘에 기도하여 이 소저의 명을 늘였다는 사실이 밝혀진다. 여승은 소현성의 행동과 의중까지를 미리 짐작하고 해설하고, 그 내력을 설명하기 위해 이 소저의 남편인 소운명의 전생을 설명한다.

귀택 부중 내외 불사를 헐뜯고 믿지 않으시나 내 일장을 판단하여 사뢰리니 요망하다 마소서 당초에 이부인이 일년 액을 만나지 않으셨다면 화 부인 오년 단장이 없었을 것을 노첩의 말을 믿지 않으시어 이씨 감추기를 깊이 않으시기로 시랑에게 아인 바가 되어 원가를 풀지 못하고 범사가 소삭하고 이부인의 명을 이었으니 승상이 불사를 나무라심도 그르지 않으니이다 소부인이 말을 이어 답왈 지난 일은 일러 부질없거니와 이미 그대의 방어를 행하지 않았으니 이씨 지는 액도 파하지 못하였거든 어찌 무단히 명을 이었으리요 여승이 왈 금년 맹하에 이씨가 위급한 병을 얻었거늘 승상이 그 때 명이 진할 줄 알고 북두에 삼일을 빌어 십팔 년을 더 얻었으니 어찌 거짓말이리요 모두 모르는 바라 거짓말이라 한즉 이씨가 전일 몽사와 운명이 물은 바를 고한즉 일가가 바야흐로 여승의 신기

함을 공경하여[40]

이 여승은 관음보살의 현현이다. 소현성에 의해 배척을 받았지만 자기가 우위에 있음을 은연중에 강조하고 있다. 처음에는 부인들이 믿지 않다가도 결국은 그 신기함에 놀라서 공경한다. 여승에 대한 경이로움은 이 여승이 앞날을 예언하는 서찰 하나를 남겨두고 공중으로 사라짐으로써 극에 달한다.

「명주기봉」에서도 「소현성록」과 같이 불교를 배척하는 논리가 설정되지만 일광대사와 같은 이인이 주인공 가문과 긴밀한 연관을 맺고 있다. 따라서 대하소설의 환상적 표상은 여러 문제가 복잡하게 얽혀 있어 한마디로 설명하기 어려운 일면이 있다. 한 가지 분명한 것은 불교나 도선적 환상을 강력하게 배척하는 주인공의 논리와 작품을 밖에서 이끌어 나가는 서술자의 논리가 상충된다는 점이다.[41]

서술자의 논리를 작품의 주된 창작의식이라고 한다면 대하소설은 분명히 초월주의적 미학을 지니고 있다. 그러나 또 다른 한 축에서는 상층사대부가 견지했던 유가적 이념을 강조하고 있다. 전체와 부분이 상충한다고 할 수 있겠다. 이러한 상충이 발생하는 이유가 무엇인가를 찾는 일은 환상에 대한 의미 해석의 차원을 넘어서는 일이다. 창작의 목적, 상층사대부의 의식, 상층 사대부 가문의 여성의 의식 등에 대한 종합적인 문제와 아울러 해명이 되어야 할 것이다.

이상의 논의를 토대로 본다면, 대중문화에서 환상성이 매우 중요한 비중을 차지하고 있듯이 고전소설과 환상성은 불가분의 관계에 놓여

---

40 『소현성록』 권 19.

41 그러면서도 작가는 실제로 존재했던 중국의 역사적 사실이나 고사를 서사 진행에 삽입하거나 작품의 후기 등을 통해서 작품에서 서술된 내용을 사실적 일로 굳이 강조하려고 하는 모습을 보이기도 한다.

있다. 그리고 그 환상성이 리얼리티를 강조하는 경우가 있는가 하면 환상성의 진위 여부 대한 회의가 있기도 했고, 환상성 자체가 소설의 주제 의식 중의 하나로 부각되는 경우도 있었다. 어느 경우나 현재의 대중문화에서 충분히 찾아볼 수 있는 사례라고 하겠다.

드라마 〈도깨비〉는 천상과 지상의 이분법적 구조를 통해 사랑의 절실성을 보다 실감나게 보여주었다. 환상이 개입하여 그렇지 않은 경우보다 더욱더 절실함을 강조한 경우라 할 것이다. 대신에 〈어벤저스〉와 같은 슈퍼히어로 영화는 SF라는 환상성으로 인해 대중성이 극대화되는 대표적인 사례라고 할 것이다. 여기에서 본격적으로 논의하지는 않겠지만 이처럼 환상성의 측면에서도 고전소설과 현대의 대중문화는 상당한 유사성을 보여준다고 할 것이다.

2. 고전소설과 TV드라마의 연관성

1) 정형성과 보편적 정서구조

대중문화는 일반적으로 단조롭고 반복적인 도식성, 다시 말해 천편일률적인 정형성을 지닌다. 이것은 고전소설의 일반적인 경향과 일치한다. 고전소설 역시 각 작품이 동시에 이용하는 장면이나 사건들로 인해 다분히 상투적이고 정형적인 성격을 지니고 있다. 「유충렬전」과 같은 영웅소설은 '영웅의 일대기'라는 큰 서사 구조를 공유하고 있으며, '주인공의 가계에 대한 소개 → 무자(無子)에 탄식 → 기자치성(祈子致誠) → 태몽 → 출산' 등으로 구성되는 구체적인 장면까지도 공유한다. 뿐만 아니라 장편 대하소설 역시 '단위담'을 공유하며, 공유된 '담위담'은 다시 세부적인 장면을 공유한다. 그렇기 때문에 조선시대 소설은 하위 유형을 가릴 것 없이 강한 정형성을 지니고 있다.[42] 이런 요소로 인해 이미 당대에서조차 천편일률적이라는 다소 악의적인 평가를 받기도 했다. 홍희복의 「제일기언」 서문의 내용이 바로 그것이다.[43]

고전소설은 인쇄기술이 발달되기 이전인 필사(筆寫) 시대의 산물이다. 방각본과 같은 목판 기술을 두고 인쇄 기술이라고 할 수 있을지 모르겠지만 필사의 풍토가 강했던 것은 사실이다. 이 필사의 시대에는 텍스트와 텍스트 사이의 베끼기가 창작의 한 관습으로 존재했다. 다시 말해 작품과 작품 사이에 상호텍스트성이 강하게 존재한다는 것이다. 바로 이 상호텍스트성이 작품과 작품 사이의 유사성 다시 말해 정형성을 발생하게 한다. 이에 소설이 기록 문학이라고는 하지만 고전소설은 구술문화적 사유가 지배했던 시대의 산물이라고 할 수 있다. 월터 J. 옹은

---

42 여기에 대해서는 송성욱, 「朝鮮朝 大河小說의 類型性과 그 裏面」, 『개신어문연구』 14집, 1997에서 상세하게 논했다.

43 이 책 II부 1장, 「대중문화적 관점과 고전소설」 부분(32~34쪽)에서 해당 부분을 인용하고 설명하였다.

이런 필사 시대의 텍스트를 두고 1차적 구술성이라고 규정한다.

> 구술문화에서는 정형구나 판에 박힌 말이나 혹은 기억하기 쉬운 말에 의지하지 않고서 무엇인가를 생각해낸다는 것은, 그것은 불가능하지만 비록 그렇게 할 수 있다 치더라도 시간 낭비이기 십상이다. 왜냐하면 구현할 방도가 전혀 없기 때문이다. 그것을 재현하는 데에는 쓰기의 도움이 필요하다.[44]

월터 J. 옹이 말하는 구술문화의 가장 뚜렷한 특징을 정형성이라고 할 수 있다. 그리고 정형성을 근간으로 하는 구술문화의 사유 체계는 분석적이라기보다는 집합적이며, 보수적이거나 전통적이며 또한 객관적 거리 유지보다는 감정이입적이다.[45]

이러한 구술문화의 특징은 우리가 현대의 대중문화적 속성을 언급할 때 종종 거론하는 요소들과 유사하다. 옹에 의하면 1차적 구술성은 미디어의 등장과 함께 다시 재현됨으로써 현대에 들어와 2차적 구술성의 시대를 맞이하게 되었다고 한다.[46] 1차와 2차 구술성 시대 사이의 시대적 간극이 크지만 그만큼 이 둘 사이에는 많은 유사성이 발견된다는 것이다.

고전소설에서 정형성을 발견하듯이 TV드라마 역시 강한 정형성을 지니고 있음은 물론이다. 이러한 정형성은 통시적인 현상일 수도 있으며 공시적인 현상일 수도 있다. 특정 시기에 한결같이 공통적으로 문제 삼는 스타일이 있을 수 있으며, 오랜 시간을 두고 지속적으로 작용하는 어떤 정형성이 있을 수 있다.

예컨대 2003년 하반기 방송 3사에서 제작한 드라마는 모두 비극적

---

44 월터 J. 옹, 위의 책, 59면.

45 월터 J. 옹, 위의 책, 60~91면 참조.

46 월터 J. 옹, 이기우, 임명진 역, 『구술문화와 문자문화』, 문예출판사, 1995, 195~208면, 참조.

주인공을 내세워 병에 걸려 죽게 하는 이야기란 점에서 공통점을 지닌다. 아니면 〈신의〉, 〈닥터 진〉, 〈나인〉에서 시작된 타입 슬립의 문제가 〈시그널〉, 〈명불허전〉 등으로 이어졌다. 타임 슬립 이야기가 이처럼 본격적으로 다루어진 경우도 이전에 없었고, 특정 시기에 방송 채널을 불문하고 대거 제작된 것 역시 2003년 비극적 드라마의 유행과 마찬가지로 정형적이라고 할 수 있을 것이다.

일본 만화를 차용한 〈닥터 진〉은 현대의 의사가 조선시대로 시간 이동을 해서 겪게 되는 갖가지 사건을 드라마화 한 것이다. 〈명불허전〉은 조선시대의 의원이 현대로 와서 신이한 의술을 발휘하고, 현대의 의사가 조선시대로 가서 현대의 의술을 발휘하는 이야기로 구성된다. 세부적으로 뜯어보면 다른 이야기라고 할 수 있지만 정형성의 개념으로 충분히 설명할 수 있는 현상이다.[47]

이와 같은 유형성 혹은 정형성이라는 것은 한 때의 유행이라고 단순히 치부할 수 없는 훨씬 근본적인 의미를 지닌다. 소번(Thorburn)에 의하면 정형성은 단순한 유행의 차원이 아니라 "사회 구성원에게 공유되는 전통적으로 합의된 서사"[48]라는 의미로 이해된다. 대중문화는 관습화된 수용자의 기대치를 부정하거나 파괴하는 고급문화와는 달리 그 기대치를 충족시킴으로써 대리만족 혹은 안정을 추구한다. 그렇기 때문에 대중문화는 수용자가 향유물의 진행 결과를 어느 정도 예측할 수 있도록 구성되기 마련이다. 향유자는 암묵적으로 합의된 서사를 공유하고 있기 때문에 대중문화를 향유하면서 결과를 예측할 수 있게 된다. 이 합의된 서사는 하루아침에 특정한 개인에 의해서는 결코 만들어질

---

47 영화에서도 한동안 조직폭력배를 다루는 것이 일대 유행이었다. 그런가 하면 한동안 아침에 방영되는 TV드라마는 한결같이 불륜을 소재로 내세웠다. 이런 양상 역시 정형성의 범주에서 언급할 수 있겠다.

48 이종수, 「텔레비전 미학」, 김성재 편, 『매체미학』, 나남출판, 1998, 229면.

수 없다. 이것은 오랜 기간에 걸쳐 그 사회의 구성원 공동의 누적적 합의를 통해 만들어진다.[49]

영웅소설의 근간을 이루는 '영웅의 일대기' 구조는 신화의 시대에서부터 지금까지 대중서사물의 근간을 형성하고 있다. 뿐만 아니라 고전소설이 가지고 있는 세세한 장면끼리의 정형성이 성립되는 배경에는 당시 사회 구성원들에게 널리 인정되었던 어떤 서사적 합의가 있었을 것이다. 앞서 말한 영웅소설의 서두 부분의 정형성은 가문의식에 대한 당대 구성원들의 합의가 전제되지 않으면 그렇게까지 유행할 수 없었을 것이다.

TV드라마 역시 이 합의된 서사적 틀의 제약을 받음은 두말할 나위도 없다. 실제로 TV드라마는 다루는 주제나 형식에 따라 몇 가지 유형으로 분류가 가능하며, 분류된 하위 유형들도 진행 방식에서 상당한 정형성을 유지한다.[50]

이런 정형성이 우리의 눈길을 끄는 이유 중의 하나는 TV드라마의 정형성에서 고전소설의 모습을 종종 발견하게 된다는 점이다. 정병설에 의하면 고전소설과 TV드라마는 가족 또는 부부 갈등을 주로 다룬다는 점, 부잣집 총각과 가난한 집 처녀 등의 양극적 설정 등의 유형성, 서사적 복식 구성을 취한다는 점, 열린 구조를 지향하는 경향, 보편적 가치관을 담고 있다는 점 등에서 TV드라마와 고전소설이 서사적 유사성을 보인다고 한다.[51]

고전소설을 대표하는 유형으로 가정소설과 영웅소설을 들 수 있다면

---

49 이는 어떻게 보면 심리학자 융의 집단 무의식의 형성과도 유사한 맥락이라고 할 수 있을 것이다.

50 여기에 대해서는 원용진, 「불륜 드라마로 읽는 사회 변화」, 황인성 · 원용진 엮음, 『愛人－TV드라마, 문화 그리고 사회』, 한나래, 77~111면 참조.

51 정병설, 위의 논문 참조.

TV드라마 역시 가정을 문제 삼는 드라마와 개인의 시련과 극복을 다루는 드라마가 대부분이다. 예컨대 가족 성장 드라마의 대명사인 SBS드라마 〈형제의 강〉은 장편소설 「유효공선행록」을 현대적으로 각색했다는 생각이 들 정도로 비슷하다. 아버지의 총애를 받는 아들과 그렇지 못한 아들, 사회적으로 출세한 아들과 그렇지 못한 아들을 둘러싸고 벌어지는 부자갈등과 형제갈등의 중첩된 구조가 두 작품의 골자이다. 같은 유형으로 볼 수 있는 〈맨발의 청춘〉은 검찰과 조직폭력배의 갈등이 그 아들 대에 이어서도 지속된다는 점에서 삼대록계 대하소설의 모습을 발견하게 된다. 미니시리즈이자 트렌디드라마의 성격이 짙은 〈미스터 큐〉에서는 능력있는 한 개인이 고립되어 시련을 겪다가 자신의 능력을 알아주는 주위 사람의 도움으로 인해 능력 발휘의 기회를 획득하게 되고, 극적으로 시련을 극복하여 상승하게 된다는 점에서 영웅소설의 시련과 상승의 구도와 매우 흡사하다.[52]

이런 큰 구조의 측면뿐만 아니라 미시적인 부분에 있어서도 상당 부분 유사점이 발견된다. 가령 자신이 한 행위는 아니지만 고의적으로 설정된 애매한 물증으로 인해 의심을 받고 결국에는 위기에 몰리는 사건 전개는 가정소설이나 가문소설에서 흔히 발견되는 간부서나 개용단을 이용한 음모의 전개 과정과 대단히 유사하다.[53] 〈여인천하〉에서 서사를 이끌어가는 주요한 캐릭터로 설정된 당추스님, 갖바치, 점쟁이 등의 이인의 역할 역시 고전소설에서 정형적으로 발견되는 요소이다. 〈야인시대〉에서 젊은 김두한이 결투에서 쓰러져 기절했을 때 선친의 환영이

52 차이가 있다면 드라마에서의 주인공은 고귀한 혈통을 지니지 않고 있다는 점이다. 현재가 신분제 사회가 아닌 만큼 이것은 응당 있어야 하는 차이이다. 그러나 〈위풍당당 그녀〉에서는 시련에 빠진 주인공이 사실은 좋은 집안의 자손이라는 점이 뒤늦게 발견된다.

53 〈내 사랑 팥쥐〉에서 자신의 모습이 담긴 비디오테이프로 인해 의심을 받는 송이의 모습을 대표적인 예로 거론할 수 있다. 여기에서는 개용단 대신에 비디오테이프가 이용된 셈이다.

나타나 힘을 부여하곤 했던 장면 역시 꿈을 통한 위기의 극복이라는 고전소설의 전형적 요소이다.

이와 같이 구조나 장면의 유사성은 이외에도 얼마든지 많이 발견된다. 때문에 고전소설과 TV드라마가 서로 닮은꼴이라는 것은 분명하다. 물론 SBS 미니시리즈인 〈홍길동〉처럼 고전소설을 직접 각색한 드라마도 있지만 드라마 〈홍길동〉과 소설 「홍길동전」에서는 오히려 유사점이 덜 발견된다. 고전소설과 전혀 관련이 없는 일반 드라마에서 유사점이 더 발견된다는 것이다.

문제는 이런 드라마를 제작하는 사람들은 고전소설을 꼼꼼하게 읽어보지 않았을 것이며, 그다지 관심을 두지도 않았을 것이다. 그럼에도 불구하고 유사점이 발견되는 것은 아무래도 대중적 장르에서의 서사가 지니는 일반적 현상으로 보아야 할 것이다. 이런 유사점이 과연 서양의 대중적 서사와 비교를 했을 때도 공통적으로 나타나는 것일까? 물론 정형성을 유지한다는 점, 보편적 가치관을 지향한다는 점 등에서는 세계적 보편성을 지닐 것이다. 뿐만 아니라 미추(美醜), 빈부, 귀천, 남녀 등의 대립을 통한 갈등의 창출 역시 보편적 서사 원형이기 때문에 역시 같은 공통점을 보일 것이다. 이것은 마치 신화나 설화의 구조가 보편성을 보이는 것과 같은 현상으로 볼 수도 있다.

앙(Ang)에 의하면 드라마가 주는 즐거움은 시청자들이 실생활에서 체험하는 정서구조를 그 속에서 확인하는 것에서 온다고 한다.[54] 이때 말하는 정서구조는 가치관이나 이데올로기와 마찬가지로 사회구성원들에 공유되는 사회적 체험이다. 이 정서구조는 환경의 변화에 따라 끊임없이 변하겠지만 같은 민족공동체의 보편적 정서구조 또한 무시할 수 없는 부분이다. 이를 두고 볼 때, 한국의 TV드라마와 고전소설의 정형

54 박명진, 「즐거움, 저항, 이데올로기」, 『사회과학과 정책연구』 13권, 1991. 참조.

성은 우리의 전통적 기반 속에서 '합의된 서사'일 가능성이 높다. 대중적 장르의 궁극적 지향점은 결핍된 것을 허구적으로나마 충족시켜서 대리 만족을 느끼게 하는 것이다. 대리 만족의 경험이 바로 TV드라마와 고전소설이 주는 즐거움이다. 이 즐거움을 위한 가장 합당한 한국적 서사적 구조를 고전소설이 이미 개발했을 가능성이 있다는 것이다.

2) 고전소설과 TV드라마를 보는 관점의 동이성(同異性)

조선시대의 지식인들은 소설이 실제 역사를 왜곡시키고, 미풍양속을 저해하고, 허무맹랑한 말로 민심을 동요케 한다는 이유에서 부정적인 견해를 보냈다. 서포 김만중처럼 소설에 대해 긍정적인 입장을 피력한 사람조차도 즐거움이 가져다주는 감동의 차원에서 긍정한 것이지 고급문화의 진정성의 차원에서 소설을 평가한 것은 아니었다. 아무래도 조선시대 지식인들에게 소설은 크게 매력이지 않은 천박한 장르였음에 분명하다.

❶ 소설에 세 가지 의혹이 있다. 거짓을 꾸미고 헛된 것을 말하며 귀신과 꿈을 이야기 하니 그것을 짓는 것이 한 가지 의혹이요, 허황된 것을 감싸고 거짓됨을 돕고 천하고 비루한 것을 고취하니 그것을 평하는 것이 두 가지 의혹이요, 기름고 시간을 허비하고 경전을 등한시 하니 이것을 보는 것이 세 가지 의혹이다. 그것을 짓는 것도 불가한데 평을 하는 것은 무슨 마음이며, 평하는 것도 불가한데 또 삼국지나 수호전의 속편을 짓는 자도 있으니 비루하기 짝이 없도다.[55]

❷ 소설잡기는 귀신과 괴탄한 이야기가 아니면 모두 남녀가 서로 만나는 일이니 이것은 역사에 미치지 못한다. 일찍이 사가의 여러 연의를 보니 그 말 쓰는 것이 모두 허황되어 아무 실속도 없는 것을, 있는 것 없는 것 꾸며서 길게 늘어놓고서는..[56]

55 小說有三惑 架虛鑿空 談鬼說夢 作之者一惑也 羽翼浮誕 鼓吹淺陋 評之者二惑也 虛費膏晷 魯莽經典 看之者三惑也 作之猶不可 何心以爲評 評之者不可 又有續三國誌者 續水滸者 鄙哉鄙哉 (〈李德懋, 「嬰處雜稿」〉)

56 『천군연의』 서문 중에서

❶은 고전소설 분야에서는 너무나 유명한 이덕무의 말이고, ❷ 역시 유명한 「천군연의」의 서문이다. ❶에서는 소설이 사실 그것도 역사를 왜곡하기 때문에 읽고 쓰는 것은 물론이고 평하는 것 역시 적절하지 않다고 비판적 어조로 강하게 부정한다. ❷에서는 소설이 허황한 것임은 물론이고 남녀가 만나는 일을 주로 거론하니 적절하지 않다고 한다. 남녀가 만나는 일은 당시 유교적 이념에 비추어 도덕적이지 못한 일인데 소설은 이를 정면으로 위배하고 있다는 생각이 깔려 있다.

❸ 이 드라마는 중산층 여성들의 피해의식을 다독거려 심리적 카타르시스를 불러일으키는 데는 성공하고 있지만, 남성중심 사회의 성적 구조에 내재한 이른바 여성문제에 관해서는 아무런 발언도 해주지 못하고 있으며, 오히려 그것을 은연중에 당연한 것으로 받아들이게 한다고 말할 수 있다.[57]

❹ 바야흐로 사극(史劇) 전성시대이다. 역사전공자로서 사극 열풍이 반갑지만 마냥 즐거운 것은 아니다. 사극의 형식만 빌린 '무늬만 사극'이 있는가 하면 사극이란 이름을 빙자한 역사왜곡이 우려되기 때문이다. 수백 년 전의 과거사이기 때문에 시청자들이 진위여부를 알기 어렵다는 맹점을 장점(?)으로 활용하는 듯한 모습이 보이기도 하는데, 사극은 과거에 실존했던 사람들의 이야기라는 점에서 제작진의 합리적 사관과 사료 해석 능력이 반드시 요구된다.(밑줄: 필자 주) 이런 관점에서 볼 때 현재 방영되는 역사드라마들은 모두 일정 정도 문제점을 안고 있다. '여인천하'가 사극의 형식을 빌린 사실상의 공상 드라마라면 '명성황후'나 '제국의 아침'은 특정인에 대한 지나친 찬사에 초점이 맞추어진다는 문제점이 있다. 왕세자 책봉시험, 치부책, 신하의 왕비 독대 등 존재할 수 없는 이야기들을

57 김창남, 「MBC-TV 미니시리즈 〈모래성〉」, 김창남 외, 『TV를 읽읍시다』, 한울, 1991, 187면.

중심축으로 전개되는 '여인천하'는 공상 드라마일뿐만 아니라 불교세력과 유교세력, 훈구파와 사림파 사이의 대립구조를 '여인들의 대립구조'로 대치하는 사관의 문제까지 얽혀 있다. '명성황후'는 자신과 친정 민씨 집안의 영달을 위해 객관적으로 나라를 망국으로 몰고 간 민비를 마치 구국의 화신인 것처럼 그리는 왜곡된 사관(밑줄: 필자 주)이 문제이다.[58]

❸은 MBC 미니시리즈인 〈모래성〉에 대한 비평문 중의 일부이다. 〈모래성〉은 〈애인〉과 더불어 불륜을 소재한 드라마의 새로운 장을 개척한 공로를 인정받았던 드라마였다. 이 드라마는 드라마에서 기술되었던 불륜의 문제가 사회적 담론을 형성하기도 했을 정도로 인기를 누리기도 했다. 〈모래성〉은 그동안 주부들을 대상으로 한 아침드라마에서 주로 다루었던 불륜의 문제를 시청률이 높은 시간대의 미니시리즈로 편성하면서 많은 사회적 파장을 몰고 왔었다. 이전까지의 드라마에서 불륜은 단순한 남편의 바람기로 설정되었지만 이 드라마에서는 그것이 바람기가 아니라 본질적인 애정 행위로 서술되었다.[59] 드라마 〈애인〉도 마찬가지지만 부부 사이에 어떤 문제가 있는 불안한 가정이 외도로 이어지는 것이 아니라 지극히 평범하고 정상적인 가정임에도 불구하고 다른 이성과의 사랑이 묘사되고 있다는 것은 확실히 새롭고도 문제적이라고 할 만하다. 그러나 이런 드라마에 대해 위의 논자는 여전히 기존의 남성 지배체제에 여성을 길들이는 교묘한 드라마라고 비평을 하고 있다.

❹는 사극에 대한 비판이다. 사극이 실제 역사를 왜곡하거나 실제 역사를 바라보는 사관이 왜곡되었다는 것이 비판의 이유이다. 우스운 이

58 이덕일, "역사사실과 TV사극", 대한교원신문, 2002.6.8

59 여기에 대해서는 원용진, 앞의 글에서 상세히 다루었다.

야기가 될지 모르지만 필자는 한 역사학도와 사극에 대해 이야기를 하다가 "역사학자가 사극을 보는 것은 죄악일 수 있다"는 말을 들은 적이다. 우리는 사극을 보면서 한 번도 경험해보지 못한 그리고 할 수도 없는 과거의 역사를 눈앞에서 경험한다.

〈용의 눈물〉에서 태종으로 등장한 유동근 배우의 강한 캐릭터가 곧바로 실제 역사의 태종의 모습과 연결되고, 〈여인천하〉에서 문정왕후로 등장한 전인화 배우가 실제 문정왕후로 연결될 수 있다. 이런 드라마가 주는 역사에 대한 이미지는 감염력이 너무 크기 때문에 조선왕조실록을 꼼꼼하게 독파한 독자나 연구자라 하더라도 쉽사리 지울 수가 없다. 따라서 사극에 대한 이 논자의 비평도 충분히 설득력이 있어 보인다.

고전소설에 대한 당대의 글인 ❶과 ❷, TV드라마에 대한 현대의 ❸과 ❹는 대상을 바라보는 인식이 상당히 유사점을 보여준다. 고전소설이 남녀의 사랑을 이야기하고 허황된 것을 고취한다고 비판한 것은 그만큼 소설의 감염력을 인정한다는 말이다. 이는 〈모래성〉의 감염력을 우려한 견해와 거의 닮아있다. 고전소설이 역사를 왜곡했다고 비판하는 것은 사극의 사실 왜곡 혹은 '왜곡된 사관'을 지적한 것과 동일한 시각을 보여준다.

현대 문화에서 대중문화의 전형으로 인식되는 TV드라마에 대한 현대의 관점이 소설에 대한 조선시대의 관점과 유사하다는 것은, 그만큼 고전소설이 지금의 대중문화와 비슷한 문화적 위상으로 인식되었음을 보여준다 할 것이다.

그러나 대중문화에 대한 인식의 전환과 함께 소설과 드라마를 긍정적으로 인식하려는 관점 또한 필요하다. 소설을 대중문화로 보지 말자는 말이 아니라 대중문화 자체에 대한 평가의 전환이 필요하다는 것이다.

고전소설은 대개 환상적 허구를 통한 우회적 방법으로 현실을 환기시킨다. 천상적 질서와 지상적 질서를 병치시켜 놓았기 때문에 현실 공간을 읽을 때도 실제로 살고 있는 현실 세계가 직선적으로 환기되지는 않는다. 영웅소설인 「소대성전」에서 소대성이 나무를 베고, 외양간 고치는 일을 하면서 목숨을 부지하는 장면은 이 소설을 읽는 대중들의 실제 현실일 수 있다. 그러나 주인공 소대성은 이미 천상에서 내려온 비범한 존재라는 것을 독자들은 이미 알고 있다. 고난에 빠진 서사 속의 소대성 역시 태연하다.

이와 같이 고전소설의 현실은 그 근저에 항상 환상성이 매개되어 있다. 따라서 독자들은 소설적 공간과 실제 현실을 혼동하지 않는다. 그들이 대리 만족의 즐거움을 누린다면 그것은 어디까지나 소설적 공간 속에서만 가능한 일이다. 소설과 현실 사이의 엄연한 거리를 유지할 수 있기 때문에 독자들은 소설 밖으로 나오면 참담한 현실을 다시 느끼게 된다. 이 인식론적 구조를 두고 환상적 허구를 통한 리얼리즘의 실현이라고 할 수 있을 것이다.

대부분의 고전소설의 시간적, 공간적 배경이 중국으로 설정되어 있는 것도 이러한 효과에 일조를 한다. 소설을 읽는 독자들에게 중국은 상상의 세계나 다름이 없었을 것이다. 특히 가정, 가문소설의 주인공들이 살고 있는 집안 구조만해도 독자들이 살았던 실제의 집안과는 다르다. 주인공들의 활동 공간은 넓고 화려한 중국의 정원에 더 가깝게 설정되어 있다. 그러니 소설을 읽는 것 자체가 상상의 공간을 유영하는 것이나 마찬가지였을 것이다.

조선시대 지식인들이 고전소설을 홀대했던 이유가 소설의 이러한 속성과 연관이 있을 수 있다. 고전소설은 대개가 지배 이데올로기를 수용하는 방향에서 기술되고 있다. 그러나 소설의 주인공이 그 속에서 행복해지기 위해서는 선천적으로 고귀한 혈통을 지니고 있거나 기적과 같은 하늘의 도움이 있어야만 가능하다. 이 소설들은 대중들에게 절망 아니면 전복의 양자택일을 생각하게 하는 계기를 마련할 수 있다. 따라서 고전소설에 대한 비판은 그것이 지니고 있는 전복적 힘에 대한 경계일 수 있다는 것이다.

게다가 조선시대의 대중들에게 문화를 향유할 수 있는 기회나 능력은 현재와 비교한다면 제한적이었다. 한글을 읽고 쓰는 능력도 제대로 갖추지 못한 대중들이 고급문화의 영역에 속하는 한문문화를 영위한다는 것은 사실상 불가능한 일이었다. 그나마 그들이 향유할 수 있었던 소설조차도 시간과 경제적 여건상 접근할 수 있는 기회가 적었을 것으로 짐작된다. 그러니 고전소설이 대중에게 미치는 힘은 배가될 수 있었을 것이다. 이런 점에서 고전소설의 문화적 힘이 충분히 인정된다.

TV드라마는 현실을 직접적으로 환기한다. 이것은 드라마의 속성이라기보다는 오히려 TV가 지니고 있는 매체의 근본적 속성이라고 해도 좋을 것이다. TV의 커뮤니케이션은 의미하는 것이 아니라 전달하는 것이 주가 되기 때문에 TV의 영상은 재구성된 제2의 현실이라기보다는 오히려 제1 현실인 사건과 사물 그 자체에 가깝다.[60]

TV드라마 역시 이러한 TV의 속성에서 벗어나지 않는다. 시청자들은 드라마를 보면서 끊임없이 자신의 현실을 직접적으로 환기한다. 드라마 자체를 가상적 허구로 인식하지 않고 직접적 현실로 인식한다는 것이다. 그렇기 때문에 TV드라마와 시청자의 관계가 고전소설과 독자의 관계가 같을 수는 없다.

그렇지만 TV드라마를 보는 시청자들이 드라마의 세계를 실제 현실과 동일시하지는 않는다. 그러한 가능성을 우려하는 것은 「흥부전」의 허구적 내용을 실제로 믿을 수 있다는 것을 인정하는 셈이다. 더구나

---

60 이종수, 위의 논문, 233면 참조.

TV는 영화와도 달라서 화면에 대한 몰입을 끊임없이 방해받는다. 자신의 현실 세계를 그대로 경험하면서 화면을 보기 때문에 화면 속으로 몰입될 가능성이 줄어드는 것이다. 따라서 드라마 속 세계와 실제 세계를 서로 비교하거나 드라마에 자신의 현실을 대입하는 등, 드라마와 현실 사이에 일정한 거리를 유지한다.

이런 관점을 유지한다면 고전소설과 TV드라마가 대중문화로서 지니는 긍정적 측면을 충분히 부각할 수 있을 것이다.

3) 고전소설의 소재적 활용 가치

최근 TV드라마는 아주 빠른 속도로 변하고 있다. 이에 따라 시청자들과의 관계도 많이 변했다. 흑백드라마에서 컬러드라마의 시대로 오면서 확대된 영상의 실재성이 최근에는 상상도 못한 대형 수상기와 고화질 모니터의 등장으로 더욱더 강화되었다. 한국 TV드라마의 사적 흐름에 대한 한 연구[61]에 따르면 드라마는 1970, 80년대의 낭만적 전유기에서 1980, 90년대의 일상생활의 구가기를 거쳐 이제는 문화상품기로 들어섰다고 한다. TV드라마가 전송기술과 수상기의 발전과 더불어 실재성을 보다 강조하는 방향으로 변하고 있음을 방증하는 것이라 하겠다. 종전의 작은 화면과 저화질에서는 눈에 잘 들어오지 않던 배우의 액세서리도 이제는 무시하지 못할 중요한 소품으로 작용할 정도이다. 사극에서 왕비의 머리를 치장하는 데 들어가는 장신구만 해도 어설프게 만들어서는 시청자의 비난을 사기가 일쑤이다. 그런 만큼 드라마가 대중들에게 주는 감염력은 훨씬 더 증대되었다고 할 수 있다.

이 감염력의 증대가 TV드라마가 시청자들에게 미치는 부정적 측면을 부각시킬 가능성이 없는 것은 아니다. 그러나 그런 방향으로 작용하는 것 같지는 않다. TV드라마를 접하는 시청자들의 인식 수준 또한 동시에 높아졌기 때문이다. 현재의 대중들은 조선시대의 대중들과는 달리 마음만 먹으면 얼마든지 고급문화를 향유할 수 있다. 고급문화보다 오히려 대중문화를 향유할 수 있는 기회가 훨씬 많다. 고급문화를 향유할 능력이 없는 것이 아니라 그렇게 하지 않는 것뿐이다. 대중문화에 대한 태도가 그만큼 능동적이란 뜻이다. 게다가 고급문화와 대중문화의 경계마저 없어진 시대를 살고 있다.

---

61 김승현, 한지만, 『한국사회와 텔레비전 드라마』, 한울 아카데미, 2001.

시청자들의 태도 변화에 결정적인 영향을 미친 것은 무엇보다 제작자와의 쌍방향 의사소통이 활발해졌다는 것에 이유가 있을 것이다. 각 방송사들은 대다수의 드라마를 별도의 웹페이지를 통해서 제공하고 있다. 여기에서는 지나간 방송을 다시 볼 수도 있고, 대본도 받아 볼 수 있으며, 제작자나 출연진들에게 직접 의견을 전달하고 답변을 들을 수 있다. 또한 별도의 게시판을 통해서 해당 드라마를 시청한 대중들의 각양각색의 의견을 듣고 토론을 할 수도 있다. 이를 바탕으로 그 드라마에 특별하게 관심있는 시청자들끼리 동호회가 만들어지기도 한다. 실제로 이런 게시판을 통해서 올라오는 시청자들의 의견들 대다수는 드라마의 향후 전개 방향에 대한 것이다. 미리보기를 통해서 앞으로의 진행 방향을 알고는 이것에 대한 옳고 그름을 개진하는 것이다. 제작진이 이 의견을 얼마나 반영하는지는 모르겠지만 전혀 무시할 수 없는 힘을 지닌다. 뿐만 아니라 올라온 의견 중에는 상당히 날카로운 지적들도 있다.

이제는 TV드라마에 대한 대중들의 반응이 더 이상 개인적인 체험으로만 끝나지 않는다. 공개적으로 표출되어 공유되기에 이르렀다. 특히 유튜버의 활성화는 드라마 장면의 재생산으로까지 이어지게 하였다. 웹드라마라는 신종 장르까지 탄생했다.

물론 TV드라마 자체만을 놓고 본다면 여전히 많은 문제점을 지니고 있다. 반복적으로 재생산되는 정형적 이야기가 대중들에게 지속적인 흥미를 주기 위해서는 정형적 틀을 유지하면서도 일정한 파격을 통한 개성의 창출이 필수적이다. 고전소설 역시 정형성을 유지하면서도 작품에 따라 다른 개성을 창출하고 있다.

같은 영웅소설이면서도 「소대성전」 유형과 「유충렬전」 유형 사이에는 엄연한 의미의 차이가 존재한다. 그것은 향유층의 세계관을 반영하고 있다. 그러나 TV드라마에서는 분위기와 캐릭터의 전환은 있지만 개성에 따른 의미의 전환을 읽을 수가 없다. 드라마 소재의 빈곤일 수도 있고, 특정 스타에만 의존하려는 안이함 때문일 수도 있다. 특히 사극에서 이러한 현상은 더욱 뚜렷하게 보인다. 장희빈, 한명회, 허준 등 이미 다룬 이야기에만 의존하고 있다. 장희빈은 수차례에 걸쳐 드라마로 제작되었다. 제작진은 장희빈을 바라보는 시각을 달리한다고 했지만 결과는 여전하다. 새로운 배우를 등장시키고 색다른 분위기를 연출함으로써 시청자들의 기대를 부풀려 놓았지만 막상 들여다보면 실망을 느끼고 나온다.

TV드라마는 소재의 빈곤과 허구적 현실의 직접적 재현에서 탈피할 수 있는 길을 모색해야 한다. 사극이나 환상물은 다루는 대상 자체가 현실과 동떨어져 있기 때문에 사정이 나아 보인다. 그러나 이 역시 사정은 마찬가지이다. 엄청난 인기를 몰고 왔던 〈대장금〉은 한때 한국 사회에서 일대 유행이었던 일본의 요리 만화의 구성에 궁중음식이라는 옷만 갈아 입혀 놓았다는 인상을 지울 길이 없다. 〈천년지애〉는 중국의 영화 〈진용〉의 기본 구조를 그대로 가져왔다. 새로운 이야기를 기획하기 위해서 노력했다기보다는 '벤치마킹'을 열심히 했다고 볼 수밖에 없다. 대중문화산업의 현실을 감안할 때, 그 일이 잘못되었다고 할 수는 없지만 그 결과가 문제이다.

TV드라마가 본질적으로 가지고 있는 허구적 현실의 재생산이라는 문제를 극복하는 한편 대리만족 충족이라는 대중문화의 본연의 임무에 충실하기 위해서는 고전소설의 서사 방식 즉 허구적 환상을 통한 현실의 우회적 환기에 대해 적극적으로 고민을 해보아야 할 것이다. 드라마가 현실일 수는 없다. 그러나 드라마는 그것이 현실인 것처럼 강요하는 속성을 지니고 있다. 고전소설처럼 애초에 허구임을 강조하면서 역으로 현실을 환기하게 하는 방법은 없을까?

고전소설은 온갖 기이(奇異)와 우연으로 환상적 허구를 만들어낸다. 비록 영화이기는 하지만 〈매트릭스〉, 〈반지의 제왕〉의 저변에 깔려 있는 것이 이 환상적 허구이다. 또한 미국의 드라마인 〈X파일〉에서 미국적인 환상을 발견할 수 있다. 우리 TV드라마도 한국적인 환상적 허구를 창출할 필요가 있다. 지금이 '환상'이 잘 팔리는 시대이기 때문이 아니라 고전소설의 구조에서 보았듯이 대중문화에서 그러한 서사구조가 가지고 있는 분명한 의의가 있기 때문이다.[62]

「홍길동전」 등 특정 작품을 각색해서 드라마로 만들자는 말은 결코 아니다. 그 속에서 우리의 건강한 서사적 원형을 찾아보자는 것이다. 고전소설은 온통 영웅에 대한 환상적 이야기인데 한국에는 그러한 이야기가 없다고 한탄한다. 말이 안 되는 소리이다. 설사 영웅의 이야기가 없다면 그러한 이야기는 우리의 정서구조가 아니라고 하면 된다.

고전소설은 우리의 오랜 전통 속에서 '합의된 서사'인 만큼 TV드라마의 한국적 아이콘 창출에도 큰 도움이 될 것이다. 지금 한국의 드라마는 중국과 동남아 등지에 수출되어 막대한 이익을 창출하고 있다. 이러한 경쟁력을 한 차원 더 끌어올리고, 한국 드라마콘텐츠의 진정한 세계화를 위해서는 한국적 서사 원형에 입각한 견실한 구조와 보다 다양한 이야기 원천을 개발해야 할 것이다. 이에 대해서는 다음 장에서 더욱 자세하게 논의하도록 한다.

---

62 드라마 〈도깨비〉, 〈호텔 델루나〉 등은 이 환상적인 구조 혹은 모티프가 얼마나 강력한 힘을 지닐 수 있는지를 보여준다.

3. 문화콘텐츠, 문화산업 그리고 고전소설

1) 문화콘텐츠에 대한 인식

2002년도부터 수년에 걸쳐 한국 정부는 문화콘텐츠 분야에서 문화원형의 중요성을 인식하고, 국가 주도로 콘텐츠로서의 문화원형을 개발하기 시작했다. 문화원형을 시 · 청각 콘텐츠 형태로 개발하여 그것을 디지털화하는 방향으로 개발이 이루어졌다. 그 결과 각종 의궤류, 검안, 진법과 같은 특정 기록물, 국악 등이 시 · 청각 자료로 개발되었다. 이 중에 설화나 고전소설과 같은 문학 장르도 포함되어 있지만 고전소설은 단 한 차례만 개발되었을 뿐이다. 다양한 이유가 있겠지만 문화콘텐츠로서의 고전소설에 대한 가치 인식이 부족했고, 다른 장르에 비해 개발 방향이 어려웠기 때문이다.

고전소설 분야를 떠나 이제 이러한 문화원형의 콘텐츠화 작업은 굳이 정부가 주도하지 않아도 될 만큼 그 중요성이 입증되었다. 판소리를 새롭게 해석한 이날치밴드에 대한 관심은 믿어지지 않을 만큼 폭발적이다. BTS의 대취타에 대한 거부감도 별로 없다. 처음 정부에서 문화원형 콘텐츠를 개발한다고 했을 때 이에 대한 비판을 목소리가 상당했다. '국가 세금으로 유명무실한 회사만 양성한다', '문화콘텐츠에 국적이 없는데 국수주의적 문화원형 타령을 한다', '그렇게 개발하더니 수익성이 왜 나오지 않느냐', '성공한 모델이 없다' 등등의 비판이 제기되었다. 당시로서는 충분히 있을 수 있는 비판이었지만 이제는 문화적 정체성이 문화산업의 경쟁력에 있어 중요한 요소임이 확인되었다.

이런 관점에서 여기에서는 문화콘텐츠, 문화산업과 문화원형의 관계, 그리고 이것들과 고전소설이 어떤 관련이 있을 수 있는지를 활용론적 관점에서 언급하고자 한다.

창작소재가 무엇이며 문화원형이 무엇인지에 대한 근본적인 개념을 따지는 일은 복잡하다. 문화원형만 하더라도 문화와 원형이 복합된 개념이다. 문화는 문화대로 따질 것이 많고, 원형은 원형대로 따질 것이 많다. 창작소재에 대한 논의 역시 불가능해 보일 수도 있다. 구현된 작품이 전통적인 예술 작품이건 문화산업의 상품이건 원천 소재는 특정 개인의 창의력과 상상력 속에서 발굴된다. 그리고 이 원천 소재는 세상에 존재하는 유 · 무형의 모든 것을 대상으로 한다. 따라서 창작소재는 매우 포괄적이며, 지극히 개인적인 영역에 머물러 있기 때문에 논리적인 논의가 불가능할 뿐더러 설사 논의한다고 하더라도 그 결과가 무용지물이 될 수 있다.

그런데 문화콘텐츠, 문화산업 분야라면 사정이 좀 다르다. 각 나라에 따라서, 각 시기에 따라서 경쟁력 있는 특정 창작소재가 존재한다. 문화산업에서 경쟁력 있는 창작소재는 체계적인 기획 시스템과 상품 생산 결과에 대한 엄밀한 고려, 제작 과정에서 예측되는 난관 등을 모두 고려하여 취사선택한다. 이로 인해 지천에 널려 있는 것이 소재라고 하지만 문화산업 각 장르에 부합되며, 실제 창작으로 연계될 수 있는 소재는 제한적이다. 이러한 고려의 결과에서 나온 창작소재일수록 보다 성공할 확률이 높다고 할 수 있다.

문화콘텐츠를 한마디로 정의하기란 쉽지 않다. 용어의 발생 토대가 산업적 영역과 맞물려 있기 때문에 정의를 내린다고 해도 엄밀하지도 않다. 범박하게 말하자면 경제적 고부가가치를 수반하는 어떤 문화 상품의 한 부류라고 할 수 있을 것이다. 이것을 문화상품이라고 하지 않고 굳이 콘텐츠라는 말을 붙여 문화콘텐츠라고 하는 것은, 현대의 문화상품이 미디어와 필수불가결한 관계를 유지하고 있기 때문이다.

용인의 민속촌이나 전통적인 박물관, 관광 상품 등과 같이 미디어 기술이 수반되지 않은 문화상품도 얼마든지 존재할 수 있겠지만 고부가가치의 주역은 애니메이션, 출판만화, 영화, 게임, 방송과 같은 미디어 기술 기반 상품이라는 것이다. 그렇다면 문화콘텐츠라는 것은 문화로 대변되는 정신적 가치와 문화적 의미에 미디어 기술이 복합된 형태의 문화상품이라고 지칭할 수 있다.[63]

매년 나오는 세계 문화산업 통계를 보면 영화, 만화, 방송, 게임, 애니메이션, 출판, 인터넷 및 모바일콘텐츠, 음반, 광고, 캐릭터 등이 주요 장르로 분류된다. 여기에서 거론되는 10대 장르들은 모두 미디어 기술을 기반으로 한다는 점에서 문화콘텐츠의 핵심 범주라고 할 수 있을 것이다.

이렇게 본다면 문화콘텐츠는 포괄적인 의미에서 대중문화의 범주에 속한다고 볼 수 있다. 이 책에서 거듭해서 언급하지만 1990년대 후반까지 대중문화라는 것은 지나치게 단순하고 유치한 하위문화의 영역으로 치부되기 때문에 거창한 미학이나 논리를 가져와서 설명할 대상이 되지 않는 것으로 여겨지기 일쑤였다.

게다가 대중문화는 종종 권력구조와 결탁하여 대중을 일종의 최면 상태에 빠뜨리고자 하는 음모에 가담한다는 부정적 견해 역시 무시할 수 없었다. 다시 말해 대중문화에서 경험하는 즐거움은 고급문화의 그것과 비교할 때 진솔한 것이 아닌, 허위적인 것으로 대중을 착취와 억압의 영원한 현상 속에 감금하기 위해서 효과적으로 대중을 조작하는 속임수라는 견해가 상당했다.[64] 물론 지금은 이런 견해가 상당 부분 축소되었거나 아예 없어졌다. 그렇지만 2000년대 초반까지도 대중문화에 대한 이런 부정적 견해로 인해, 문화콘텐츠에 대한 학문적 논의가 활성화되지 못했던 것이 사실이다.

---

63 여기에 대해서는 김기덕, 「콘텐츠의 개념과 인문콘텐츠」, 『인문콘텐츠』 창간호, 인문콘텐츠학회, 2003에서 상세히 고찰하였다.

64 박명진, 앞의 글 참조.

2) 문화콘텐츠와 창작소재

문화콘텐츠는 생산 과정 자체가 전통적 예술 장르와는 다르다. 어떤 측면에서 보자면 훨씬 복잡한 제작 단계를 거쳐야 한다. 소설과 같은 전통적인 예술 장르에서는 서사적 구조만 고려하면 되지만 만화는 시나리오와 이미지를 동시에 고려해야 된다. 영화나 애니메이션은 시나리오와 이미지 및 동작을 함께 고려해야 한다. 또 게임에서는 시나리오, 이미지, 동작, 인터렉티브를 동시에 고려해야 한다. 어떻게 보면 전통 예술 장르에 속하는 문학, 음악, 미술을 한꺼번에 혼합해 놓은 느낌마저 준다. 아래 도식은 문화콘텐츠에 대한 이러한 특성을 잘 보여준다.[65]

전통 장르(소설)	만화	애니메이션, 영화	게임
서사(narrative)	시나리오+이미지	시나리오+이미지+동작	시나리오+이미지+동작+인터렉티브
		음악적 효과	음악적 효과

문화콘텐츠는 미디어라는 매체적 도구를 통해 표현되고 전달되기 때문에 창작 과정에서 '구현'이라는 단계를 필수적으로 거쳐야 한다. 물론 전통적인 예술에서도 형상화라는 과정이 있지만 문화콘텐츠에서의 구현은 이미 형상화되어 있는 것을 매체를 통해 재가공한다는 점에서 뚜렷한 차이가 있다.

예를 들어 고전 음악을 콘텐츠화 한다고 하자. 다양한 방식이 있을

65 이인화 외, 『디지털스토리텔링』, 황금가지, 2003, 17면의 내용을 필자가 나름대로 수정해서 제시함.

수 있겠지만 가장 근본적이고 의미 있는 콘텐츠화는 음악의 내용을 시각화하는 작업일 것이다.[66] 작곡한 사람은 어떤 원천 소재를 음악으로 형상화했고, 그것을 듣는 사람은 마음을 통해서 형상화의 내용을 느낀다. 이 형상화의 내용은 눈에 보이지 않는 무형의 무엇이다. 이 무형의 이미지를 눈으로 볼 수 있게 만드는 작업이 문화콘텐츠의 구현 과정이라고 할 수 있다.

이때 매체적 구현의 대상이 시각적으로 이미 형상화되어 있는 것이라면 별 문제가 되지 않는다. 이 경우는 주어진 기획서나 주어진 시나리오 혹은 원작에 따라서 구현을 하면 된다. 그러나 대개는 그렇지 않다. 아무리 충실한 기획이나 사실적 표현을 위주로 한 원작이 있다고 해도 완벽한 구현을 위해서는 별도의 자료가 필요할 수밖에 없다.

가령, 다음 장면을 콘텐츠화 한다고 가정해보자.

> 원수 몸에 망용대 홍포를 입고 수전포를 껴입고 허리에 통전사 만대를 띠고 머리에 봉시 투구를 썼으며 좌수에 상방참사검을 잡고, 우수에 백옥 산호채를 들었으며, 천리 추풍대완비를 찼으니

이 장면은 전쟁터에 나가는 대장군의 복식을 비교적 잘 묘사한 조선시대 장편소설의 일부분이다. 이 부분을 시각적으로 구현하기 위해서는 '망용대홍포', '수전포', '통전사만대', '봉시투구', '상방참사검' 등에 대한 원형 자료가 있어야 한다. 혹은 청각적 내용을 재현할 때도 같은 문제가 발생한다. 원 텍스트에 어떤 소리나 악기에 대한 내용이 있다고 했을 때 이것을 구현하기 위해서는 청각적 대상에 대한 소리 모델이라는 소재가 있어야 한다. 따라서 문화콘텐츠에서는 구현을 위한 별도의

66 이러한 시도는 월트디즈니의 애니메이션 '판타지아'에서 한 차례 시도된 바가 있다.

소재가 있어야 한다.

뿐만 아니라 문화콘텐츠는 한 사람에 의해 창작되는 전통적인 예술과는 다르다. 문화콘텐츠는 기획을 하는 사람과 구현을 하는 사람이 공동으로 작업을 하는 것이 순리이다. 구현 과정에서는 시각적 구현, 청각적 구현, 그것의 매체화 등에 따라 다수의 사람들이 동원된다. 그렇기 때문에 창작이라는 말보다 생산이라는 더 적합하다.

하나의 창작소재가 기획과 구현 단계에 동시에 적용될 수도 있으며, 경우에 따라서는 구현 단계에서 더 필요한 소재가 있을 수도 있다. 예를 들어 기획 단계에서는 인물의 외양에 대한 대략적인 생각만 있으면 되지만 구현 단계에는 얼굴 윤곽, 옷 모양과 색, 머리 모양과 치장, 장신구 등 별도로 고려해야 할 요소가 있다. 누구도 모양을 알 수 없고, 소리를 알 수 없는 것이라면 구현자나 기획자의 상상력으로 구현하면 되지만 그렇지 않은 경우는 창작을 위한 풍부한 원천 소재를 마련해야 한다. 따라서 문화콘텐츠 창작소재는 이 두 단계의 고려 사항을 모두 포함해서 다루어야 한다.

그러나 문화콘텐츠 하위 장르의 특성에 따라 기획 단계의 창작소재가 더 중요한 경우도 있으며, 구현 단계의 창작소재가 더 중요한 경우도 있을 수 있다. 예를 들어 완성된 시나리오가 일차적으로 중요한 애니메이션의 경우는 기획 단계의 창작소재가 '중핵요소'라고 할 수 있으며, 구현 단계의 창작소재는 '촉매요소'라고 할 수 있다. 그러나 시나리오보다는 비주얼적 측면이 강조되는 게임에서는 구현 단계에서 필요한 창작소재가 '중핵요소'이며, 기획단계에서 고려되는 것은 '촉매요소'라고 할 수 있다.

문화콘텐츠 창작소재를 개발하는 사람은 바로 이러한 부분에 대한 고려를 충분히 해야 한다. 온라인 게임을 제작하기 위한 기획의 과정에서는 세계관이라고 하는 부분을 작성한다. 여기에는 게임 구현을 위해서 필요한 아주 세밀한 부분까지 다 고려된다. 이러한 고려는 게임 분야에만 해당되는 것이 아니라 문화산업 전 장르에 해당된다고 할 수 있다.

참고로 문화콘텐츠 창작소재 개발 시 고려해야 하는 요소들을 개략적으로나마 정리하면 다음과 같을 수 있다.[67]

<table>
<tr><th colspan="2">소재 요소</th><th colspan="2">고려 요인</th><th>세부 항목</th></tr>
<tr><td colspan="2" rowspan="4">사건
(이야기)</td><td colspan="2">상황</td><td>전쟁, 화재, 천재, 연애, 정쟁, 교역 등</td></tr>
<tr><td rowspan="3">행위</td><td>수행해야 할
목표(과업)</td><td>사용할 수단 종류</td></tr>
<tr><td>목표(과업)
수행의 과정</td><td>수단의 적용 여부</td></tr>
<tr><td>수행된
목표(과업)</td><td>수단의 성공 여부</td></tr>
<tr><td rowspan="13">인물</td><td rowspan="2">사회적</td><td colspan="2">계급별</td><td>귀족, 평민, 천민 등</td></tr>
<tr><td colspan="2">계층별</td><td>상류층, 중산층 등</td></tr>
<tr><td rowspan="2">생태적</td><td colspan="2">성별</td><td>남/녀</td></tr>
<tr><td colspan="2">연령별</td><td>유아, 어린이, 청소년, 장년층, 노년층 등</td></tr>
<tr><td rowspan="3">기능별</td><td colspan="2">주인공</td><td>주인공 및 주인공 가족</td></tr>
<tr><td colspan="2">보조자</td><td>주인공 혹은 악당을 돕는 존재</td></tr>
<tr><td colspan="2">악당</td><td></td></tr>
<tr><td rowspan="3">성향별</td><td colspan="2">비범함</td><td>영웅, 위인, 기인, 초현실적 존재</td></tr>
<tr><td colspan="2">평범함</td><td>일상인</td></tr>
<tr><td colspan="2">평범 이하</td><td>바보</td></tr>
<tr><td rowspan="2">외양</td><td colspan="2">신체적 특성</td><td></td></tr>
<tr><td colspan="2">복식 등 치장</td><td></td></tr>
<tr><td rowspan="2">배경</td><td rowspan="2">시간</td><td rowspan="2">역사적
배경</td><td>경제 상황</td><td>상업활동, 경제구조, 주요 산물 등</td></tr>
<tr><td>계급 구조</td><td>신분 질서 등</td></tr>
</table>

67 제시한 도표는 필자가 공동연구원으로 참여한 한국문화콘텐츠진흥원(현재는 '한국콘텐츠진흥원'으로 개명되었다.)에서 주관한 "문화원형 창작소재 개발 중 · 장기 로드맵 수립"(2006년도) 사업에서 연구된 내용이다. 이 결과는 연구보고서의 형태로, 『문화원형 창작소재 개발 중 · 장기 로드맵 수립』(한국문화콘텐츠진흥원, 2006)으로 발간되었다.

			정치 상황	정쟁, 당쟁 등
			외교 상황	
		문화적 배경	과학 기술	
			민속 요소	
			신앙 요소	
			예술 요소	
	공간	물리적 배경	국가지형	국가 전체의 지형
			도시지형	마을의 지형, 촌락, 마을 단위의 건물 배치
			주거공간	집 외형, 집안 구조(안방, 부엌), 방의 꾸밈새
			운송수단	도로, 수레 등
		자연적 환경	기후조건	계절별 특성
			동, 식물	해당 시기의 주요 동물, 식물 분포 및 종류
			지리 환경	산, 강 등

3) 문화원형과 문화콘텐츠

문화콘텐츠를 포함한 대중문화의 가장 두드러지는 속성 중의 하나는 정형성이다. 이 정형성은 특정 시기에 한결같이 공통적으로 문제 삼는 스타일이 있을 수 있으며, 오랜 시간을 두고 지속적으로 작용하는 어떤 정형성이 있을 수 있다.

대중문화는 관습화된 수용자의 기대치를 충족시킴으로써 대리만족 혹은 안정을 추구한다. 그렇기 때문에 대중문화는 수용자가 향유물의 진행 결과를 어느 정도 예측할 수 있도록 구성되기 마련이다. 향유자는 암묵적으로 합의된 서사를 공유하고 있기 때문에 대중문화를 향유하면서 결과를 예측할 수 있게 된다. 앞서 이 합의된 서사는 아주 오랜 기간에 걸쳐 그 사회의 구성원 공동의 누적적 합의를 통해 만들어진다고 했다.[68]

쉽게 싫증날 것 같은 정형적 구조를 지닌 영화나 만화 한 편을 여러 번 보아도 흥미가 있는 이유는 바로 이런 '공동체의 합의' 속에 내재된 기대치를 맛보기 때문이다. 이 '합의된 서사', '기대치'에는 가치관이나 이데올로기와 마찬가지로 사회구성원들에게 공유되는 사회적 체험인 정서구조가 깔려 있다. 이 정서구조는 이것은 환경의 변화에 따라 끊임없이 변하겠지만 같은 민족공동체의 보편적 정서구조 또한 무시할 수 없는 부분이다.

그렇지만 지속되는 정서구조 외에 환경에 따라 변하는 정서구조 또한 결코 무시할 수 없는 부분이다. 그것이 바로 대중문화의 개성을 창조하는 핵심 요인이며, 향유자들이 실제로 가장 큰 반응을 보이는 부분이기도 하기 때문이다. 따라서 가장 좋은 문화콘텐츠는 누구나 합의할

---

68 이에 대해서는 이 책의 II부 2장, 「정형성과 보편적 정서구조」에서 자세히 다루었다.

수 있는 공동체의 정서구조를 파악하고, 여기에 그 시대의 트렌드라는 옷을 입히는 것이라고 할 수 있다. 문화콘텐츠의 창작소재로서 문화원형이 가치 있는 일차적인 이유가 바로 여기에 있다. 문화원형은 대체로 다음과 같은 성격을 지닌다고 볼 수 있다.[69]

- ○ 국가 혹은 민족의 구성원이 의식적, 무의식적으로 공유하거나 공감하고 있는 물질적, 정신적 원형임.
- ○ 그러한 공유가 발생하기 위해서는 공시적 합의와 통시적 합의가 동시에 전제되어야 하는 만큼 오랫동안 지속적으로 전승되거나 존재해온 요소임.
- ○ 여기에는 문화유산(유물), 문화관습, 설화에서 발견되는 공유서사 등이 포함됨.
- ○ 공유되는 성격으로서의 원형의 적용 범위는 국가, 민족을 기반으로 하지만 넓게는 세계 전체에 적용될 수 있으며 좁게는 한 마을이나 특정 공동체에만 적용될 수도 있음.
- ○ 예를 들어 콩쥐팥쥐 유형의 설화는 한민족의 서사 원형이지만 서구의 신데렐라 서사 원형과 기반을 같이 때문에 세계적 보편성을 지닌 원형이라고 할 수 있음.

이러한 문화원형에 기반을 둔 문화콘텐츠는 개발자의 자의적인 기준이나 경험치에 의해서 결정되었을 때 발생하는 문제점을 극복할 수 있는 장점을 지닌다.

개인의 주관적 느낌이 오랜 시간 누적된, 공통의 합의에 의해서 암묵적으로 형성된 보편적 정서구조인 것처럼 보이는 경우가 흔히 있다. 이

69 『문화원형 창작소재 개발 중 · 장기 로드맵 수립』(한국문화콘텐츠진흥원, 2006) 참조.

것은 논리학적으로 말하자면 일반화의 오류이다. 창작소재로서의 문화원형은 바로 이러한 오류를 최소화시킬 수 있다는 것이다. 또한 문화원형은 복잡한 가치 사슬을 고려하지 않아도 그 자체로 민족적 가치와 의미를 지니는 만큼 문화콘텐츠가 지니기 쉬운 소비지향성을 극복할 수 있다.

4) 문화원형 콘텐츠의 개발 방향

물론 성공한 문화콘텐츠는 그것이 문화원형을 표방하지 않았더라도 혹은 제작자가 그것을 의식하지 않았더라도 그 속에는 원형적 요소가 잠재되어 있다고 볼 수 있다. 극단적으로 말한다면 세상에 존재하는 모든 문화의 근원은 원형과 맞닿아 있다.

그러나 여기에서 말하고자 하는 것은 이런 환원주의적 원형론은 아니다. 가치 있고 경쟁력 있는 문화콘텐츠를 개발하기 위해서는 문화원형에 대한 의식적이고 체계적인 개발이 필요하다는 것이다.

이와 관련하여 가장 중요하게 고려해야 할 요소는 문화원형 소재의 보편성과 특수성이다. 현재 우리가 찾고 있는 문화원형 창작소재는 구스타프 융이나 미르시아 엘리아데 식의 원형론적 소재는 아니다. 차라리 우리 문화를 뒷받침하고 전통적 문화 자원이라고 하는 것이 더 솔직할 수 있다. 그렇기 때문에 개발하고자 하는 소재의 성격이 다소 특수할 수 있다.

예를 들어 조선시대 과학수사라 할 수 있는 〈검안〉 이야기 같은 것은 일반인들에게는 너무나도 생소할 뿐더러 학계에서 본격적인 이루어지지 않았던 소재이다. 특수하기 때문에 호기심을 끌 수 있다. 호기심을 끌 수 있다면 우선 소재로 거론할 수 있을 것이다.

그러나 특수성만으로 끝난다면 그것이 지니는 소재적 가치는 현격하게 줄어들 수 있다. 위에서도 언급했듯이 문화콘텐츠는 보편성을 생명으로 하기 때문이다. 그런데 〈검안〉은 특수한 소재이지만 과학 수사 혹은 탐정 이야기라는 점에는 보편성을 획득한다. 따라서 이 소재는 특수성과 보편성을 다 갖추었다고 볼 수 있다. 문화원형 소재가 성공을 거두기 위해서는 바로 이와 같은 보편성과 특수성을 교묘하게 결합하고 있어야 한다.

이 문제는 문화콘텐츠의 세계적 경쟁력과도 연관이 된다. 문화콘텐츠는 자국민을 대상으로 하면서도 동시에 세계 전체를 수요 대상으로 해야 한다. 세계를 지배하는 문화콘텐츠를 곰곰이 분석해보면 하나같이 해당 문명권의 근본적 속성을 강하게 지니고 있다. 세계적으로 성공한 콘텐츠라 할 수 있는 〈반지의 제왕〉은 북유럽의 신화를 기반으로 한 소설이자 영화이며, 중국 영화 〈와호장룡〉은 중국의 대표적 문화 아이콘인 무협 이야기를 바탕에 둔 영화이다. 그런가 하면 〈라스트 사무라이〉는 남북전쟁이 끝난 후 정신적 혼동에 휩싸인 서양의 군인과 일본의 사무라이 문화가 교묘하게 결합된 영화이다. 〈신과 함께〉는 한국의 무속신화에 기반을 둔 획기적인 만화이자 영화이다. 이와 같이 작품성과 흥행성을 동시에 만족시킨 콘텐츠 중에는 해당 문명권의 전통문화에 기반을 둔 경우가 상당히 많다.

이런 작품은 그것을 대하는 타 문명권의 사람에게 새로운 문화에 대한 호기심을 발동시킬 수 있는 특수성을 지니고 있다는 데에서 성공의 일차적인 이유를 찾을 수 있다. 그러나 해당 문명권의 특수성만 강조했다면 오히려 배타심이라는 부작용을 낳을 수 있을 것이다. 따라서 이 역시 특수성과 동시에 세계 보편성을 획득해야 한다.

가령, 도자기나 음식 문화와 같은 소재는 이런 점에서 상당히 좋은 소재가 될 수 있다. 도자기는 유럽과 동양에서 모두 초미의 관심사였고, 생필품이면서 예술품이라는 성격을 지니고 있다. 여기에 한국은 한국대로 고유한 도자기의 미학을 구축했다. 음식 문화 역시 가장 보편적인 것이면서 해당 문명권 혹은 해당 국가마다의 특수한 문화를 반영하고 있다.

이와 같은 문화원형 기반 문화콘텐츠는 세계적 보편성을 근본에 깔고 있으면서도 다른 문명권에서 느낄 수 있는 신비감, 호기심과 같은 낯선 요소를 지니고 있다. 문화원형은 세계적 보편성과 자국의 특수성을 동시에 담을 수 있는 성격을 지니기 때문에 문화콘텐츠 창작소재로서 충분한 가치가 있다. 따라서 보편성과 특수성이 자국의 범위를 벗어나 세계적 범주에서도 획득될 수 있는 문화원형 혹은 전통 문화 소재는 우선적으로 개발될 필요가 있다.

문화콘텐츠의 세계적 경쟁력을 확보하기 위해 자국의 것을 무시하고 세계 보편적인 소재를 개발하고자 하는 경우도 있다. 가령, 〈그리스 로마 신화〉같이 범세계적인 신화가 이에 해당할 수 있다. 혹은 진출하고자 하는 해당 문명권의 문화원형, 예컨대 중국 시장이라면 〈중국 신화〉 등이 또한 포함될 수 있다. 보기에 따라서는 개발의 필요가 없다고 할 수는 없다. 그렇게 해서 큰 성공을 거둔 사례가 이미 있다. 월트디즈니의 애니메이션이 가장 대표적인 경우이다. 디즈니에서 개발한 애니메이션은 대개가 세계 각국의 전통 문화에 기반을 두고 있다. 자체 창작물은 거의 없는 셈이다. 1990년대에 들어와서는 중국 소수 민족의 이야기를 차용한 〈뮬란〉을 내놓기까지 했다. 진출하고자 하는 시장의 문화를 최대한 반영한 경우라 할 수 있을 것이다.[70]

대개의 경우 이와 같은 방식의 소재 개발은 대단히 근시안적이라고 할 수 있다. 당장의 수출 모델을 마련할 수 있다는 점에서는 인정되겠지만 그러한 소재의 개발이 얼마나 경쟁력을 확보할 수 있을지 의문이며, 이미 경쟁 대상이 많은 분야이다. 그럴 시간과 비용이 있으면 조금만 더 멀리 내다보고 우리 자원 중에서 보편성과 특수성의 조건에 맞는 것을 더 개발하는 데 힘을 기울여야 할 것이다. 이상에서 설명한 문화원형 창작소재의 보편성과 특수성의 관계가 콘텐츠에 미치는 영향을 도식화하면 다음과 같다.

---

70 그러나 개인적인 의견을 보탠다면 월트디즈니의 성공은 소재의 성격에 기인하는 것이 아니라 디즈니 기업의 속성에 있다고 할 수 있다. 좀 속된 말로 하자면 디즈니와 같은 다국적 기업이기 때문에 가능했다는 것이다.

〈창작소재 개발 요소의 관계성〉

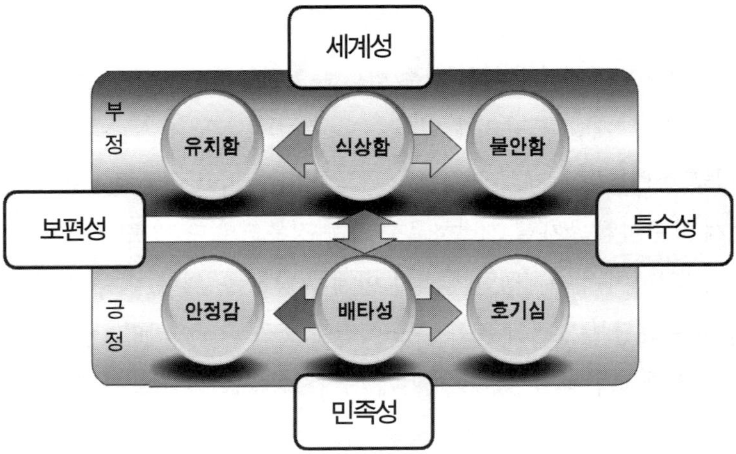

굳이 문화콘텐츠와 연관을 짓지 않아도 문화원형은 그 자체로 중요한 정신사적 함의를 지닌다. 문화원형은 원론적으로 말하자면 모든 문화적 산물의 근원으로 작용한다. 원래부터 그 자리에 존재하는 것이기 때문에 굳이 공들여 개발할 필요가 없다고 할 수도 있다.

그러나 문화콘텐츠의 경쟁력 창출을 위해서는 그것이 전략적으로 발굴되고 개발될 필요가 있다. 이때의 문화원형은 소여(所與)의 상태로 항상 존재하는 근원적인 무엇이 아니라 특정한 창작소재의 일환으로 이해할 필요가 있다. 엄밀하게 말한다면 문화원형이라는 말보다는 의미 있는 문화자원이라고 지칭하는 것이 더 정확할지도 모르겠다.

창작소재로서의 문화원형을 개발하고자 할 때 명심할 부분은 근시안적 시각을 버리자는 것이다. 당장의 산업적 수익에 매달려 일희일비한다면 이 소재는 힘을 발휘하지 못한다. 문화원형의 개발은 한국적 문화 아이콘을 정립하기 위한 큰 작업의 과정으로 이해되어야 한다. 지금도 우리 문화콘텐츠의 주종을 이루는 것은 서양의 것이 대부분이다. 한국을 대표하는 테마파크는 여전히 '에버랜드'이다. 그곳에는 온갖 종류의 화려한 캐릭터와 페스티벌이 난무하지만 우리 문화원형이 들어갈 자리는 없어 보인다. '이솝빌리지'에서 보듯이 동화나 우화 역시 서구의 것이 자리를 메우고 있다.

우리 문화원형이 이 자리에 들어가 경쟁하기 위해서는 긴 시간이 걸릴 것이다. 지금 자라고 있는 아이들이나 청소년들이 문화의 주역으로 성장했을 때를 대비해야 할지도 모른다. 미래를 내다보는 작업이라면 문화원형은 공익적 측면에서도 개발될 필요가 있다. 문화원형은 그 자체로 교육적 성격을 지닌다. 언제부터인지 모르겠지만 10월이면 어김없이 할로윈 축제를 한답시고 야단이다. 우리에게도 신명나는 거룩한 축제가 있다면 그것을 알리고 교육하는 계기를 마련할 수 있을 것이다. 이런 작업 속에서 산업적 수익이 발생하면 그것은 부수적이라고 치부할 수 있다. 그러나 멀지 않은 미래에 지금의 투자가 상상도 못할 수익을 안겨줄 것으로 믿는다.

한편 문화원형 장작소재의 개발은 산업과 학문, 특히 인문학이 가장 이상적으로 결합할 수 있는 협력 모델이다. 외국의 콘텐츠가 경쟁력을 지닐 수 있는 것은 산학이 유기적으로 결합된 기획 과정이 강화되어 있기 때문이다. 이 부분을 기업이 해결할 수 없다면 당장은 국가가 주도해서 할 수밖에 없는 일이다. 앞으로 우리 문화원형으로 가득한 명품 테마파크와 경쟁력 있는 문화콘텐츠가 개발되기를 기대한다.

5) 문화콘텐츠, 문화원형, 고전소설

문화산업에서 주로 거론되는 분야는 TV드라마, 영화, 애니메이션, 만화, 게임, 대중음악, 공연 등으로 상당히 포괄적이다. 이들 분야는 대개 대중문화의 영역에 속하는 것들로 가만히 살펴보면 고전문학과 강한 연관성을 지니고 있음을 발견할 수 있다. 음악이나 공연을 제외한다면 모두가 서사성을 지니고 있다는 점에서 공통점을 지니며, 한문학을 제외한 고전문학의 주요 장르들이 당대의 대중문화적 속성을 지니고 있었다는 점에서도 공통점을 지닌다. 게다가 시가 분야는 근대의 시(詩)와 분명히 다른 노래의 기능을 아울러 지니고 있었기 때문에 대중음악과 친연성이 있다.

이런 시대적 분위기는 자연스레 고전문학 연구를 문화산업에 관심이 가도록 만든다. 고전문학 분야에서 문화산업과 관련하여 진행된 연구는 대체로 다음과 같은 세 가지 경향성을 지닌다.

첫째, 고전문학과 문화산업 장르와의 상관성을 비교 연구하는 작업, 다시 말해 문화산업을 주도하는 트렌드의 속성과 고전문학과의 연관성을 밝히는 작업이다. 예를 들어 TV드라마, 영화, 온라인 게임, 애니메이션 등과 고전소설 혹은 고전서사의 연관성을 밝히는 작업, 시가와 대중가요의 연관성을 밝히는 작업 등이 거론될 수 있다.[71] 고전문학의 현재성을 거론하고 있다는 점에서 충분히 의의가 있는 작업이다.

그런데 문화산업과 연관을 시킨다면 어딘가 맞지 않는 부분이 있다. 고전문학과 현대의 대중문화가 서로 비슷하고 다른 점이 있다고 말하는 것이 문화산업에 어떤 도움을 줄 것인가 하는 점이다. 고전문학 연구의 현재성을 말하는 것은 연구자나 학계를 위해서는 자족감을 줄 수

---

71 이 책의 II부 2장에 해당하는 연구 경향이 대표적이다.

있지만 실효성의 측면에서는 의문이 든다는 것이다. 어떤 측면에서 본다면 이와 같은 연구는 여전히 학문의 울타리에 갇혀 현실 세계로 나오지 못했다는 한계를 지닌다.

가령, 영화와 고전소설의 상관성을 거론했다면 그 연구의 결과가 고전소설 연구 방법론에 획기적으로 기여를 하거나 영화의 발전에 기여를 해야 한다. 영화와 유사하다는 관점을 가지고 고전소설 연구의 새로운 방법론을 개척하고, 유의미한 해석학적 결론이나 쟁점을 도출하는 방향으로 후속 작업이 발전할 수 있다. 그러나 이 연구는 고전소설 연구에는 큰 의의가 있을 수 있으나 여전히 학문적 자족에 머물고 만다. 엄밀한 의미에서 본다면 문화산업을 위한 국문학 연구가 아니라 국문학 연구를 위한 문화산업적 관점의 차용이라고 보아야 한다.

둘째로 거론할 수 있는 연구의 경향은 고전문학을 소재로 활용하여 문화상품을 개발하는 방안을 연구하는 것이다. 문화산업의 발전을 위해 국문학 연구의 관점에서 새로운 소재나 기획을 제공함으로써 경쟁력 있는 문화상품을 만드는 방향이다. 이 경우는 연구라기보다는 차라리 기획 작업에 가깝다. 그런데 국문학 연구자가 작가도 아니고 연출가도 아닌 이상 참으로 달성하기 어려운 작업이다. 산업계와의 공동 작업이 있을 수 있겠지만 막상 현장과 부딪히면 국문학 연구자가 할 수 있는 일은 단순한 아이디어 제공이나 내용 고증에 불과하다.

다음으로는 국문학 연구자가 아예 영화나 애니메이션 등 문화산업 장르를 직접 분석하는 연구가 있을 수 있다. 매체의 관점이 아니라 전통적 문학 방법론의 측면에서 대중문화를 분석하기 때문에 새로운 해석이 나오기도 한다. 이 경우는 두 가지 측면에서 문제가 발생한다. 대중문화는 대중문화 자체의 논리가 있는데 이를 반영하지 않았을 때 발생할 수 있는 한계가 있고, 적극적으로 그 자체의 논리나 미학을 따른다면 이미 국문학 연구의 범위를 완전히 벗어난 것이다.

위에서 거론한 연구의 경향성은 결국 동일한 한계를 지니고 있다. 고전문학의 논리와 문화산업의 논리를 한 데 융합시키지 못한다는 것이다. 문화산업 장르에서 거론되는 문화상품은 매체 혹은 미디어와 불가분의 관계를 지니고 있다. 문학에서 양식이 다르면 내용이나 의미도 달라지듯이 매체의 특성에 따라 콘텐츠의 논리가 달라질 수밖에 없다는 것이다. 소설을 영화로 만들면 그것은 영화이지 소설이 아니다. 또 동일한 소재라도 그것이 영화냐 드라마냐 애니메이션이냐에 따라서 완전히 다른 내용을 지니게 된다.[72]

마샬 맥루한이 지적했듯이 미디어는 메시지이다. 문화산업 장르는 창작 과정 자체가 전통적 문학 장르와는 다른데, 우리가 이런 장벽을 너무 쉽게 생각하고 접근하기 때문에 여러 가지 측면에서 혼선을 빚고 또 한계를 안게 되는 것 같다. 소재적 공통성, 구조적 공통성만을 지적해서는 진일보한 생산적 논의를 이끌어 내기가 대단히 어렵다는 말이다.

결국 국문학 연구자가 문화산업과 연관한 작업이나 연구를 하려면 결국 문화산업과 전통적 문예 사이에 놓여 있는 다양한 메커니즘의 차이를 면밀히 연구해야 한다는 결론이 나온다.

다음의 그림은 국문학을 포함한 인문학이 문화산업과 본격적인 관련을 가지기 위해서 융합되어야 하는 몇 가지 요소 혹은 층위를 도식화하여 그려 본 것이다.

72 연극 〈이〉와 영화 〈왕의 남자〉나 드라마 〈대장금〉과 애니메이션 〈장금의 꿈〉은 사실 완전히 다른 의미를 지닌다고 볼 수 있다.

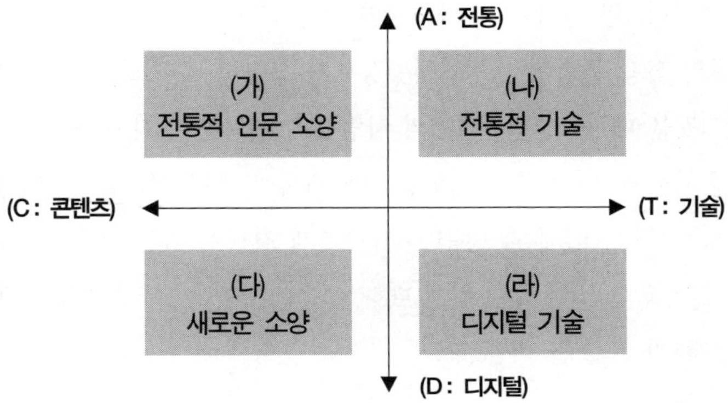

왜 굳이 국문학 연구자인 우리가 왜 문화산업과 연관되는 매체적 속성, 매체미학과 같은 공부를 해야 하는지에 대해서는 필자 역시 회의가 든다. 그러나 고전문학 연구가 문화산업과 관련을 맺어야 한다고 마음을 먹는다면 반드시 해결해야 될 문제이다. 이것은 자기 경계허물기에 대한 철저한 준비와 자신감이 없이는 실패할 가능성이 농후하다.

경계허물기에 대한 각오가 되어 있는 고전문학 연구자에게는 지금 시대가 확실한 기회임에 분명하다. 고전문학이 지니고 있는 문화적 경쟁력은 무한하며, 현장 종사자들의 난맥상을 우리가 해결해 줄 수 있다고 생각한다.

한류의 흐름을 타고 문화산업의 경쟁력이 부각되고 있다고 하지만 한국의 문화산업은 아직도 세계적 경쟁력을 확보하지 못하고 있는 실정이다. 온라인 게임의 경쟁력이 충분하다고들 하지만 여전히 국내 시장 의존도가 높다. 천만관객을 넘어 이천만 관객의 시대를 내다보는, 아카데미 수상식을 휩쓴 〈기생충〉을 보유한 영화 시장이지만 아직도 세계적 경쟁력을 언급하기에는 전반적인 체력이 약하다. 문화산업은 그 속성상 자국 시장을 기반으로만 해서는 제대로 성공할 수 없다.

문화산업은 인프라도 중요하지만 무엇보다 작품의 질이 중요하다. 작품의 질을 결정하는 요소는 다양하지만 기본 서사와 핵심 소재가 가장 중요하다. 앞 절에서 세계를 지배하는 대중문화 작품 중에는 해당 문명권의 전통 문화에 기반을 둔 경우가 상당히 많다고 했다. 이런 작품은 그것을 대하는 타 문명권의 사람에게 새로운 문화에 대한 호기심을 발동시킬 수 있는 특수성과 동시에 세계적 보편성을 획득하고 있다.

실제로 문화산업계 각 방면 종사자에게 경쟁력 있는 문화상품 개발을 위해 필요한 소재의 유형에 대해 설문조사를 했을 때 다음 〈표〉와 같은 결과가 도출된 바 있다.[73]

First Level	Second Level	Third Level	순위
소재의 속성차원	보편성	세계적 보편성을 지닌 우리문화원형소재	1
		세계보편적 문화원형 소재	5
		한류문화권역 문화원형 소재	8
		한국중심이고 중, 일 등이 상호연관되는 소재	6
	독창성	민족의 기개와 특성을 살린 소재	4
		미개발된 시대에 대한 소재	2
		실물이 없으나 복원 가능한 소재	9
	흥미성	교육/학습효과 증진형 소재	7
		오락, 재미가 우선인 소재	13
		산업적 트렌드에 맞춘 소재	12
소재의 개발방법 차원	장르 통합형	이야기 소재	3
		권위있는 원작	10
	장르 맞춤형	공, 통시적 분류에 따른 체계적 소재	11
		차별적 맞춤형 소재	14

73 한국문화콘텐츠진흥원, 『문화원형 창작소재 개발 중장기 로드맵 수립』(2006)에서 문화원형 콘텐츠 개발 방향에 대한 델파이 설문조사 및 FGI를 수행한 결과를 바탕으로 AHP 조사를 한 결과이다.

위의 통계는 설문 조사를 통해 우선 순위에 들어온 것을 추려서 다시 그 순위들 사이의 가중치를 따져본 AHP 분석 결과이다. 이를 보면 우리 문화의 특성을 반영하면서도 세계적 보편성을 지향하는 소재, 이야기 소재, 권위 있는 원작, 보다 기발한 우리의 전통적 소재 등이 가중치 상위 항목에 들어와 있다.

이 중 특별히 눈에 띄는 것은 이야기 소재, 권위 있는 원작이 우선 순위에 들어와 있다는 것이다. 많은 고전문학 연구자들이 그동안 수많은 이야기, 권위 있는 원작을 만들기 위해 싸워 왔다. 그러나 그러한 이야기, 권위 있다고 생각한 원작이 얼마나 많은 대중적 인지도를 얻었는가를 자문하면 할 말이 없어진다. 다소 심하게 말한다면, 아예 대중에게 선보일 체계적인 텍스트조차 갖추지 못하고 있는 형편이다.

따라서 섣불리 소재나 서사원형을 제공할 것이 아니라 장기적인 안목을 가지고 고전문학을 대중화시키는 일, 이야기를 분석하여 체계화시키는 일이 지금도 유효하다. 다시 말해 일정한 기준과 틀을 만들어 이에 적합한 소재를 선정하고 발굴하여 단계적이고 체계적인 라이브러리를 구축할 수 있도록 해야 할 것이다. 가령, 서사 구조를 유형적으로 체계화하여 이와 관련된 이야기나 화소를 연결시키는 라이브러리를 구축한다면 산업계에서의 반복 활용도는 매우 높을 것으로 추정된다.

한편 다음에 제시하는 조사 결과에서도 아시아 시장에서 한국 드라마의 성공은 이른바 한류 스타들의 인기에 힘입은 측면이 강하지만 한국 문화만의 독특함 역시 큰 기여를 했음을 알 수 있다. 특히 주목할 것은 미주나 유럽 등 아시아 시장을 제외하면 한국문화의 독특함이 가장 주요한 요인으로 파악되고 있다는 점이다.

〈한류콘텐츠 유형별 인기요인 – 드라마 분야〉

1순위(%)	아시아									미주			유럽				중동	아프리카
	아시아	중국	일본	대만	태국	말레이시아	인도네시아	인도	호주	미주	미국	브라질	유럽	프랑스	영국	러시아	UAE	남아공
Base	(4200)	(600)	(600)	(400)	(400)	(400)	(400)	(1000)	(400)	(1000)	(600)	(400)	(1200)	(400)	(400)	(400)	(400)	(400)
배우의외모가매력적	18.3	19.7	22.3	23.8	23.5	15.8	26.3	9.5	16.3	11.2	14.2	6.8	8.8	8.8	7.8	10.0	11.3	10.0
한국문화만의독특함	11.9	11.2	11.2	8.8	7.3	7.3	8.5	14.7	22.5	17.6	17.0	18.5	15.9	9.0	15.8	23.0	15.3	14.8
스토리가짜임새있고탄탄	12.9	4.8	14.7	16.0	24.5	15.3	18.8	10.3	6.3	13.0	10.3	17.0	9.6	7.5	8.5	12.8	11.5	9.0
흥미로운소재, 다양한분야를다루는내용	10.9	14.0	6.0	12.8	5.8	18.0	11.8	11.0	8.8	11.9	10.5	14.0	9.8	11.8	10.8	6.8	7.5	6.8
전통적요소와 현대적요소의결합	8.3	3.8	7.7	2.5	7.0	8.3	5.0	13.6	13.0	10.4	10.5	10.3	11.4	13.8	10.3	10.3	10.5	10.0

(『2016-2017 글로벌 한류실태조사』, 한국문화산업교류재단)

위의 조사 결과는 외국인을 대상으로 조사한 결과라는 점에서 특히 주목할 만하며, 앞의 〈표〉에서 제시한 AHP 조사 결과와 상당 부분 일치함을 보여준다고 할 것이다. 물론 한국적 특수성만 가진다고 성공이 보장되는 것은 아니다. 자칫 잘못하면 이로 인해 거부감을 불러올 수도 있다. 여기에서 필요한 것이 그러한 문화적 특수성이 세계가 인지할 수 있는 보편성을 바탕에 깔고 있는지의 여부이다.

문화의 새로운 패러다임에 접근하는 과정은 누구에게나 어려운 일이다. 특히 학문에 종사하는 사람에게 이 일은 너무나 힘겨운 일임에 틀림없다. 단순히 몸만 따라 가서 시스템에 맞춘다고 해결되는 것이 아니기 때문이다. 완전히 동떨어진 영역에 대한 공부를 해야 하고, 전혀 성격이 다른 장르의 문화들을 소화해야 한다. 때로는 산업 현장에 대한 직접 경험이 요구되기도 한다.

그럼에도 불구하고 풍부한 원천 자료와 그것을 해독할 수 있는 능력을 지니고 있다는 것은 우리가 가지고 있는 큰 장점이다. 문화산업과 연관된 새로운 연구를 한다고 해서 가장 기본적인 원전 해독력을 등한시하는 경우를 종종 본다. 원전을 꼼꼼하게 읽지 않고 대강 줄거리만 파악해서 다른 장르와 비교하는 경우가 여기에 해당한다. 이런 연구는 사실 소모적인 연구일 뿐이다. 문화산업을 표방하지 않더라도 원전이라는 기본에 충실한 연구가 문화산업에 훨씬 도움이 될 수 있음을 명심해야 한다. 따라서 우리는 새로운 미학에 대한 천착과 더불어 원전에 대한 친밀도를 계속 유지하는 두 가지 일을 병행해야만 할 것이다.

문화산업은 속성 상 교환가치와 사용가치를 동시에 추구해야만 성공할 수 있다. 따라서 우리가 문화산업과 연간을 가진다면 그 일은 경제적 부가가치를 성사시키는 목적이 아니라 한국적 문화의 아이콘을 정립하기 위한 큰 작업의 일환이라고 생각할 필요가 있다.

영화 〈왕의 남자〉는 사극은 성공할 수 없다는 영화계의 오래된 논리를 파괴한 작품이다. 좀처럼 보기 힘들었던 판타지 드라마 〈도깨비〉의 성공, 판소리로 무장한 이날치 밴드의 등장, 서사무가를 배면에 깔고 있는 웹툰과 영화 〈신과 함께〉 등의 흥행 성공은 고전문학의 성공 가능성을 예고하는 것이라 해도 과언이 아니다. 이러한 분위기 덕에 우리 전통 문화에 대한 대중들의 높아진 관심도 전에 없이 높아졌다. 사실 역사와 관련된 대중적 저작들이 많이 출판되었다. 그리고 대중에게 상당한 호응을 얻고 있다. 이에 보다 재미있고 친숙한 글쓰기를 통해 고전문학의 경쟁력을 키운다면 그것이 곧바로 한국의 문화산업이 발전할 수 있는 자양이 될 수 있을 것이다.

이론의 적용과 응용 Ⅲ

1. 드라마와 비교

1) 〈별에서 온 그대〉와 〈도깨비〉

☑ **이원적 구조의 성립**

고전소설이 이원적 구조를 근간하고 있다는 것은 주지의 사실이다. 천상과 지상의 시 · 공간적 구도가 뚜렷하게 설정되어 있으며, 이 둘의 관계가 이야기를 이끌어가는 주요한 원리로 작용한다. 이에 고전소설이 지니고 있는 천상과 지상의 이원적 구조가 현대의 TV드라마에서 어떤 양상으로 나타나는지를 살펴보는 일은 상당히 흥미롭다. 이러한 분석을 통해 고전소설의 이원적 구조를 새로운 시각에서 이해할 수 있는 실마리를 얻을 수 있을 것이며, 조선시대 정서구조의 한 축으로 이해되는 이원적 구조가 현대에 어떤 영향을 미치고 있는지를 탐색해 볼 수 있을 것이다.

고전소설의 이원적 구조를 바탕에 두고 있는 TV드라마 중에는 새로운 한류, 혹은 한류의 확장으로 평가될 정도로 문화산업 분야에서 큰 성공을 거둔 작품들이 있다. 그 대표적인 작품으로 〈별에서 온 그대〉[1]와 〈도깨비〉[2]를 거론할 수 있다.

고전소설 이원적 구조는 적강 모티프를 통해서 시작한다. 천상의 인물인 주인공은 죄를 짓고 지상으로 내려오면서 천상 존재이자 인간이라는 이중성을 획득하게 되고, 이 주인공의 삶은 하늘이 정한 운명에 따라 움직이게 된다. 주인공의 천상 신분이 강조되면 그만큼 작품은 환상성을 많이 지니게 되며, 그렇지 않은 경우는 현실성을 많이 지니게 된다. 전자의 대표적인 작품 중의 하나가 「숙향전」이라 할 수 있고, 후자의 대표를 판소리계 소설이라 할 수 있다. 물론 작품의 환상성이 강

1 SBS 수목드라마, 2013.12.18.~2014.02.27. 방영(21부작), 이하 〈별그대〉로 지칭함.
2 tvN 금토드라마, 2016.12.02.~2017.01.21. 방영(16부작)

조된다고 해서 그 주제적 의미마저 희석된다는 것은 아니다. 오히려 환상성을 통해 작품의 주제가 더욱 심화되기도 한다.[3]

주인공은 적강한 존재이기 때문에 지상에서의 삶을 끝내면 다시 천상으로 복귀한다. 소설의 후반부에 자주 사용되는 '백일승천' 모티프가 그것이다. 또한 천상의 신분을 지니고 있기 때문에 지상의 삶을 살면서도 위기가 닥칠 때마다 천상의 도움을 받는다. 「사씨남정기」의 '묘혜대사', 「조웅전」의 '월경대사', '철관도사' 등은 주인공의 조력자로 잘 알려져 있다. 특히 「숙향전」에서는 천상의 존재인 마고할미가 천태산 아래에서 주막을 차려 놓고 장사를 하면서 위기에 처한 숙향을 돕기도 한다. 이 조력자들은 평범한 도사이거나 노승의 모습으로 등장하지만 결정적인 대목에서는 하늘의 뜻을 받아 행동하는 이인의 성격을 지닌다.

드라마 〈별그대〉에서 이와 유사한 장면을 떠올릴 수 있다.

> 조선왕조실록 광해 1년 20권 9월 25일 기록(필자 주: 책 화면). 간성군과 원주목 강릉부와 춘천부의 하늘에 세숫대야처럼 생긴 둥글고 빛나는 물체가 나타났다.(필자 주: UFO가 떨어지는 화면) 그것은 매우 크고 빠르기는 화살 같았다. 우레 소리를 내며 천지를 진동시키다가 불꽃과 함께 사라졌는데 이때 하늘은 청명하고 사방에는 한 점의 구름도 없었다.[4]

이 드라마가 시작하는 첫 장면이다. UFO가 하늘에서 떨어지고, 그 UFO에서 드라마의 주인공이자 외계인인 '도민준'이 등장한다.[5] 다른 세계에서 온 존재이기 때문에 외계인을 고전소설에 등장하는 적강한 인물로 해석할 수도 있겠지만, 도민준은 고전소설의 인물과는 차이가

---

3 이에 대해서는 이 책의 II부 1장에서 자세하게 논했다.

4 〈별에서 온 그대〉 1회, 화면 자막.

5 도민준은 지구 탐사 목적으로 내려왔다가 일행을 놓쳐 지구에 머물게 된다.

있다. 고전소설에서 적강한 인물은 천상이 부여한 신분적 고귀함과 영웅적 능력을 가지고 있지만, 「구운몽」의 양소유가 '성진'이라는 천상의 존재를 잊어버린 것처럼 대개 천상에서의 기억은 가지고 있지 않다. 그러나 도민준은 지구에 온 후 400년이란 시간을 연속적으로 살면서 그 동안의 기억을 간직하는 인물이다.

〈별그대〉는 외계인인 도민준과 유명하지만 푼수끼가 다분한 천송이의 사랑을 그리고 있는 드라마이다. 도민준은 지구의 시간을 멈출 수 있고, 슈퍼맨과 같은 힘을 지닌 능력자이다. 그리고 지구인들이 먹은 흔적이 있는 음식은 입에도 대지 않는다. 지구에서 살아가기 위해 자신의 능력을 숨겨야 하고 음식을 같이 먹지 않아야 하기 때문에 철저하게 외톨이로 살아간다. 그러던 중 도민준은 천송이를 알게 되고 처음에는 멀리했으나 여러 가지 사건을 계기로 가까워지면서 그녀가 위기에 처할 때마다 자신의 능력을 발휘하여 천송이를 구해준다.

도민준은 고전소설에서의 조력자인 이인의 역할을 겸하고 있는 셈이다. 다시 말해 조력자인 이인이 남자 주인공으로 설정되어 있는 것이다. 그렇다면 여자 주인공인 천송이가 그러한 조력을 받을 신분적 고귀함이 뒷받침되어 있어야 하지만 실상은 그렇지 않다. 천송이에게서 신분적 고귀함은 전혀 발견할 수 없다. 오히려 주변의 시기와 비난을 받는 무식하지만 도도한 여배우의 성격을 시종 유지하고 있다.

도민준이 숨겼던 능력을 발휘하여 이러한 천송이를 곁에서 지켜주는 이유는 그녀와의 전생 인연이 작용했기 때문이다. 천송이의 전생은 양반집 딸 '이화'였고, 초례를 치른 후 시가로 가기도 전에 남편을 잃은 비운의 여성이었다. 이후 이화는 시가와 친정에서 남편을 따라 죽은 열녀가 되라는 강요로 죽을 위기에 처하는데, 이 때 도민준의 도움으로 살아나 두 사람은 함께 도망친다. 그러나 죽어 열녀가 된 것으로 알려진 이화가 살아있다는 것을 알게 된 관군들이 이화와 도민준을 쫓고 이화는 도민준 대신 관군이 쏜 화살을 맞고 죽는다. 이 전생 인연이 현재에 이어진 것이다.

천송이는 전생을 전혀 기억하지 못하지만 도민준은 환생이 아니라 연속적 삶을 사는 외계인이기 때문에 고스란히 그 기억을 가지고 있다. 도민준과 천송이의 전생 인연을 확인시켜 주는 물건은 비녀이다. 이화는 도민준의 품에서 숨을 거두기 전 비녀를 건네며 "죽음 이후 어떤 세상에서도 나으리를 잊지 않을 것입니다"[6]라고 말한다. 현재에서 도민준은 전생을 기억하지 못하는 천송이에게 이 비녀를 보여주고 갑자기 슬픈 표정을 짓는 천송이를 보면서 이화의 환생이 천송이임을 확인하게 되는 것이다.[7]

〈별그대〉는 남자 주인공이 도민준은 UFO를 타고 내려온 외계인이

---

6 〈별에서 온 그대〉 6회

7 드라마 〈신의〉, 〈닥터 진〉, 〈명불허전〉에서는 전생과 현생이라는 뚜렷한 대칭 구조가 보이지 않는다. 과거와 현대의 시간여행으로 정도로 해석될 수 있다. 가야하는 과거가 굳이 고려나 조선시대일 필연적 이유가 없다. 과거와 현대를 이어주는 통로 역시 전생일 필요가 없이 어떤 신이한 계기만 설정하면 된다. 그렇기 때문에 남녀 주인공들의 인연 역시 운명적 필연에 의해서 이루어지는 것은 아니다. 〈명불허전〉에서 허임이 현대의 서울로 왔을 때 최연경을 만나지만 그와 최연경이 만나야 하는 이유는 둘 다 같은 상처를 가지고 있고, 먼저 시간 여행 경험을 한 허준과 최연경의 인연이 작용했기 때문이다. 최연경과 같이 마음의 상처를 지닌 사람은 이외에도 많이 있을 것이니 다른 여성 의사로 대체해도 문제는 없다. 이들 드라마는 이원적 구조라기보다는 시간여행, 타임 슬립형 이야기 구조라고 하는 것이 옳을 것이다.

기 때문에 하늘에서 내려온 존재이고, 지구인이 상상할 수 없는 초월적 능력을 지니고 있다. 여기에 여자 주인공 천송이의 전생 인연이 중첩되어 있다.[8] 따라서 이 드라마는 외계와 지구, 전생과 현생이라는 이원적 구조가 작용하고 있다고 할 것이다. 물론 남자 주인공은 적강한 존재가 아니며, 외계에서 지닌 능력을 고스란히 가지고 있다는 점에서 고전소설의 주인공과 차이가 있다.

〈별그대〉와 사정은 다르지만 이와 유사한 이원적 구조는 〈도깨비〉에서도 설정되어 있다. 〈도깨비〉는 900년 이상을 살면서 그 모든 기억을 다 지니고 사는 '도깨비'와 태어날 때부터 자신이 도깨비 신부라는 소리를 들은 지은탁의 사랑 이야기를 다룬 작품이다.

지상에서 영속적 삶을 사는 '도깨비'를 둘러싼 주변 관계는 온통 전생 인연으로 짜여 있으며, '도깨비'의 전생 인연이 여주인공 지은탁의 삶에 영향을 미치는 방식으로 이야기가 전개된다.

---

8 전생 모티프는 〈별그대〉뿐만 아니라 〈사임당, 빛의 일기〉에서도 등장한다. 〈사임당〉은 미술을 전공하는 대학 강사인 서지윤과 대학 교수인 민정학이 '금강산도'의 진위 여부를 둘러싸고 벌이는 사건을 다루고 있는 드라마이다. 서지윤은 '금강산도'의 진실을 밝히기 위해 노력하던 중 '수진방일기'를 발견하게 되고, 그것이 곧 전생에서 자신이 쓴 일기임을 어렴풋이 느껴간다. 〈별그대〉처럼 전생의 인연이 현생에도 이어지는 '전생-현생'의 이원적 구조는 아니지만 전생이 중요한 모티프로 작용하고 있다.

전생 신분	현대 신분
무관 김신	도깨비
김신의 누이 동생이자 왕비	써니(카페 주인)
고려시대 황제 왕유	저승사자
고려시대 간신 박중헌	원귀(冤鬼)

〈도깨비〉에 설정된 전생의 배경은 고려시대이다. 유약한 황제 왕유는 간신들의 횡포를 견디지 못하고 충신인 김신과 사랑했던 왕비마저 죽음에 이르게 한다. 억울하게 죽은 충성스러운 장군 김신은 칼에 피를 많이 묻힌 죄로 인해 죽지 못하고 모든 고통을 900년 이상 기억하며 살아야 하는 '도깨비'의 삶을 살게 된다. 유약한 왕 역시 저승사자의 삶을 사는 죄를 받게 되고, 간신 박중헌은 지옥에 가지 않고 원귀로 떠돌면서 '도깨비'와 주변 인물을 괴롭힌다. 환생한 존재들 중 전생의 삶을 기억하는 존재는 '도깨비'가 유일하며, '저승사자' 역시 자신의 전생을 기억하지 못한다. 다만, 고려시대 김신을 모셨던 하인 집안은 대대로 '도깨비'를 모시며 살고, 그 후손은 '도깨비'의 신분을 인지하고 있다.

'도깨비'가 전생을 기억하는 것은 죽지 않는 삶을 살았기 때문에 당연한 것이고, 다른 인물들이 전생을 기억하지 못하는 것은 〈별그대〉에서 천송이가 보여주는 모습과 일치한다. 그러나 '도깨비'와 지은탁의 만남이 본격적으로 이루어지면서 이들은 자신의 전생을 기억해내고 그로 인해 새로운 갈등이 시작된다는 점에서 〈별그대〉와 다르다. 써니는 '도깨비'가 자신의 오빠라는 것은 인식하고, '도깨비' 역시 써니가 전생의 동생이었다는 것을 인식하면서 이들은 전생의 오누이 관계를 애틋하게 이어간다. 특히 '도깨비'는 자신과 친분이 있던 '저승사자'가 그토록 원망했던 과거의 주군 왕유였음을 알고 괴로워하며, '저승사자' 역시 자신의 전생 신분을 알고 죄책감에 시달린다.

그런데 지은탁과 '도깨비'의 인연은 〈별그대〉와 달리 전생 인연으로 설정되어 있지 않다.[9] 이 인연은 신의 영역 혹은 하늘이 정한 운명 정도로 해석될 수 있을 것이다. '도깨비'가 자신의 신부라고 우기는 지은탁을 신부로 확신하는 순간은 지은탁이 자신이 가슴에 박혀 있는 칼을 인지하는 순간부터이다. 그 칼을 뽑아야 '도깨비'는 무(無)로 돌아가 고통의 기억에서 해방될 수 있고, 자신의 신부만이 그 칼을 뽑을 수 있다.[10] 그렇기 때문에 '도깨비'와 지은탁의 인연은 맺어지는 순간 사라져 버리는 역설을 안게 된다.

지은탁이 칼을 뽑고 '도깨비'가 사라지는 지은탁은 '도깨비'와 있었던 모든 일들을 잊게 되고, 이후 다시 '도깨비'가 나타나도 그를 인지하지 못한다. 도깨비 신부가 아니라 지상의 평범한 인간으로 돌아간 셈이다. 지은탁이 '도깨비'와의 인연을 다시 회복하는 순간 이번에는 지은탁이 사망함으로써 이들의 인연은 다시 끊어진다. 그러나 지은탁이 환생하여 '도깨비'를 찾게 됨으로써 인연이 회복된다.

처음의 인연이 전생으로 설정되지는 않았지만 만남과 헤어짐의 반복 후 찾은 안정적 만남의 계기가 전생으로 설정되어 있는 셈이다. 전생은 내세의 개념을 내포하고 있다. 물론 윤회의 사슬에서 벗어난다면 전생과 현생으로 끝이 나지만 그렇지 않을 경우 전생의 또다른 이름은 내세이다. 따라서 〈도깨비〉는 '도깨비'가 사는 초월계와 지은탁이 사는 현실계, '도깨비'가 살았던 과거 즉 인간의 전생과 현생의 이원적 구조가 복잡하게 전개되는 드라마로 볼 수 있다. 〈별그대〉에서는 외계인 도민준이 다시 외계로 돌아가기 때문에 천송이와의 인연은 현생으로 마무리된다.

---

9 대신에 써니와 '저승사자'의 인연은 전생 부부 관계의 연장으로 설정되어 있다.

10 〈별그대〉에서 비녀가 인연을 확인하는 신물(信物)이었다면 〈도깨비〉에서는 칼이 신물이다.

〈별그대〉와 〈도깨비〉, 그리고 고전소설에 등장하는 이원적인 구조를 정리하면 다음 표와 같다.

	고전소설	별그대	도깨비
주인공의 원래 신분	천상 존재	외계인	지상 인간
환생 동기	적강	일행을 놓침	도깨비로 사는 죄를 받음
현생 신분	사대부 자손	외계인	도깨비
결연	천정연	전생 인연	알 수 없는 운명
사후	천상 복귀	외계 행성 복귀	도깨비의 삶 지속 여성 주인공의 환생으로 재결합

이렇게 본다면 주인공의 원래 신분이 천상 존재라는 점에서는 고전소설과 〈별그대〉가 닮아있고, 신에게 득죄한다는 점에는 고전소설과 〈도깨비〉가 닮아있다. 이에 전생 공간 역시 〈별그대〉는 외계인 천상 공간이고 〈도깨비〉는 고려시대라는 지상 공간으로 차이가 있다. 고전소설의 주인공은 적강하여 인간이 되지만 〈별그대〉와 〈도깨비〉는 인간이 아니라는 점에서 차이가 있다. 특히 〈도깨비〉는 과거의 인간이 득죄하여 오히려 초월적 존재가 된다는 점에서 고전소설과 반대 방향의 서사를 보이고 있다.

고전소설의 이원적 구조를 천상과 지상, 초월과 현실의 이원성으로 정리할 수 있다면, 〈별그대〉와 〈도깨비〉는 초월과 현실, 역사적 과거(전생)와 일상적 현재(현생)의 이원성으로 설명할 수 있다. 따라서 고전소설과 드라마가 '초월-현실'의 이원성은 공유하면서도 '천상-지상', '전생-현생'의 이원성은 차이가 보인다. 고전소설의 주인공에게 천상이 곧 전생 공간일 수도 있겠지만 〈도깨비〉와 〈별그대〉에서 전생[11]은 역사적 공간이기 상당한 의미의 차이가 있다.

☑ **천상과 지상의 소통 방식**

고전소설에서 천상과 지상의 소통 양상은 매우 다양하다. 이때 소통 양상이라 함은 천상의 뜻이 지상에 전달되는 방식을 의미하는데, 대개 계시 혹은 암시의 방식을 통해 천상의 질서가 지상의 삶에 전달된다.

대개 고전소설에서 주인공의 천상 신분은 부모의 태몽을 통해 드러나고, 주인공의 운명에 대한 암시는 조력자에 의해 전달된다. 그런데 이런 소통 방식에는 한 가지 뚜렷한 특징이 발견된다.

> 이 ᄯᅩᄒᆞᆫ 셔쳔 영보산 쳥룡ᄉᆞ라 슈십년젼의 부쳐의 명을 밧ᄌᆞ와 샹공ᄃᆡᆨ의 간즉 금은 슈쳔냥을 시쥬ᄒᆞ시기로 이 졀을 즁슈ᄒᆞ고 발원ᄒᆞ여더니 셰존이 감동ᄒᆞ샤 샹공을 지시ᄒᆞ시미오 ᄯᅩᄒᆞᆫ 샹공이 쇼승과 오년 년분이 이시니 념녀마르쇼셔 ᄉᆡᆼ이 이 말을 듯고 일희일비ᄒᆞ여 머믈며 노승으로 더부러 병셔와 혹 경문을 강논ᄒᆞ니[12]

위의 인용은 「소대성전」에서 소대성이 장모의 박해를 받아 떠돌던 중 노승을 만나 서천 영보산의 청룡사에서 기거하는 장면이다. 노승은 소대성의 부친이 기자치성(祈子致誠)을 위해 시주한 스님으로, 세존의 뜻 즉 천상의 뜻을 소대성에게 전달하고 있다. 노승은 천상의 계시를 인지하고 있을 뿐더러 대성에게 잠재된 영웅적 능력을 발현하게 해주는 조력자이자 이인이다.

적강 존재인 주인공은 자신의 운명을 스스로 인지하지 못하지만 조력자나 꿈을 통해 향후 다가올 상황에 대한 계시를 받고 그에 따라 행동한다. 인용문에서 노승은 소대성이 자기와 더불어 5년 동안 같이 지

---

11 남자 주인공에게 전생이 아니라 아득한 과거이다.

12 경판본 『소대성전』

낼 운명임을 알려주고, 소대성은 의심하지 않고 노승과 함께 지내며 병서를 익히는 것이 그것이다. 그리고 이것은 노승의 말이지만 사실은 세존이 지배하는 하늘의 뜻을 대신 전하는 것이다. 뿐만 아니라 다른 작품에서는 꿈을 통해 죽은 부친이 나타나기도 하고, 「최척전」과 같은 장육불이 나타나서 천상의 뜻을 알려주기도 한다.

이렇게 고전소설에서는 천상의 지배자로 설정되는 세존이나 옥황상제가 직접 나타나 주인공과 소통하며 자신의 뜻을 전하지 않는다. 「소대성전」에서 보았듯이 이인이나 현몽이라는 간접적인 장치를 통해 천상의 질서가 전해지는 것이다. 그리고 간접적인 방식으로 전해진 이들의 뜻은 의심의 여지가 없는 운명으로 인식된다.

이원적 구조를 보이는 드라마에서도 초월계와 현실계의 간접적 소통이 발견된다. 〈도깨비〉에서 지은탁은 누구보다 기구한 삶을 산다. 자신을 임신한 어머니가 갑작스러운 사고를 당해 태어나기도 전부터 죽을 위기를 겪으며, 표독한 이모 가족에 의해 갖은 멸시와 구박을 받는다. 이런 지은탁에게는 가끔 찾아와서 위안을 주는 존재인 '삼신할미'가 있다. '삼신할미'는 때로는 할머니의 모습으로, 때로는 젊은 여성의 모습으로 등장하여 지은탁을 보살피는 한편, 다른 사람에게 한 번씩 운명적 예언을 던지기도 한다. 또 '삼신할미'는 지은탁의 어머니가 사고를 당해 사망하기 전에 나타나 죽을 순간이 오면 어떤 신에게 간절하게 살려달라는 애원을 해보라고 조언한다. 그리고 죽은 지은탁의 어머니는 삼신할미에게 가끔 불쌍한 딸을 찾아달라고 부탁한다. 이렇게 적극적이지는 않지만 가끔 지은탁의 삶에 조력자로 개입하는 '삼신할미'는 「숙향전」에서 주막의 주인으로 행세하며 숙향을 구원하는 '마고할미'와 상당히 흡사하다.

그런데 〈도깨비〉에서 지은탁의 고난을 직접적으로 해결하는 조력자는 주인공이자 초월적 존재인 '도깨비'이다. 〈별그대〉에서 천송이의 조력자로 외계인 도민준이 설정된 것과 동일하다. 〈별그대〉의 도민준은 외계인이기 때문에 예지 능력은 없으며, '도깨비'는 예지 능력을 가지고 있지만 지은탁의 운명은 읽지 못한다. 또한 '도깨비'는 지은탁의 삶 외에는 인간 세상의 일에 개입하지 않는다는 원칙을 지키며 살아간다.

고전소설과 드라마는 모두 주인공이 시련을 겪을 때 이들을 돕는 초월적 존재가 등장한다는 공통점을 지닌다. 그러나 고전소설에서는 남녀 주인공의 시련을 다른 조력자의 등장을 통해 극복하는 반면, 드라마는 주인공 자신이 조력자를 겸하고 있으며, 다른 조력자의 역할은 적극적이지 않다는 차이를 보인다.

고전소설에서 조력자의 설정은 역설적으로 주인공의 시련을 극한까지 몰고 가는 서사적 장치가 되기도 한다.[13] 시련의 극한은 결국 죽음인데 주인공의 죽음은 소설의 결말을 의미하므로, 이를 막기 위해 주인공을 다시 생존시킬 소설적 장치가 필요하다. 현대 드라마의 경우는 의학적 모티프를 설정할 수도 있겠지만 고전소설에서는 조력자가 있기 때문에 죽음의 위기를 마음껏 설정할 수 있다. 주인공이 죽을 위기에 처하면 조력자가 나타나 구해주거나, 위기가 닥치기 전에 등장하여 위험을 알려주고 피할 방법을 알려주는 것이다. 그리고 '이 또한 인간 세상에서 겪을 액운'이라거나 '인간 세상에서 잠시 피할 계기' 등의 천상의 논리가 뒤따르면 된다. 그리고 이 특별한 조력자의 설정으로 인해 천상과 지상의 고전소설의 이원적 구조는 더욱 견고해진다.

그런데 고전소설에서 주인공이 이런 조력자를 만나는 공간은 위에서 인용한 「소대성전」의 '영보산'과 같이 흔히 산으로 설정된다. 이 산은 실

13 이 때문에 고전소설에서 주인공이 시련을 당하고 극복하는 과정은 마치 막장 드라마를 보는 듯한 느낌이 들 때도 있다. 홍희복이 『제일기언』 서문에서 "환로의 풍파를 만ᄂᆞ 만리의 귀향가고 일죠의 형벌을 당ᄒᆞ다가 ᄆᆞᄎᆞᆷᄂᆡ 신원설치 ᄒᆞ거ᄂᆞ 그 환란고초를 말ᄒᆞ미 부ᄃᆡ 죽기에 니르도록ᄒᆞ고 그 신통긔이ᄒᆞᆫ 바를 말ᄒᆞ면 필경 부쳐와 귀신을 일커를 ᄲᅮᆫ이니"라고 한 이유도 이와 비슷한 맥락에서 이해될 수 있다.

제로 존재하는 지상의 산이지만 지상과 떨어진 초월적 공간이기도 하다.

> 이고슨 션경이라 셰ᄉᆞᆼ을 모도 잇고 일신이 무량ᄒᆞᆫ지라 이후로ᄂᆞᆫ 노승과 ᄒᆞᆫ가지로 병서도 잠심ᄒᆞ고 불경도 학논ᄒᆞ니라 잇ᄃᆡ의 ᄃᆡ명천지 무가ᄀᆡᆨ이오 광덕산즁 유발승이라 본신이 천상 ᄉᆞ름으로 생불을 만낫스니 기이ᄒᆞᆫ 술법을 가르치고 천지일월성신이며 천ᄒᆞ명산 신령더리 모도다 흡역ᄒᆞ니 그 ᄌᆡ됴와 영민ᄒᆞ믈 뉘라셔 당ᄒᆞ리요 쥬야로 공부ᄒᆞ더라[14]

「유충렬전」에서는 이러한 공간을 '선경'이라고 지칭하고 있다. 유충렬은 이 선경 속에서 은거하다가 속세에 변고가 났을 때 하늘의 계시에 따라 내려가서 세상의 위기를 구출한다. 이처럼 고전소설에서 설정되는 초월적 공간은 천상으로 설정되는 것이 아니라 지상의 어느 한 공간으로 설정된다. 「박씨전」에서도 이시백의 부친이 이시백의 혼인을 위해 박 처사를 찾아 가는 곳은 금강산이다. 우리에게 익숙한 현실 공간으로서의 금강산이지만 작품에서는 초월적 성격을 지니는 공간으로 묘사하고 있다.

이러한 공간을 두고 '현실계 경계공간'이라고 지칭할 수도 있을 것이다.[15] 조재현은 이 공간 속에서는 지상의 "객관적인 거리나 시간은 경계 공간에 속한 존재와 조우한 순간 사라지게 된다"고 해석한다.[16] 그렇다고 이 경계공간이 천상과 지상을 이어주는 관문이나 통로의 구실을 하는 것은 아니다.

여기에서 주목할 것은 천상과 지상의 소통을 위해 이러한 경계 공간

---

14 완판본 『유충렬전』

15 이에 대해서는 조재현, 「고전소설에 나타난 환상계 연구」, 국민대학교 박사학위논문, 2005, 91면.

16 위의 책, 같은 곳.

을 설정한 이유이다. 앞에서 지적했듯이 고전소설은 어떤 매개를 통해 천상의 뜻이 전달된다. 꿈이나 경계공간을 통해 천상의 존재와 만난다.[17] 주인공이 직접 천상으로 이동하거나 신이 직접 지상에 현현하는 모습은 좀처럼 찾아보기 힘들다. 이것은 결국 천상이라는 공간에 대한 당대인들의 인식이 작용한 결과로 해석된다. 천상은 범접할 수 없는 곳이라는 경외심과 동시에 현실에서 천상과 소통하고자 하는 열망이 동시에 작용한 것이다. 천상의 존재는 항상 지상에 개입할 수 있지만 인간은 천상에 도달할 수 없기 때문에 현실 공간을 경계 공간으로 설정하여 이러한 열망을 실현하고자 했다고 볼 수 있다.

그러나 드라마에서는 주인공이 시련을 당할 때 이들을 도와주는 조력자가 다른 존재가 아닌 남자주인공이다. 〈별그대〉의 도민준, 〈도깨비〉의 '도깨비'는 적강한 존재는 아니지만 초월적 존재이고 신이한 능력을 가졌기에 다른 조력자의 도움 없이 스스로의 능력으로 자신들에게 닥친 시련을 극복해 간다. 그리고 이렇게 다른 조력자의 존재가 없기 때문에 드라마에서는 조력자를 만나야 하는 경계 공간도 없다.

〈도깨비〉에서 지은탁은 아무런 거리낌 없이 귀신을 보고 귀신과 대화한다. 심지어는 자기 눈앞에 나타난 어머니가 귀신인 줄도 모르고, 귀신임을 알고 난 뒤에는 귀신을 볼 수 있음을 다행스럽게 여기기도 한다. 지은탁과 조력자이자 남자 주인공인 '도깨비'와의 일상적 만남은 너무나 자연스럽게 묘사되고 있다. '저승사자'는 드라이클리닝 전용 모자를 쓰면 사람들이 알아보지 못하고, 모자가 없으면 인간에게 '인간'으로 인식된다.

〈도깨비〉의 이런 모습은 마치 「만복사저포기」의 인귀교환(人鬼交換) 모

---

17 물론 조력자 등의 초월적 존재가 직접 현실 공간에 나타나지 않는 것은 아니지만 이와는 별도로 경계 공간이 설정되어 있다는 것은 고전소설의 특징이라 할 것이다.

티프를 보는 듯하다. 주지하듯이 「만복사저포기」는 비록 인간과 귀신의 사랑을 다루는 작품이지만 이원적 구조가 드러나지 않는다. 여기에서는 전기소설 주인공의 특징이라고 할 만한 고독한 주인공이 설정되고[18], 이 고독한 주인공의 외로움의 정도가 귀신이라도 용납할 만큼 깊었던 것이다. 기구한 삶을 사는 지은탁과 900년 이상을 아픈 기억의 고통을 안고 외롭게 사는 '도깨비'의 처지가 이에 비견할 만하다.

이렇게 경계 공간이 없기 때문에 〈도깨비〉는 초월계와의 소통도 고전소설과 달리 직접적 방식으로 이루어진다. 지은탁에게 '도깨비'와의 소통은 성냥, 라이터, 촛불 등의 불만 불어서 끄면 간단하게 이루어지는 소환의 방식을 통해 이루어진다. 〈별그대〉에서 도민준과 천송이와의 만남 역시 직접적이다. 따라서 고전소설은 간접 소통을 통한 천상의 운명을 절대적인 것으로 인식하고, 드라마는 비록 직접 소통이지만 그것을 의심하는 역설을 보여준다고 할 것이다.

☑ 수직적 이원성과 수평적 이원성

고전소설은 이원적 구조가 강화될수록 천상의 운명이 절대적 위상을 가지고 등장하며, 그만큼 현실성보다는 낭만성이 강화된다.[19] 다른 한편으로 본다면 이 이원적 구조의 강화를 통해 작품의 자체의 갈등 구도 역시 더욱 선명하게 부각된다.

영웅소설의 경우, 「홍길동전」은 홍길동의 도술 등에 의해 환상적 장면이 부각되지만 홍길동의 운명을 직접 좌우하는 천상계의 모습은 뚜렷하게 설정되어 있지 않다.[20] 그렇기 때문에 「홍길동전」은 천상과 지상의 이원적 구조가 상당히 흐려져 있다. 반면에 「소대성전」은 적강 모

---

18 박희병, 『한국 전기소설의 미학』, 돌베개, 1997, 56~62면 참조.

19 박일용, 「유충렬전의 서사구조와 소설사적 의미재론」, 『고전문학연구』 8집, 1993 참조.

20 이에 대해서는 조동일, 『한국소설의 이론』, 지식산업사, 1977, 218~270면 참조.

티프와 이인의 등장, 경계 공간의 설정 등으로 인해 이원적 구조가 뚜렷하게 드러나고, 「유충렬전」은 이원적 구조의 정점을 보여준다. 「유충렬전」에서는 대장성과 익성이 벌인 천상에서의 갈등이 유충렬과 정한담의 대결이라는 지상의 갈등으로 연결되고, 아예 작품 서두에서 유충렬의 미래 운명이 예고되는 등 지상의 삶은 천상의 질서에 의해 완벽하게 지배당한다.

이런 이원적 구조의 지배를 받는 주인공은 적어도 지상에서의 일상은 평범한 인간에 가깝다. 고난의 순간에는 항상 조력자나 천상의 계시가 개입하기 때문이다. 이 천상의 계시를 통해 주인공의 고난이 극복될 뿐이지 정작 주인공 스스로 그 고난을 헤쳐 나가지는 않는다. 이 경우 주인공의 지상에서의 삶은 훨씬 고통스럽게 설정된다. 그리고 독자들은 이원적 구조가 견고한 소설을 읽으면서 주인공의 고난이 천상의 운명에 의해 극적으로 극복되는 장면에서 흥미를 느꼈을 것이다.

고전소설의 이러한 이원적 구조는 (가)와 같은 그림으로 나타낼 수 있다.

(가)

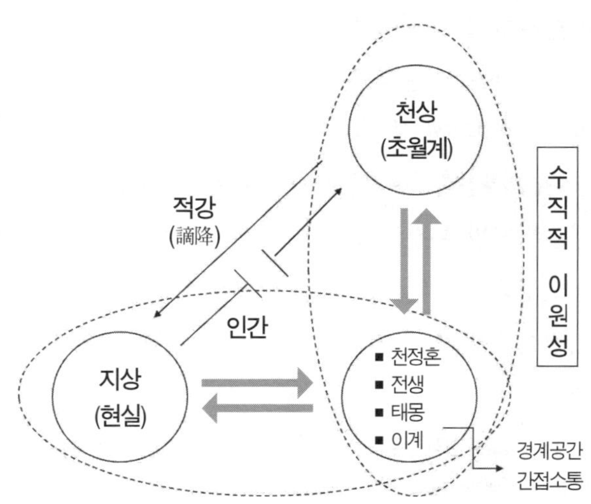

고전소설에서 설정되는 초월적 공간은 천상일 수도 있고, 용궁과 같은 지하계일 수도 있다. 그러나 그 공간이 천상이건 지하이건 여기에는 특별한 의미를 부여할 필요가 없다. 다만 그 공간에 대해서는 감히 접근할 수 없는 절대적 공간이라 생각하는 사고의 방식을 수직적이라고 할 수 있을 것이다.

고전소설의 천상 공간에 대한 의미에 대해서는 「숙향전」에 대한 연구에서 심도 있게 거론되었다. 정종진은 "숙향전의 서사구조는 숙향의 천상적 자아회복의 서사구조", "주체적으로는 천상적 질서의 회복 구조이며 천상적 질서의 이탈과 재편입의 과정"을 담고 있다고 했고[21], 김수연은 「숙향전」의 환상 세계가 현실에 대한 전망을 제시하려는 대안공간의 성격을 지닌다고 했다.[22] 결국 고전소설이 보여주는 천상 혹은 초월적 공간은 지상의 현실에서는 구현될 수 없는 신성한 의미를 지니고 있는 곳이다.

이에 고전소설의 이원적 구조를 수직적 이원성의 성격을 지닌다는 해석이 가능하다. 바로 이 수직적 이원성으로 인해 경계공간의 설정이나 조력자 등을 통한 간접 소통이 필요했다. 또한 고전소설은 경계공간을 현실의 연장선에 있는 공간으로 설정함으로써 수직적 이원성을 수평적으로 형상화하려는 모습을 보인다.

이와 같은 수직적 이원성은 천상과 지상의 관계를 시간의 개념이 아니라 공간의 개념으로 인식하게 만든다. 천상에서의 삶은 적어도 주인공에게 있어서는 전생이자 아득한 과거이지만 시간적 계기성은 전혀 주어지지 않는다. 천상과 지상은 역사적 시간으로는 연결될 수 없는 완전히 다른 공간이다.

---

21 정종진, 「「숙향전」 서사구조의 양식적 특성과 세계관」, 『한국고전연구』 7집, 2001, 206~229면.

22 김수연, 「소통과 치유를 꿈꾸는 상상력, 「숙향전」」, 『한국고전연구』 23집, 2011, 447면.

반면 드라마에서 설정되는 이원적 구조는 공간성보다는 시간성을 더 뚜렷하게 지닌다. 이는 (나)와 같은 도식으로 표현될 수 있다.

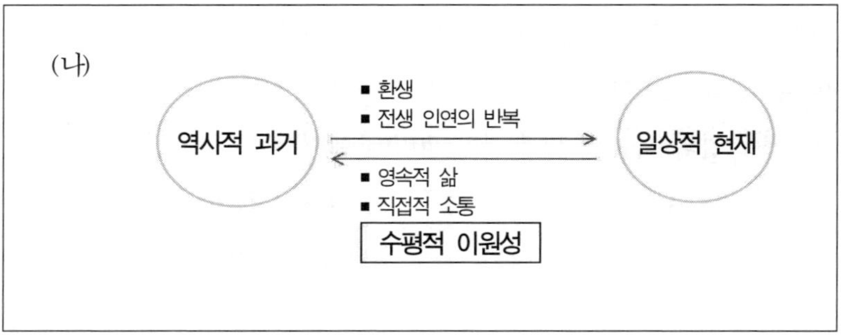

드라마에서 외계인 '도민준'과 '도깨비'는 각각 400년, 900년 이상을 연속해서 살면서 역사적 현실에 대한 기억들을 고스란히 간직한 존재이다. 도민준이 이화의 환생인 천송이를 바로 인지하지 못하는 것은 이화와 천송이가 서로 다른 삶을 살기 때문이다. '도깨비' 역시 환생한 누이동생 써니를 인지하지 못하는 이유도 이와 같다. 그러나 이들은 이들의 전생을 인지함으로써 과거의 인연을 현재에서 이어 나간다. 다만 현재는 이미 변해 버렸기 때문에 과거와 동일한 관계를 회복하는 것은 아니다. '도깨비'와 지은탁의 인연은 전생 인연으로 맺어지지는 않았지만 다시 내세에서 그 관계를 이어 나간다.

고전소설에서는 시간적 계기성이 아니라 공간적 대응 아니면 구조적 반복이 일어나지만 드라마에서는 구체적 역사 위에서 과거와 현재의 대칭 구조가 일어나며, 구조적 반복이 아니라 시간적 계기성이 주어지고 있다. 이를 두고 드라마에서의 이원적 구조를 과거와 현재의 시간에 지배되는 수평적 이원성으로 지칭할 수 있을 것이다.

수평적 이원성 속에서는 과거가 아무리 오래된 전생이라 할지라도 기억을 통해서 인지된다. 특히 도민준과 '도깨비'는 그 시간을 연속적으로 살고 있다. 이런 수평적 이원성 속에서 갖은 초월적 모습이 설정되어 있다. 그렇기 때문에 고전소설과는 달리 수평적 이원성을 오히려 수직적으로 형상화하려는 의도가 자리잡고 있다고 할 수 있다.

이를 두고 이원적 구조가 아니라 「홍길동전」이나 「만복사저포기」와 같은 일원적 구조로 해석할 수도 있을 것이다. 그러나 이들 드라마는 온전한 현실주의적 인식으로 진행되지는 않는다. 지상의 삶에 대한 인간의 의지를 드러내면서도 전생과 신, 초월적 운명 또한 강하게 인정하고 있기 때문이다. 〈도깨비〉에서 지은탁은 죽을 운명이었으나 '도깨비'의 개입으로 삶이 연장된다. 지은탁은 저승명부에 '기타누락자'라는 이름으로 올라가 있으며 항상 죽음의 위기를 안고 사는 운명이다. 지은탁은 29세 되던 해 결국 사망한다. 물론 이 죽음은 자신이 다른 생명을 구하기 위해 희생한 것이지만 죽을 운명이었다는 전제를 확인시켜주는 사건이다.

〈별그대〉나 〈도깨비〉와는 사정이 다르지만 드라마 〈아랑사또전〉은 고전소설의 이원적 구조를 완벽하게 가지고 있는 드라마이다. 이 드라마는 우리에게 익숙한 '아랑전설'을 기반으로 만들어졌지만 설화보다는 오히려 소설적 구조에 더 가깝다. 옥황상제와 염라대왕이 인간의 세상에 대해 포석을 하고, 이들의 포석에 따라 인간의 삶이 결정되는 수직적 이원성을 설정하고 있기 때문이다.[23] 그러나 〈아랑사또전〉 역시 세밀하게 들여다보면 고전소설의 이원성보다 〈도깨비〉의 이원성에 더 가깝다는 것을 알 수 있다.

염라대왕은 옥황상제와의 바둑 내기에서 패배하자 억울한 비명을 지른다. 결국 자신의 뜻대로 세상이 정리되지 않았다는 것이다. 이에 옥황상제는 "염라는 너무 계산적으로 따지는 게 문제야, 세상은 계산대로 되지 않는 것이 얼마나 많은데"라고 한다. 이것은 사실 옥황상제의 입에서는 나오지 말았어야 할 말이다. 신의 섭리에 따라 움직이는 것이 인간 세상이라는 운명론적 논리를 그대로 부정하는 말이기 때문이다.

또한 '아랑전설'에서 아랑은 자신의 억울한 죽음에 대한 신원설치(伸冤雪恥)를 위해서 사또를 찾는다. 드라마에서는 자신이 누구인지 모르기 때문에 자신의 정체를 찾기 위해서 사또를 찾는다. 그런데 아랑이 죽은 이유는 자살이었다. 전설에서의 억울한 죽음이 드라마에서는 자살로 바뀌어 있다. 그리고는 자신의 기억상실이 '이게 다 옥황상제 영감탱이 짓이야'라고 하며 옥황상제를 욕한다. 그런가 하면 아랑의 문제를 해결해 주는 밀양 사또 김은오는 자신의 삶이 옥황상제에 의해서 덤으로 주어진 것임을 인지한 순간 "시작은 당신이나 마무리는 나이다", "그것이 당신들의 유희인가", "신들은 공정해야 하는 것 아니오" 등등의 말을 하며 운명에 항거한다.[24]

〈아랑사또전〉은 어쩔 수 없이 천상의 질서에 끌려가지만 그로부터 벗어나기 위해 안간힘을 쓰는 귀신 아랑과 인간 김은오의 모습이 전면에 부각되어 있다.[25] 수직적 이원성을 고스란히 지니면서도 천상에 대

---

23 실제로 드라마에서는 옥황상제와 염라대왕이 바둑 대결을 펼치는 장면이 나오고, 바둑돌을 두는 순간 인간 세상의 일이 바뀐다.

24 김은오는 6세에 사망하는데 이때 옥황상제가 와서 살려 주고, 이후로부터 귀신을 보는 능력을 지니게 된다.

한 경외심이나 그 천상을 곁에 두고 싶은 열망보다는 지상을 택하려는 의지가 더욱더 강하게 보이는 작품이다. 「숙향전」의 천상이 현실의 대안 공간이라는 것과 비교하면 큰 차이가 있다.

이에 「유충렬전」과 같이 인간적 고난을 강조하지만 실상은 더 견고한 이원성을 보이는 것이 고전소설이라면 현대의 드라마는 초월계의 섭리를 강조하면서도 더 견고한 인간의 의지를 보인다는 특징을 읽을 수 있다.[26]

드라마가 지니고 있는 특징은 천상에 대한 우주론적 정서 구조가 체화되어 있지 않은 현대의 산물이기 때문에 가능했다고 판단한다. 고전소설은 천상에 대한 경외심과 천상과 소통하려는 간절한 염원이 경계 공간 등의 간접 소통 방식을 만들어냈다면 드라마는 오히려 그러한 의식이 결여되었기 때문에 역설적으로 직접 소통이 나타날 수 있었다.[27] 결국 이러한 인식으로 인해 공간성보다는 시간성이, 반복보다는 계기성이, 초월성보다는 현실성이 부각되는 수평적 이원성을 지니게 되었다고 할 수 있다.

---

25 나중에 염소로 환생하는 저승사자 무영 역시 존재 자체의 소멸이 구원이라고 여기며 살지만 '아무 욕망도 없는 천상'을 거부한다.

26 〈도깨비〉나 〈별그대〉 같은 드라마에서 초월과 현실이라는 이원적 구조를 삭제한다면 〈명불허전〉이나 〈신의〉와 같은 전형적인 타임 슬립 드라마가 되고 말았을 것이다.

27 초월계와의 직접 소통 양상은 서양의 뱀파이어 영화나 드라마에서도 종종 확인되는데, 어떻게 보면 신에 대한 현대인의 사고방식이 드라마의 세계관에 깔려 있는 결과로도 볼 수 것이다.

2) 〈솔약국집 아들들〉[28]

한국의 TV드라마는 시청 시간대에 따라 크게 네 종류로 나눌 수 있다. 아침드라마, 주중 드라마, 일일드라마, 주말드라마가 그것이다. 아침드라마는 대개 8시 30분부터 40여 분 정도 방영되기에 다른 드라마보다 한 회의 분량이 짧다. 자녀나 남편이 집을 떠난 이후 잠시 쉬는 틈을 이용해 시청하는 전형적인 전업 주부들을 대상으로 한 드라마이다. 따라서 수용자 계층이 가장 제한적인 드라마라고 할 수 있다. 주중 드라마는 월화 드라마, 수목 드라마 혹은 금토 드라마[29] 등으로 나뉘며, 대개 미니시리즈 형식의 드라마가 방영된다. 월화, 수목드라마는 9시 뉴스가 끝난 직후인 10시에서 11시까지 방영되기 때문에 다양한 계층이 시청할 수 있는 드라마이다. 바쁜 직장인들도 이 시간 즈음에는 귀가하기 때문에 비교적 젊은 계층까지도 시청자로 포섭하려는 속성을 지닌다. 다만, 미성년 시청자들이 보기에는 다소 부담스럽거나 선정적인 장면과 이야기가 부각된다는 점, 장년층이 보기에도 수긍할 수 없는 파격적인 사건이 설정된다는 점에서 전 연령층을 겨냥한 드라마라고 볼 수는 없다.

이에 반해 주말드라마는 대개 주말 9시를 전후로 1시간가량 방영된다. 가족들이 함께 모여서 볼 수 있는 주말 저녁 시간대인 만큼 주중 드라마에 비해 보다 폭넓은 계층을 한꺼번에 포섭할 필요가 있는 드라마이다. 온 가족이 함께 시청하는 만큼 한국 사회의 가장 보편적인 윤리와 관습의 테두리 속에서 드라마가 전개된다. 그리고 가족들이 가정 내에서 벌이는 이런저런 이야기들이 주로 다루어진다. 물론 가족 혹은

---

28 KBS2, 주말드라마, 2009.04.11.~2009.10.11. 방영(54부작).

29 금토 드라마는 비교적 최근 방영되기 시작했다.

혈연관계를 다루는 것은 비단 주말드라마가 아니라 우리나라 드라마 전체의 주된 특징이기도 하다. 그러나 주말드라마는 가족을 다루되 아침드라마처럼 관습적 윤리의 틀을 뛰어넘는 불륜 사건, 미니시리즈에서 자주 설정되는 파격적인 연애 이야기는 좀처럼 설정되지 않는다.

이러한 주말드라마와 조선시대 대하소설은 여러 가지 측면에서 비슷한 면모를 보여준다. 가정, 가문에 대한 이야기를 골자로 하고 있다는 점, 그 속에서 벌어지는 갈등과 음모가 결국은 지배적인 윤리의 범주 속에서 해결된다는 점, 남성의 심리보다는 여성의 심리가 보다 초점화되어 있다는 점 등이 그렇다. 게다가 주말드라마의 전개양상을 세밀하게 들여다보면 아주 구체적인 부분에서도 조선시대 대하소설과 상당한 유사성을 보여준다.

KBS2 채널에서 방영된 주말드라마 중에 〈솔약국집 아들들〉이란 드라마가 있다.[30] 제목이 말해주듯 이 드라마는 솔약국집이라는 특정 공간에서 가족 구성원들이 제각각 벌이는 사건을 중심으로 이야기가 전개되고 있다. 가족 구성원들이 벌이는 사건의 가짓수는 다양하지만 가장 중점을 두고 있는 사건은 혼인을 둘러싼 사건이다.

우선 이 드라마의 주요 인물과 사건을 그림으로 나타내면 다음과 같다.

---

30 방영 초기부터 꾸준한 시청률을 확보했으며 회를 거듭할수록 시청률이 높아지는 추세를 보였던 드라마이다. 특히 2009년 9월 26일, 27일 주말에는 마의 시청률이라고 하는 40%를 돌파한 바가 있다.

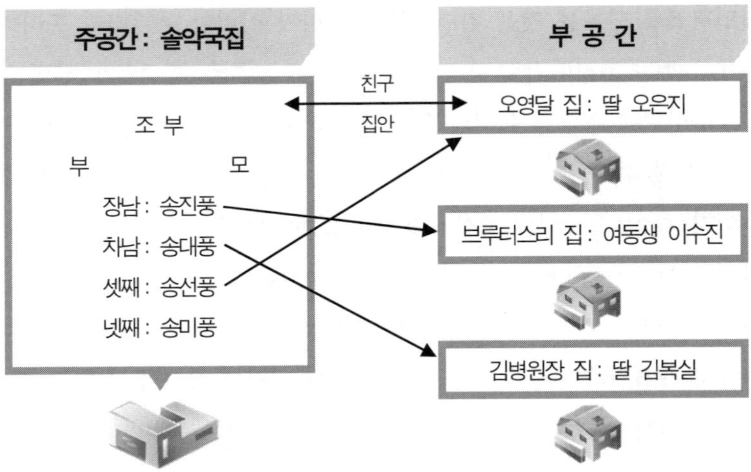

주인공 집안은 조부를 중심으로 모든 가족 구성원들이 한꺼번에 모여 사는 전형적인 대가족 형태로 설정되어 있다. 이웃집 브루터스리와 그의 아이들에게 한문을 가르치는 선비풍의 할아버지 송시열과 모나지 않고 매사를 무난하게 해결하려는 아버지 송광호와 그의 부인 배옥희 아래 4명의 아들들이 함께 살고 있다.

조부 송시열은 전형적인 가부장으로서의 면모를 보여주고 있다. 그의 말 한 마디에 모든 가족들은 절대 복종한다. 그는 시종일간 한 치의 흠도 보이지 않는 인품과 덕성의 소유자로 묘사되고 있다. 가족들이 그의 권위를 불편하게 여기지만 불만을 드러내지 않는 이유가 여기에 있다. 가문을 응집시키는 구심점이자 정신적인 지주로 할아버지 즉 조부가 설정된다는 점, 그러한 가장에 대해 아들과 손자들이 지극한 효를 보인다는 점 등에서 일단 대하소설의 가문 공간과 너무 흡사하다.

여기에서 핵을 이루는 이야기는 자녀들의 혼인이다. 가족이라는 공간 구성의 특성상 연애라는 남녀 주인공 개인의 문제가 모든 가족에게 공개되고, 이들의 혼인 여부가 초미의 관심사로 부각하고 있다. 이것은 주인공 집안의 문제만이 아니라 상대방 집안의 문제로까지 설정된다.

제일 먼저 혼인을 한 셋째 아들 송선풍의 경우는 혼인 상대인 여성 집안이 송광호의 오래된 친구이자 사소한 다툼으로 원한이 있는 오영달의 집안으로 설정되어 있다. 이로 인해 송선풍과 오은지의 혼인은 당사자의 문제가 아니라 집안과 집안의 문제로 비화되며, 양가 가장의 화해로 혼인이 성사된다. 송선풍의 혼인 이후 다른 형제들의 혼인 이야기가 순차적으로 펼쳐진다. 이 혼인 양상을 정리하면 다음과 같다.

구 분	혼인상대	방해요인
장남 송진풍	이수진	모친의 반대
차남 송대풍	김복실	당사자들의 성격 문제
셋째 송대풍	오은지	부친들의 불화

주인공 집안의 형제들을 복수주인공으로 설정하여 이들이 각기 다른 요인의 혼사 문제를 놓고 벌이는 사건으로 구성되는 것이 조선시대 대하소설이다. 〈솔약국집 아들들〉(이후 '솔약국집'으로 약칭함) 역시 특정 주인공이 없다. 솔약국집 형제들이 모두 주인공인 셈이다.

이것은 매회의 장면 구성을 보면 알 수 있는데, 매회마다 모든 형제들의 모습을 번갈아가며 보여준다. 만약 한 형제의 혼사 과정에 문제가 발생하고 그 혼인이 임박해지면 여기에 더 많은 시간을 할애한다. 그렇다고 나머지 형제들이 모습을 보여주지 않는 것은 아니다. 단지 비중이 줄어들 뿐이다. 이 규칙은 전 형제들에게 고르게 적용된다. 혼인을 한 후에는 혼인 후에 벌어지는 부부의 문제를 새로 만들어 보여준다. 따라서 이 드라마는 조선시대 대하소설의 복수주인공 구도의 이야기 설정 방식을 그대로 따르고 있다고 할 것이다.

〈솔약국집〉에서 혼인 이후가 아닌 혼인의 과정만 가지고 본다면 아무래도 장손인 송진풍과 차남 송대풍의 혼인이 가장 심각한 문제를 지니고 있다. 그만큼 이 둘의 문제가 보다 긴 시간을 가지고 다루어지고 있다. 가업을 물려받은 약사 송진풍의 상대역은 국제변호사인 이수진인데 이 둘 사이의 애정을 확인하는 데 걸린 시간도 시간이지만 혼인을 약속한 다음 벌어지는 집안 갈등이 예사롭지 않다. 어머니 배옥희가 이 혼사를 완강하게 거부하고, 이에 효자인 진풍은 내키지 않지만 어머니의 주선으로 선을 보고, 이후 이 여인을 만나면서부터 본격적인 갈등이 시작된다. 진풍은 결국 원래의 연인인 이수진과의 혼인을 다짐하고 어머니와 맞서는데 할아버지조차도 이 국면에서는 중재 역할을 하지 못한다. 어머니와 장남이 서로 밥을 먹지 않고 수일을 맞서게 된다. 결국 장남의 고집대로 혼사가 성사되지만 혼인 이후 또다시 고부 갈등이 불거지면서 새로운 갈등 국면이 형성된다.

차남의 혼인 이야기는 집안끼리의 문제는 상대적으로 적은 편이지만 남녀 당사자들의 개인적인 문제로 인해 사실 가장 긴 분량을 지니고 방영되었다. 호남아적인 성격을 지닌 송대풍은 자신의 애정을 잘 표현하지 못하고 항상 일방적인 태도로 간호사 김복실을 대한다. 상대에 대한 애정이 갑질과 유사한 놀림의 형태로 왜곡 표현된 것이다. 대풍을 사랑하지만 이런 대풍의 무례함을 견디지 못한 김복실이, 병원을 떠나 원래의 자기 신분인 의사이자 큰 대형병원 집안의 딸로서의 면모를 회복하면서부터 이 둘 사이의 태도가 역전된다. 오히려 대풍이 사랑을 하소연하고 김복실이 이를 거부하면서 둘의 자존심이 첨예하게 대립된다.

만약 조선시대에 존재했던 대하소설 독자가 이 드라마를 보아도 전혀 낯설게 여기지 않을 정도로 익숙한 사건들이다. 솔약국집 3형제는 혼인 과정에서 각각 부모의 반대, 남녀의 자존심 대결이라는 갈등 요인을 지니고 있다. 부모가 반대하는 경우는 다시 송진풍처럼 맏며느리의 한미한 집안에 대한 어머니의 반대, 남녀 당사자 아버지끼리의 원한과 남성 쪽 집안의 한미함에 대한 장모의 반대 등으로 구체화할 수 있다. 가난하고 능력 없어 보이는 사위에 대한 장모의 박대 이야기는 비단 대하소설뿐만 조선시대 소설 전반에 걸쳐 설정되는 대표적인 사건이다. 능력은 있지만 한미한 집안의 며느리에 대한 박대 이야기는 대하소설에 설정되는 중요한 사건이기도 한다.

게다가 송대풍과 김복실 사이의 자존심 대결 역시 대하소설의 전형적인 사건이다. 처음에는 남성이 여성을 박대하고 나중에는 여성이 남성을 꺼리는 이 이야기는 마치 「현씨양웅쌍린기」의 현수문과 윤혜빙의 이야기, 현경문과 주 소저의 이야기를 한꺼번에 합쳐 놓은 듯하다. 물론 남성이 여성을 박대하는 이유는 자기 감정의 표현이 서툴기 때문이다. 여성에 대한 사랑 감정이 없는 것이 아니라 남성의 우월적 권위를 굽히지 않고 여성의 감정을 배려하지 않은 탓에 여성 박대라는 형상으로 장면화된다. 따라서 송대풍과 김복실 역시 대하소설의 흐름을 전형적으로 따르고 있다.

한편 이러한 각각의 이야기들이 서사화되는 양상 역시 대하소설과 닮아 있음을 발견할 수 있다. 위의 분석에 따르면 셋째의 혼인은 작은 이야기, 첫째가 중간 크기의 이야기, 둘째가 가장 큰 이야기를 형성하고 있는 셈이다.[31] 이렇게 본다면 송진풍은 부모와의 갈등, 송대풍은 당사자들의 개인적 심리 문제로 혼사의 문제를 빚어내고 있다. 이런 문제들이 전개되는 과정을 보면 다음과 같다.

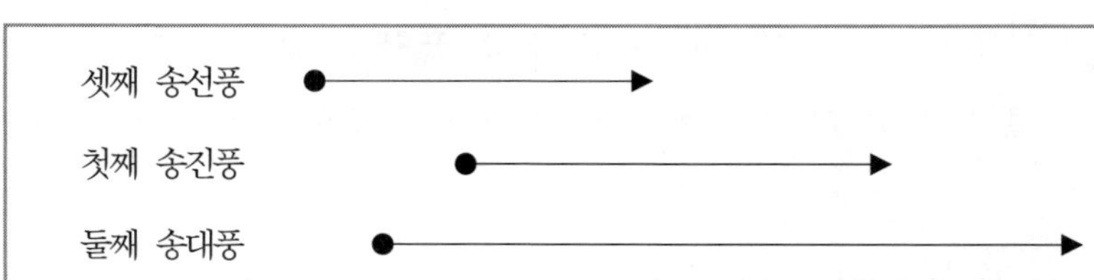

31 이것은 대하소설의 관습과는 상당히 다르다. 당사자들의 개인적 문제가 대하소설에서는 비교적 작은 이야기로 설정되는데 비해 드라마에서는 가장 큰 이야기로 설정되어 있다. 졸저, 『조선시대 대하소설의 서사구조와 창작의식』, 태학사, 2003, 125~134면 참조.

대하소설에서는 단위담이 배열될 때, 하나의 단위담이 완전히 완결된 다음에 다시 하나의 단위담이 서술되는 것이 아니다. 두 개의 단위담 혹은 그 이상의 단위담이 시간적 간격을 지니고 서로 동시에 진행되고 있다. 그리고 대하소설에서 단위담이 배열되는 방식은 큰 단위담과 작은 단위담이 서로 번갈아 가면서 설정되어 있음을 확인할 수 있다. 즉 복잡하고 긴 단위담의 앞이나 뒤에 이보다 덜 복잡한 단위담이 설정되고 있다는 것이다. 이때, '小'에 해당하는 단위담은 '大' 혹은 '中'에 해당하는 단위담 사이에서 삽입되고 있다.[32] 이는 〈솔약국집〉이 보여주는 전개 방식과 일치한다고 할 수 있다.

뿐만 아니라 매 회가 끝나고 시작하는 방식 역시 조선시대 소설과 유사하다.

> 강남홍이 옥 같은 손을 들어 화살을 쏘니 시위 소리와 동시에 동초와 마달 두 사람의 갑옷이 쨍그랑하고 깨졌다. 두 장수가 더 싸울 뜻이 없어 말을 돌려 진영으로 돌아왔다. 뇌천풍이 투구를 주워 다시 쓰고 벽력부를 휘두르며 크게 꾸짖었다. "조그만 오랑캐 장수야! 작은 재주만 믿고 무례히 굴지 말라." 그러고는 다시 강남홍에게 달려들더니 홀연 몸을 솟구치며 말에서 떨어졌다. 어찌된 일인지 모르겠구나. 다음 회를 보시라.
>
> **14회 옥피리는 자웅(雌雄)의 음률을 주고받으며,**
> **거문고의 아름다운 소리는 끊어졌다 이어졌다 한다.**
>
> 각설. 뇌천풍이 분기탱천하여 도끼를 휘두르며 강남홍에게 덤벼들었지만 그녀는

---

32 대하소설은 이와 같은 방식으로 이야기를 배열함으로써 우선 결합의 전체적인 조화를 도모하고 있다고 보인다. 그리고 설정되는 단위담이 크면 클수록 서사단락의 전개가 복잡해지고, 음모의 수단도 다양해진다. 독자는 큰 단위담을 읽을 때 보다 주의를 기울이게 되며, 그에 따라 긴장도 고조될 수 있다. 작은 단위담에서는 물론 그 긴장이 완화된다. 따라서 단위담의 배열은 서사적 긴장의 완급조절이란 효과도 가져올 가능성이 있다. 이에 대해서는 졸저, 위의 책, 135~148면 참조.

태연히 웃으며 부용검을 들고 서서 꼼짝도 않았다. 뇌천풍은 더욱 화가 나서 크게 소리지르며 힘을 다해 강남홍을 공격했다. 순간 강남홍이 쌍검을 휘두르며 허공에 몸을 솟구쳤다. 뇌천풍이 허공을 쳐다 보며 급히 도끼를 거두어들이려는데 갑자기 쨍그랑하는 소리가 머리 위에서 들렸다. 날아온 칼이 공중에서 떨어지며 투구를 쳐서 깨뜨린 것이었다. 뇌천풍이 황망하여 몸을 뒤틀며 말에서 떨어졌다.[33]

위에서 인용한 대목은 대표적인 회장체 장편소설인 「옥루몽」의 한 부분이다. 강남홍과 마천풍이 대결을 벌이는 장면인데 가장 극적인 부분에서 13회가 끝난다. 그리고 14회의 처음 부분에는 다시 13회 끝 장면이 부연 설명되고 있다. 13회의 끝 장면을 단순 반복하는 것이 아니라 보다 상세하게 묘사하면서 다음 이야기로 넘어간다. 이것은 〈솔약국집〉을 비롯한 대부분의 TV드라마가 취하고 있는 편집 방식이기도 하다. 각 회는 다음 회를 볼 수밖에 없도록 만드는 극적인 부분에서 끝나고 다음 회는 전 회를 요약적으로 보여주거나 끝 장면을 반복하면서 새로운 장면으로 이어진다. 대하소설의 경우 비록 장회체로 구성이 되지 않은 경우라 할지라도 각 권이 새로 시작되는 부분에서 전 권의 마지막 장면을 반복하는 경우가 일반적이다. 이런 부분 역시 대하소설과 드라마가 유사한 부분이라 할 것이다.

---

33 남영로 저, 김풍기 역, 『옥루몽』 13회~14회, 그린비(2006).

3) 〈천하일색 박정금〉, 〈카인과 아벨〉

〈천하일색 박정금〉(이후 '박정금'으로 약칭함)은 2008년도에 방영된 MBC의 주말드라마이다. 가족의 문제를 다루었다는 점에서 〈솔약국집〉과 같은 전형적인 주말드라마이다. 그러나 〈솔약국집〉이 온 가족이 웃으면서 유쾌하게 볼 수 있는 다분히 교양적 성격의 드라마라면 〈박정금〉은 다소 불편함이 느껴지는 드라마이다. 이 드라마는 〈솔약국집〉처럼 복수주인공 구성 방식을 지니고 있지 않다. 대신에 주인공 박정금이 처한 기구한 가족사에 초점이 모아져 있다. 이로 인해 표면적으로는 대하소설과 동떨어져 보인다. 게다가 여성이 주인공으로 설정되어 있는 탓에 그 거리는 훨씬 멀어 보인다. 그러나 실상을 들여다보면 대하소설의 특징이 〈솔약국집〉보다 더 예각적으로 드러나고 있음을 알 수 있다.

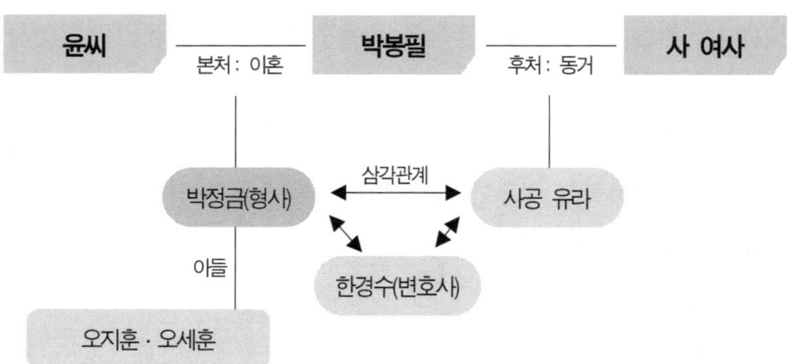

위의 그림에서 보듯이 이 드라마의 핵심에는 주인공 박정금의 기구한 가족사가 놓여 있다. 가장 박봉필은 상당한 재산의 소유자인데 젊고 미모인 가정부 파주댁의 유혹에 넘어가 본처와 딸인 박정금을 축출하고, 파주댁 사여사와 재혼을 하면서 둘째 딸 유라를 낳았다. 사여사는 박봉필에 대한 애정보다는 재산을 더 탐내는 전형적인 악인으로 박봉필의 재산이 손자인 오지훈에게 넘어갈 것을 염려하여 오지훈을 납치하여 사라지게 한다. 이후 사 여사의 의도대로 박봉필은 유일하게 사 여사에게 정을 붙이면서 산다. 악한 후처로 인해 착한 본처와 딸이 기구한 삶을 사는 이야기이다. 박봉필과 파주댁 이야기만 놓고 본다면 「사씨남정기」에서부터 맥을 잇는 전형적인 쟁총형 이야기라고 할 수 있다.

두 번째의 주요한 갈등 구조는 이복자매인 박정금과 유라가 변호사 한경수를 놓고 벌이는 애정의 삼각관계이다. 우유부단한 한경수는 박정금을 사랑하지만 유라 역시 냉정하게 뿌리치지 못하고, 사 여사와 유라의 공세에 못 이겨 애정 없는 혼인을 하게 된다. 이복 자매이긴 하지만 자매가 한 남자를 두고 벌이는 애정 갈등이라는 점에서 여느 애정관계보다 심각하게 이야기가 전개된다.

이 이야기는 「임화정연」, 「하진양문록」 등에서 큰 이야기로 다루어진 자궁갈등담을 연상하게 한다. 특히 「임화정연」의 후반부는 정연경과 여미주, 여희주 이복 자매의 삼각관계 그리고 여금오와 그의 정·부실 사이의 갈등으로 이루어져 있다. 여금오에게는 강씨, 황씨, 소씨 등의 세 부인이 있는데, 미주는 소씨 소생이며, 희주는 강씨 소생이다. 여금오는 투기가 심한 소씨보다는 현숙한 덕을 지닌 강씨를 후대하고 있었다.

미주는 담장 너머로 정연경을 보고는 반하여 상사의 정을 담은 편지를 담장 밖으로 던져 보내는 등 갖은 음행을 저지르고, 소씨는 항상 미주를 두둔하며 희주를 박대한다. 그런데 여금오가 꿈을 꾸고는 희주를 연경과 혼인시킨다. 이에 미주의 심적 고충은 심화되고 소씨의 강씨 모녀에 대한 원망이 더욱 깊어져 여부에 심각한 화액이 빚어지게 된다. 미주는 희주로 가장하여 신방에 들어가 연경과 동침하여 쌍둥이를 잉태하고 가출하여 갖은 고초를 겪은 끝에 정부로 돌아오게 되는 것이다.

그런데 이 미주 역시 그녀가 쌍둥이를 가지기까지의 행적은 예도에 어긋나는 과정을 거듭했지만, 이후 그녀가 정부로 오기 위해 겪는 고초와 정부로 들어온 후의 행적은 전혀 악인의 행적이 아니다. 그녀 역시 전일의 죄과를 뉘우치며 끝까지 남편의 용서를 구할 뿐이다. 후편에서도 미주의 작용에 의한 사건은 전혀 설정되지 않고 있다. 그러나 미주가 집을 떠나 정부에 용납되기까지 소씨는 그의 아들 성옥과 더불어 강씨와 중옥, 희주를 끊임없이 해하려고 하고, 성옥보다 나이가 적은 중옥이 계후자로 결정되었을 때 그 모해의 정도는 극에 달한다.

〈박정금〉에서도 박정금의 아들 오지훈이 나타나면서 이러한 자궁갈등담이 구체화된다. 박봉필의 계후자라고 할 수 있는 오지훈의 등장에 위기를 느낀 사 여사의 음모가 극에 달한다.[34] 오지훈에게 박봉필의 재산이 넘어갈 것이라는 걱정, 오지훈의 등장으로 박정금의 입지가 커질 것이라는 판단 등이 작용했기 때문이다.

「임화정연」과 차이가 있다면 「임화정연」에서는 소씨가 자기 소생의 아들로 집안의 후계를 잇게 하겠다는 계후에 대한 욕망이 부각되며, 〈박정금〉에서는 남편의 재산에 대한 탐욕이 부각되어 있다는 점이다. 그러나 그러한 욕망이 모두 자기 소생의 자식을 위해서 탄생했다는 점에서는 동일한 자궁 갈등이라고 할 수 있을 것이다. 이런 과정을 통해 제대로 사리를 판단하지 못하는 무능한 가장의 문제가 부각되고, 후처의 악행에 대한 독자나 시청자의 적개심이 유발된다.

위에서 제시한 〈박정금〉 이야기 구조 그림에 「임화정연」의 인물을 대응시켜 도식을 만들어 보면 다음과 같은 결과가 나온다.

34 여기에서 사 여사의 딸 유라가 악인으로 설정되지는 않는다. 유라는 성격 파탄자이기 하지만 자기 어머니가 꾸민 일을 안 순간 항상 죄책감을 느끼며 이로 인해 친모와 갈등을 겪기도 한다. 그러나 한경수를 향한 애정의 측면에서는 박정금에게 한 치 양보도 없다. 그렇다고 애정을 쟁취하기 위해 잔인한 악행을 꾸미지는 않는다.

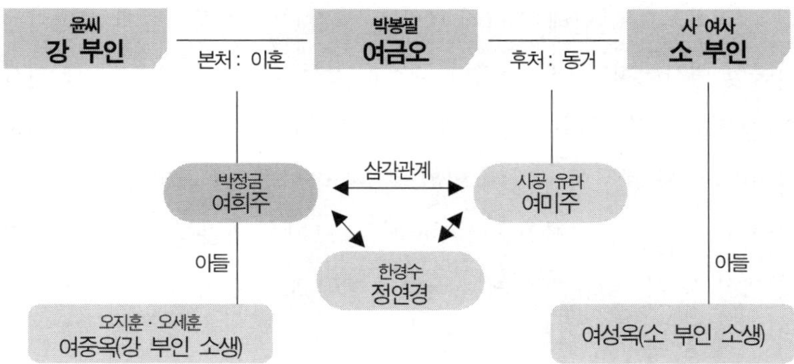

큰 글자로 표기한 부분은 「임화정연」의 인물인데, 신기할 정도로 〈박정금〉과 유사한 설정을 보여준다. 이쯤 되면 아예 〈박정금〉의 작가가 「임화정연」을 모방했다고 여겨질 정도이다.

> 이혼이 결혼만큼 빈번한 세상, 부모의 이혼은 어쩔 수 없이 자식들에게 치명적인 상처가 된다. 자식 이야기만 나오면 미안해서 뜨거운 눈물을 왈칵 쏟아내는 이혼한 부모들에게 자식은 부모가 그 어떤 상황에서도 사랑을 포기하지 않으면 반드시 이 사회에서 밝고 행복하게 살 수 있다는 위로와 용기를 주고 싶어서 이 드라마를 만들고자 한다. (중략) 주인공 박정금이 자신의 이혼 과정에서 불행해진 아들 때문에 눈물을 삼키면서 비로소 부모의 마음을 이해하고 자신의 모든 불행의 근원이라고 믿어왔던 아버지와 화해하게 되는 가족이야기를 통해 주말드라마의 특성인 가족극의 끈끈한 감동을 준다.[35]

제작진은 현재 한국 사회에서 문제되고 있는 이혼의 문제를 부각하기 위해서 이 드라마를 기획했다고 한다. 그러나 이 드라마를 본 시청자들 중에 이혼 문제에 주안점을 두고 시청한 사람은 없을 것이다. 박

---

35 http://www.imbc.com/broad/tv/drama/parkjunggum/concept/index.html

정금은 이혼으로 인해 혼자서 아들을 보살피며 억척스럽게 살아가는 아줌마 형사이지만 어디까지나 사건과 갈등의 핵심은 청주댁 사 여사의 음모와 이복 자매 유라와의 삼각관계, 다시 돌아온 장남 오지훈과 할아버지, 사 여사의 갈등에 있기 때문이다. 따라서 이혼 문제를 기획하면서도 이와 같은 사건을 설정하게 된 드라마 작가를 포함한 제작진의 의식 속에는 알게 모르게 우리의 오래된 보편적 이야기 구조가 잠재되어 있었다고 볼 수도 있을 것 같다.

물론 본처와 후처의 갈등, 자매의 애정다툼은 대다수 현대의 시청자에게는 다소 엽기적이고 억지 구성이란 느낌을 줄 수도 있었을 것이다. 그러나 자매나 형제의 애정 갈등은 드라마의 주요 사건으로 꾸준하게 설정되어 왔다.

2007년 3월부터 9월까지 방영된 〈내 곁에 있어〉는 같은 어머니에게서 태어나고 아버지가 다른 두 자매가 한 남자를 두고 삼각구도를 벌인다. 같은 해 10월부터 2008년 4월까지 방영된 〈그래도 좋아〉는 혈연적 자매는 아니지만 자매와 다름없이 자란 이효은과 서명지의 두 자매가 김태주를 두고 벌이는 삼각관계를 그리고 있다. 특히 〈그래도 좋아〉에서 서명지는 「사씨남정기」의 교채란을 연상할 정도로 악한 여자이며, 이효은은 답답할 정도로 자기 희생을 감수하는 사정옥을 연상하게 한다.

주말드라마는 아니지만 상당한 시청률을 기록한 SBS의 주중드라마 〈카인과 아벨〉은 자매가 아니라 형제끼리의 애정 갈등을 다루고 있는 드라마이다. 주인공 이선우가 사막 한복판에서 권총으로 살해당하는 파격적인 장면으로 시작한 〈카인과 아벨〉 역시 자궁 갈등과 애정 갈등이 주를 이루고 있다. 먼저 이 드라마의 이야기를 정리하면 다음과 같다.

1) 이종민과 나혜주, 연희와 진성이 혼인을 한다.
2) 이종민과 연희, 진성은 의대 동기인데 함께 병원을 설립한다.
3) 연희, 진성 부부가 병원을 종민에게 맡기고 임신을 한 채 여행을 간다.
4) 나혜주가 연희의 아이가 남편 이종민의 아이일 것으로 의심을 하여 연희 부부가 사고 나도록 한다.
5) 연희 부부는 사고로 죽고, 이종민은 아이를 살려낸다.
6) 이종민은 이 아이를 입양하고 이종민의 아들인 이선우와 연희의 아이인 이초인은 친형제처럼 지낸다.
7) 이선우와 이초인은 성장하여 모두 실력 있는 의사가 된다.
8) 이종민이 병원의 주도권을 이초인에게 물려주려 하자 나혜주가 이초인을 죽이려고 한다. 이때 이종민은 뇌종양으로 식물인간이 되어 있는 상태이다.
9) 미국으로 유학 갔던 이선우가 돌아와서 옛 애인 김서연을 만난다.
10) 김서연은 이미 이초인과 연인이 되어 있는 상태이다.
11) 아무리 동생이지만 연인을 양보할 수 없었던 이선우가 이초인을 음해하고 죽이려고까지 한다.
12) 이초인을 죽이려고 한 나혜주의 음모를 이선우가 알게 된 후 양심의 가책을 느끼지만 애정의 쟁취를 위해 동모하여 이초인을 계속 살해하려 한다.
13) 이초인이 이 음모를 물리치고 병원의 주도권을 장악한다.
14) 이선우가 뇌종양에 걸려 죽게 되면서 과거의 잘못을 뉘우치고 동생 이초인과 다시 형제의 정을 회복한다.

이 이야기에서는 아들 이선우에게 병원의 주도권을 넘겨주려는 나혜주의 무분별한 욕망과 애정을 쟁취하기 위해 동생을 죽이려는 형 이선우의 욕망이 중첩되어 있다. 그러나 이선우와 이초인이 형제로 설정되어 있지만 혈연적인 형제가 아니라는 점에서 〈박정금〉과 차이가 있다. 뿐만 아니라 이초인과 이선우 모두 유망한 의사라는 점에서 신분적 처지도 비슷하다.

〈카인과 아벨〉의 이 이야기는 「옥란기연」의 소선주를 둘러싼 장추성과 조재악, 「임화정연」의 정연양을 둘러싼 임규와 진상문의 삼각관계를 연상하게 한다. 이들은 자신의 애정을 쟁취하기 위해 연적을 정치적으로 모해하거나 그 집안 자체를 제가하려는, 자매가 한 남자를 두고 벌이는 갈등에서는 찾아볼 수 없는 거대한 음모를 꾸민다. 이선우가 동생 이초인을 살해하려는 음모와 일치하는 대목이다.

그런데 대하소설에서 이런 구도에서 맞서는 남성들은 형제로 설정되지 않는다. 물론 〈카인과 아벨〉에서도 친형제로 설정된 것은 아니지만 실질적인 형제로 설정되어 있다는 점에서는 큰 차이를 보이는 대목이다.

대하소설에서 자매가 한 남자를 두고 애정 갈등을 벌이는 것은 아황과 여영의 이비(二妃) 고사의 변형적 계승이라 할만하다. 「구운몽」에서 이미 설정되었듯이 자매가 한 남자에게 시집가서 서로 우애를 지키며 사는 모습이 아름다운 고사로 전해진다. 이 이야기가 자궁 갈등과 맞물리거나 자매 중 한 명이 악인형으로 설정되어 치열한 애정 갈등으로 변형되었을 가능성이 있다.

이런 맥락에서 본다면 일부 주말드라마에서 상정한 겹사돈 구조도 주목되는 부분이다. 겹사돈 구조는 양문록계 대하소설의 주요 구조이기도 한데, 〈며느리전성시대〉, 〈황금신부〉 등의 드라마가 이 구조를 보여주고 있다. 이에 대해 조광국 교수는 서사의 확장으로 인해 인물이 늘어나는 부담을 겹사돈을 통해 인물을 교차시키면서 갈등을 심화시켜 해소하려는 의도로 분석하고 있다.[36] 뿐만 아니라 동일한 인물의 지속적인 변신을 통해 서사를 확장해 나가는 「조씨삼대록」, 「양문충의록」의 구조는 주인공이 성형수술을 통해서 외모를 바꾸어 자신을 불행하

---

36 조광국, 「고전대하소설과의 연계성을 통해 본 TV드라마의 서사 전략과 주제」 참조.

게 만들었던 악인에게 복수를 하는 드라마인 〈아내의 유혹〉, 〈천사의 유혹〉에서도 유사하게 설정된다.[37] 이러한 유사성 역시 가족을 중심으로 전개되는 드라마가 대하소설과 동일한 서사적 구조를 가지는 주요한 사례로 인정된다.

TV드라마에서 이와 같은 이야기가 여전히 반복되는 것은 가족의 틀을 고수하려는 한국 드라마의 고유한 특징으로 이해될 만하다. 애초에 가족이라는 틀을 없애버린 트렌디 드라마에서는 이와 같은 사건이 설정되지 않는다. 막연한 청춘남녀의 사랑 이야기가 삼각관계 속에서 진행될 뿐이다. 그러나 가족이라는 틀을 유지하면서 사랑 이야기를 언급하려면 〈솔약국집 아들들〉과 같은 복수주인공 구도 아니면 가족 내에서 얽힐 수밖에 없는 복잡한 관계들을 상정할 수밖에 없다. 그렇지 않으면 가족이라는 이야기의 구심점을 유지하기 힘들기 때문이다.

조선시대 소설과 현대의 드라마는 가장 전형적인 대중문화이다. 지금까지의 논의를 통해 드러났지만 이 둘 사이에는 상당한 공통점이 존재하고 있었다. 작품의 전개 방식의 측면, 갈등 설정의 측면, 인물 관계의 측면, 사건의 성격 등에서 유사점이 발견되었다. 어떻게 보면 해당 TV드라마와 작가나 PD가 조선시대 대하소설을 면밀하게 탐독한 결과라고 생각할 수 있을 정도이다. 드라마 작가가 의도하지는 않았지만 그 결과가 조선시대 대하소설과 비슷하다는 것은 대중 속에 잠재된 오랜 정서구조가 실재하고 있다는 것을 방증하는 것이다.

---

37 강미선, 「「현몽쌍룡기」 연작의 서사구조 연구」, 『어문연구』 145호, 한국어문교육연구회, 2010, 207~228면.

4) 〈아내의 유혹〉[38]

드라마 〈아내의 유혹〉은 일일드라마인 만큼 129회 분량의 장편드라마이다. 실제로 129회로 기획이 되었는지, 아니면 어떤 이유로 늘어졌는지는 모르겠지만 상당히 오랫동안 방영된 드라마이다. 한때 유부남, 유부녀의 애정 이야기를 낭만적으로 형상화한 드라마 〈애인〉이 사회적으로 논란을 낳은 적이 있는데, 이 〈아내의 유혹〉도 엄청난 논란을 불러온 드라마이다. 드라마를 논하는 자리에서 이른바 '막장드라마'라는 용어 자체도 이 드라마에서 본격화될 정도로 막장드라마의 대표작이다.[39]

〈아내의 유혹〉을 자세하게 살펴보면 앞에서 언급한 〈별그대〉나 〈솔약국집〉 등의 드라마처럼 고전소설과의 구조적 유사성은 발견되지 않는다. 그런데 개별 사건에 대한 장면화 방식의 측면에서 본다면, 〈아내의 유혹〉은 다른 어떤 드라마보다도 고전소설답다고 볼 수 있다.

이와 관련하여 「쌍성봉효록」에서 악인이 선인을 음해 혹은 모해하는 장면은 흥미로운 일면을 제공한다. 「임화정연」의 후속편인 「쌍성봉효록」은 고전소설에서 볼 수 있는 음해성 계교 방식들을 총망라해놓은 소설이라고 봐도 과언이 아니다. 「쌍성봉효록」에 설정된 음해의 방법을 정리하면 다음과 같다.

---

38 SBS, 일일드라마, 2008.11.03.~2009.05.01. 방영(129부작)

39 고숙희, 「화본소설 「金玉奴捧打薄情郎」과 TV드라마 〈아내의 유혹〉의 스토리텔링」, 『중국문화연구』 14집, 2009, 282~298면에서 〈아내의 유혹〉과 중국 화본 「金玉奴捧打薄情郎」의 유사점에 대한 연구가 이루어진 바 있다. 〈아내의 유혹〉은 소위 '막장드라마'로 세간의 주목을 받았는데 이 드라마의 이야기가 중국의 화본 작품과 유사하며, 대중적인 이야기의 세계적 보편성을 확인할 수 있다는 것이 이 연구의 논점이다.

① 악한 처의 선한 처에 대한 시기	■ 양씨가 정 부인을 시기한다. ■ 이 시기가 정 부인계 자식들의 부부에 대한 음모로 사건화된다. ■ 서북 오랑캐가 침입하여 임 승상과 장자 백영이 출전한다. ■ 양씨는 즉각적으로 임 노공 부부에게 미혼단을 먹여 정신을 빼앗는다. ■ 군중에 자객을 보내 임 승상과 백영을 죽이려 한다.
② 음해의 수단과 방법 모색	■ 동조자를 구한다. ■ 계교를 정한다. ■ 접근한다.(도사의 복장으로 험담을 늘어놓는다.)
③ 음해시행	■ 독살 : 적면단을 세숫물에 넣다. ■ 간부 및 간부서 사건 : 밤이 깊어지자 소 소저에게 최수재라는 남자가 이미 있는데 소 태우가 이 자를 추방했다는 소리를 신랑이 듣게 한다./ 최생과 정을 통한 내력과 함께 도주하자는 편지를 소 소저의 열녀전 사이에 넣어 발각되게 하다. ■ 방화 : 유 소저의 방에 불을 지르다. ■ 습격 : 소 소저의 혼인 가마를 습격한다. ■ 전장에 자객을 보내 가장을 죽이려 한다. ■ 태부인에게 미혼단을 먹여 총애를 받는다./ 주영, 성영 등을 참소하여 하옥시킨다. ■ 역모사건을 설정한다.(진가 논쟁)

이 음해의 과정은 보면 「제일기언」 서문에서 홍희복이 당시 소설에 대해 사람을 괴롭히는데 저렇게까지 심하게 괴롭힌다고 말한 대목이

생각난다.

이런 음해 사건은 대개가 악한 처가 착한 처를 괴롭히는 이야기에서 주로 설정된다. 단적으로 「사씨남정기」에서 교채란이 사정옥을 음해하는 이야기를 거론할 수 있다. 악처가 선처를 시기하는 이유는 굉장히 많다. 처음에는 사소한 사랑 다툼에서 시작해서 나중에는 그 집안의 모든 권리, 재산, 가장권 다 차지하려고 하는 엄청난 욕망으로 확대된다. 사랑 다툼은 어떻게 보면 선한 동기라고 볼 수 있고, 여기에서 비롯되는 음해라면 일말의 동정도 받을 수 있을 것이다. 그런데 이 선한 동기가 무분별한 욕망의 분출로 이어진다는 것이다. 선한 동기는 아예 사라지고 그 자리에 악한 욕망이 들어오는 셈이다.

〈아내의 유혹〉이나 〈천하일색 박정금〉을 본다면 이런 이야기들은 현대 드라마에서도 계속 펼쳐지고 있다. 이미 결혼하고 난 부부에게서도 이와 같은 시기가 벌어지지만, 결혼하기 전에 약혼한 상태에서 그 약혼의 틈을 이제 비집고 들어오려고 하는 다른 여자들에 의해서도 이러한 사건은 벌어진다. 이것이 결국은 악한 처가 선한 처를 구체적으로 괴롭히면서 사건화된다.

앞에서 〈카인과 아벨〉을 분석하면서 언급한 바 있듯이, 이 사건화가 본격적으로 이루어지려면 가장이 집에 없어야 된다. 가장은 큰 가문의 경우 군자 캐릭터로 설정되기 때문에 악인의 음해가 군자인 가장의 눈을 속일 수 없다. 그래서 전쟁 사건을 설정해서 가장이 출전하는 장면을 설정한다. 전쟁은 가장의 국가적 위상을 강조하면서도 자연스럽게 집을 떠나게 만드는 효과적인 사건이다. 물론 소설에서는 이 전쟁보다는 오히려 가장이 떠나고 난 집안에 더 초점이 모아져 있다.

그런데 그 집안에 조부모가 존재할 때는 악인의 입장에서 이 조부모의 정신을 빼놓아야 되는 일이 발생한다. 여기에 고전소설에 쓰이는 특이한 요약(妖藥) 모티프인 '미혼단'이 등장한다. 이 약을 상대에게 먹이면 상대의 정신을 혼미하게 만들 뿐더러, 내가 생각하는 대로 상대를 움직일 수 있게 된다. 그래서 악인은 즉각적으로 조부모에게 이 미혼단을 먹여 정신을 빼앗는다. 그리고 전쟁터에 자객을 보내서 가장과 장남을 죽이려 하는 계교까지 벌인다. 아예 가장과 장남이 없어졌으면 좋겠다는 것이다. 결과적으로 이 정도 되면 이제 악한 처의 마음은 애정 갈등이 아니다. 애초의 애정이 시집 가문 전체를 완전히 박살내려는 무모한 악행 그 자체로 바뀐다.

그렇지만 이 악행은 혼자의 힘으로는 시행되지 않는다. 동조자를 모아야 한다. 「창선감의록」이나 「사씨남정기」에 이 동조자를 모으는 방법이 잘 나와 있다. 대개의 동조자들은 시장에서 주로 활보하는 불한당들이다. 아니면 몸종이나 가까운 친척이 설정되기도 한다. 이런 동조자들은 현대의 드라마에서도 쉽게 확인할 수 있다. 그리고 계획을 논한 후 본격적인 음해를 시작한다.

이때, 우선적으로 직접 상대방의 신체에 위해를 가하는 방법이 설정될 수 있다. 이것이 가장 쉬운 방법이다. 여기에서 또 '적면단'이라는 요약이 설정되기도 한다. 이 요약은 물에 한 방울을 타 놓으면 물 색깔은 변하지 않지만 그 물에 세수를 한 당사자가 심한 상처를 입게 된다. 아니면 음식에 독약을 타서 죽이려고 하는 독살의 방법이 있다. 이런 경우들은 대개 선한 처, 혹은 군자인 남자들은 여기에는 당하지 않는다.

이에 더욱더 교묘하고 은밀한 음해의 방법이 필요하게 된다. 가장 일반적으로 쓰이는 방법 제1 단계가 '간부서' 사건이다. 간부서라고 하는 것은 '착한 처가 바람을 피웠다.' 혹은 '외간 남자와 어떤 정을 통한다.' 등의 내용을 꾸며 시집에 알리는 것이다. 이에 그 착한 처의 필체를 흉내내어 거짓 편지를 만든다. 그리고 이 간부서를 시가에서 누군가가 보게 만든다.[40]

그런데 이 간부서를 보고 금방 속아 넘어가는 경우도 있지만, 시가의 사람들이 '설마 저 여성이 이와 같은 일을 벌였을까.'라고 하면서 간부서의 내용을 믿지 않으려는 장면이 설정되기도 한다.

「쌍성봉효록」에서는 시조부모가 미혼단을 먹었기 때문에 금방 속아 넘어갔지만, 그렇게 되지 않으면 간부서에 대한 증거를 만들어내야 한다. 이때 '개용단'이라는 요약이 또 등장한다. 말 그대로 얼굴을 바꾸는 약이다. 이 개용단을 동조자 누군가에게 먹여 선한 처와 똑같은 모습으로 변하게 하고, 편지의 내용대로 누군가와 바람피우는 장면을 연출하여 시가 사람들이 보게 한다. 이것은 어쩔 수 없는 물증이 되어 선한 처는 결국은 축출이 된다.

소설에서는 이러한 음해 과정이 사건 분량의 대부분을 차지하기도 한다. 선한 처가 축출되면 사실 악인의 목적은 달성되었다고 볼 수 있지만 음해는 이것으로 끝나지 않는다. 축출된 선한 처를 죽이려는 계교가 다시 등장하고, 이후에는 남편의 집안을 역적으로 몰아 거대한 역모 사건으로 확대되기도 한다. 따라서 이런 이야기가 계속 꼬리에 꼬리를 물고 진행되면서 때로는 사건이 꼬이기도 하면서 사건은 극단적인 장면을 지향하게 된다. 마치 그만두어야 할 시점을 놓쳐 막 치달릴 수밖에 없는 욕망의 관성을 보는 듯하다.

여기에서 바로 막장드라마를 떠올리게 된다. 〈아내의 유혹〉은 고전소설과 구체적인 방법은 다르지만 음해 사건이 꼬리에 꼬리를 무는 방식으로 이야기가 전개되기 때문이다.

1) 은재는 시댁의 극심한 반대에도 불구하고 교빈과 혼인한다.

2) 혼인 후 결혼하고 교빈은 바람을 피우고, 신애리가 유혹한다.

---

40 이 간부서 이야기는 퓨전사극 드라마인 〈엽기적인 그녀〉에서 사용된 바 있다. 이 드라마의 주인공인 혜명공주는, 억울하게 축출당한 자기 어머니의 흔적을 찾기 위해서 엄청나게 노력을 한다. 혜명공주의 어머니인 왕비가 축출될 때 가짜 편지에 의해서 축출이 된 것이다.

3) 애리의 모략으로 교빈은 은재와 이혼하고 애리와 혼인한다.
4) 시아버지가 은재의 아이에게 상속한다는 사실을 교빈이 알고 은재를 살해한다.
5) 은재를 도와주던 민소희의 애인 건우가 은재를 구함.
6) 은재는 민소희라는 이름으로 생활하며 교빈 부부에게 복수를 계획한다.
7) 은재는 민소희로 변신한 뒤 교빈에게 접근하여 유혹한다.
8) 은재는 신애리의 가게를 빼앗는다.
9) 교빈은 소희(은재)를 사랑하여 신애리와 이혼한다.
10) 교빈을 교묘히 괴롭힌 끝에 복수에 성공한다.
11) 건우의 동생이었던 민소희가 죽지 않고 살아 있었다.
12) 민소희는 자신의 모든 것을 빼앗은 은재에게 복수를 하기 시작한다.
13) 신애리가 이 사실을 알게 되고 민소희와 결탁한다.
14) 악행을 일삼던 소희는 악한의 돌을 머리에 맞고, 죄의식에 사로잡힌 신애리는 위암 말기 판정을 받는다.
15) 신애리가 사망하고, 은재 살인죄로 쫓기던 교빈은 자살한다.

〈아내의 유혹〉은 구은재가 시가의 극심한 반대에도 불구하고 교빈과 혼인을 하면서 벌어지는 이야기로 구성된다. 혼인 후, 교빈은 곧장 바람을 피우는 전형적인 바람둥이 캐릭터로 설정되어 있다. 가부장제의 지배를 받는 고전소설에서도 바람둥이 남편은 두고두고 문제가 되는데, 현대 드라마이니 바람둥이 남편은 상당한 문제를 불러온다.

만약 바람피우는 남편과 그 남편을 바라보면서 시댁의 구박을 받는 아내의 이야기로 진행되면 우리에게 익숙한 현대 드라마의 모습이다. 그런데 〈아내의 유혹〉에서는 정교빈이 바람을 피우는 과정에서 신애리라는 여성과 만나게 되고, 신애리의 모략으로 인해 은재와 이혼하고 신애리와 혼인하게 된다. 한편 은재에게는 이미 아들이 있었는데 부자인 시아버지는 재산을 그 아이에게 상속하려고 한다. 〈천하일색 박정금〉에서 박봉필이 손자인 오지훈에게 재산을 상속하려고 하는 모티프가 여기에 들어와 있다고 볼 수 있다. 그리고 이런 모티프들은 「임화정연」에서도 확인되었다.

재산 상속 계획을 알게 된 교빈과 신애리는 아예 은재를 죽여버린다. 자연사로 위장을 하지만 사실은 죽게 내버려 둔 것이다. 고전소설에서 누군가를 음해할 때, 가장 1차적인 방법으로 신체적인 위협을 가하는 것이라 했는데 여기에서도 이와 유사한 사건이 설정되어 있는 셈이다.

여기에서 은재는 사실은 죽지 않고 살아나지만, 작품에서는 실제로 죽은 것으로 처리되어 있다. 「쌍성봉효록」에서 소 소저가 악한 처의 계교에 빠져 죽는데, 주위에서는 사망한 것으로 알고 제사까지 지낸다. 그런데 사망했는데 사망한 게 아니다. 도인이 나타나서 소 소저를 구해주는 장면이 설정되어 있다. 현대 드라마에서는 도인과 같은 이인을 함부로 등장시킬 수가 없으니, 〈아내의 유혹〉에서는 누군가가 은재를 구사일생으로 구해주는 식으로 이야기가 진행된다.

이후 은재는 민소희라는 여자를 만나게 된다. 이 민소희의 애인 건우가 있는데, 이 건우가 은재를 위기에서 구하는 구원자의 역할을 하는 셈이다.

고전소설은 이원적 구조를 가지고 있기 때문에, 독자들은 아예 주인공이 죽는 대목에서는 '하늘이 도와서 이 위기를 구해주겠구나'라고 생각을 한다. 하늘이 뒤에 버티고, 이 사람의 운명은 지금 죽을 운명이 아니기 때문에 하늘이 죽이지 않는다고 하는 서사적 장치가 있는 경우와 그것이 없이 이와 같이 정말로 죽어야 되는데 어떤 우연한 계기로 살아나는 〈아내의 유혹〉을 비교하면 어느 쪽이 더 개연성이 있을까. 현실적으로 따지면 〈아내의 유혹〉이 훨씬 더 현실적이라고 할 수 있겠지만, 이원적 구조가 뒷받침되어 있는 고전소설이 훨씬 더 설득력이 있다고 생각한다. 이원적 구조라는 논리적 장치가 있기 때문이다.

구사일생으로 구출된 은재는 이후 민소희라는 이름으로 버젓이 살아간다. 그것도 성형수술도 없이 민소희 행세를 한다. 다만 얼굴에 점을 하나 찍었을 뿐이다. 이런 은재의 정체를 주위 사람들이 심지어는 자신의 전 남편 교빈조차 인식하지 못한다. 여기에서 이 드라마는 개연성을 잃어버리게 되지만 오히려 이런 요소가 막장드라마의 성격을 더 강하게 해주는 것인지도 모르겠다.[41]

고전소설에서 선한 처는, 혹은 현모양처는 자기를 괴롭힌 상대방에 대해서 복수하지 않는다. 자기한테 오는 고난과 억압을 고스란히 받아낸다. 그렇게 하지 않으면 질투하는 여인이라는 윤리적 혐의가 있을 수 있기 때문이다. 〈아내의 유혹〉에서 은재는 이와 완전히 다른 길을 선택한다. 은재 역시 교빈 부부에게 복수를 계획한다. 고전소설에서는 일방적 음해가 설정되어 있다면 〈아내의 유혹〉에서는 복수가 설정되고, 이 복수의 과정 역시 음해로 이루어진다. 따라서 복수를 통한 음해의 서사적 반복이라고 할 만하다.

그래서 어떻게 보면 〈아내의 유혹〉은 고전소설보다 훨씬 더 이야기가 꼬여 있다. 결국 은재는 신애리가 가지고 있었던 사업체를 빼앗는데 성공한다. 그리고 교빈은 민소희를 사랑하게 되는데, 자신이 죽인 아내를 다른 여자로 오인하여 사랑하게 되는 기막힌 이야기가 전개된다. 이로 인해 교빈은 신애리와 다시 이혼하고, 민소희(은재)는 교빈을 계속 괴롭힌다. 그 이후에도 이 복수극은 끝나지 않는다.

고전소설은 '천편일률적이다'란 이야기를 듣지만, 그래도 '악은 선을 이길 수 없다.' '하늘은 착한 자를 돕는다.'는 원칙에서 절대로 벗어나지

---

41 만약에 고전소설이었다면 여기에서 은재는 개용단을 복용하고 금방 새로운 인물로 변신할 수 있었을 것이다.

않는다. 〈아내의 유혹〉은 이 원칙에서 벗어난 파격을 보여주었다. 그러나 음해의 무한한 서사적 반복, 그 과정에서 음해의 확대, 이를 통한 욕망의 확산 등은 놀라울 정도로 고전소설과 닮아 있음을 확인할 수 있다.

5) 〈꽃보다 남자〉와 한국형 스토리텔링 탐색

여기에서는 드라마 〈꽃보다 남자〉를 통해 한국 스토리텔링의 특징을 탐색하기로 한다. 한국 스토리텔링의 특징을 탐색하기 위한 방법은 한두 가지가 아닐 것이다. 연구 분야로만 따져도 방송학, 사회학 등의 분야에서 이 문제가 논의될 수 있고, 고전문학 분야로 한정을 한다고 해도 설화나 신화 등과의 연관 속에서 이 문제를 논의할 수 있을 것이다. 실제로 그 의도를 직접 밝히지는 않았지만 언론, 방송학계서 다양한 논의가 있었고, 중국문학이나 일본문학 분야에서도 부분적으로 연구가 있었음을 확인할 수 있다.[42] 이 논의 역시 다른 학문 분야에서 이루어진 연구 성과의 도움을 받아 진행된다. 그런데 이 문제를 굳이 고전소설과의 연계를 통해 해결하려는 이유는, 현대 사회의 구조적 특성만으로는 설명할 수 없는 서사적 혹은 스토리텔링의 방법적 특성을 밝히고자 함이다.

주지하듯이 TV드라마가 고전소설과 장르적, 구조적으로 꽤 유사하다는 사실은 여러 연구를 통해 이미 밝혀졌다고 볼 수 있다. 그 성과를 반추하면, 다소 조심스럽지만, 고전소설의 연구 성과가 현대의 서사물, 스토리텔링 장르를 분석할 수 있는 중요한 이론적 근거를 제시할 수 있다는 전망을 할 수 있다. 여기에서는 고전소설 연구가 현대의 스토리텔링 분야에 제공한 이러한 성과를 수용함과 동시에 다소 다른 측면에서 이 문제를 다루어 보고자 한다.

---

42 참고할 만한 다른 학문 분야의 연구 성과로는, 강명구, 김수아, 서주희, 「동아시아 텔레비전 드라마가 재현한 가족과 가족 관계」, 『한국언론학보』 52, 한국언론학회, 2008, 25~56면. 이매, 남태수, 한혜경, 「한중 가족드라마 서사 비교분석」, 『동북아문화연구』 49, 동북아시아문화학회, 2016. 387~402면. 성윤아, 「한일 TV드라마의 장르 다양성 및 원천콘텐츠의 비교」, 『일본어문학』 79, 한국일본어문학회, 2018, 375~393면 등이 있다.

이런 관점에서 여기에서는 한국, 중국, 일본 등에서 상호 리메이크된 드라마를 비교하고자 한다. 원천 이야기를 공유하고 있지만 그것을 제작하는 국가의 상황에 따라 이야기 혹은 진행 구조가 달라지는 부분을 추출하고, 그 추출된 차이점이 고전소설과 연관이 있는지를 확인해 보는 일이다. 이를 위해 TV드라마 〈꽃보다 남자〉를 주요한 분석 대상으로 삼고자 한다. 〈꽃보다 남자〉는 일본 만화를 원작으로 하면서 한국, 일본, 중국, 대만에서 모두 드라마로 제작되었고, 중국의 경우는 2018년에 새로운 버전의 드라마를 제작, 방영하기도 했다. 드라마 제작은 대만에서 시작되었지만 일본과 한국을 거치면서 가히 폭발적인 인기와 온갖 화제를 낳았던 드라마이기도 하다.

☑ 캐릭터 생성의 방식: 집단성을 통한 갈등의 심화와 지속

흥행성, 인지도, 화제성을 모두 갖추고 있으면서 한국, 일본, 중국, 대만에서 리메이크된 드라마로는 아마 〈꽃보다 남자〉가 유일할 것이다.[43] 그렇기 때문에 이 드라마에 관심이 가는 것은 어쩌면 당연한 일일 것이며, 그 관심의 대부분은 비교를 통한 국가별 문화적 특성을 탐색하는 것과 맞물려 있다.[44] 선행 연구를 보자면 〈꽃보다 남자〉 한국판은 중국,

---

43 이 드라마의 원작은 1992년에 나온 일본 만화 〈花より男子〉이다. 대만에서는 〈流星花園〉이란 제목으로 2001년 제작되었고, 중국에서는 2009년 〈起來看流星雨〉란 제목으로 제작되었다. 한국에서는 2007년에 제작되었고, 일본에서는 2005년 〈花より男子〉로 제작되었다. 대만에서는 2002년, 일본에서는 2007년 각각 시리즈2가 제작되었다. 중국에서는 2018년 다시 대만의 〈流星花園〉과 같은 제목으로 리메이크되어 후난위성TV를 방영되었다. 2018년 중국판은 2001년의 대만판과 상당히 비슷하다. 여기에서는 중국판의 경우는 2018년 〈유성화원〉을 기본으로 삼고, 2009년 〈起來看流星雨〉를 보조 대상으로 삼는다. 가장 최초로 드라마로 제작된 대만판을 기본으로 하지 않은 것은 드라마의 인지도, 작품성을 고려한 결과이다. 무엇보다 2018년 중국판은 대만판을 충실하게 리메이크하여 중국 전역에서 인기를 얻었다.

44 대표적인 연구는 다음과 같다. Anthony Fung, 최기숙, 「TV드라마에서의 감성: 〈꽃보다 남자〉의 한중 비교를 중심으로」, 『동방학지』 161, 2013, 363~399면. 심동, 이승조, 「한중

일본판에 비해 계급 간 대립 혹은 빈부 대립을 보다 첨예하게 드러내고 있다고 한다.[45] 특히 앤서니 펑, 최기숙의 연구에서는 한국판은 계급 차이보다 감정선이 압도적으로 나타나는 전형적인 멜로의 성격이 강하며, 이 대립의 극대화를 통해 시청자의 몰입을 이끌어 낼 수 있었으며, 그 이유를 한국과 중국의 TV드라마 제작 환경의 차이로 설명하고 있다.[46]

〈꽃보다 남자〉는 범접하기조차 힘들 정도의 부(富)를 누리고 있는 4명의 남성 집단(F4)과 이들과는 비교조차 할 수 없는 가난한 여주인공(금잔디) 사이에서 벌어지는 제반 사건을 다루고 있는 드라마이다. 이 중에서도 F4의 리더격이라 할 수 있는 구준표와 금잔디의 애정 갈등이 핵심 사건으로 설정되어 있다. 따라서 상류층과 서민층 사이의 대립 구도는 이 드라마의 근간이다. 이 대립을 드러내는 정도가 한국이 가장 첨예하며 중국이 가장 덜하다는 연구 결과에 대해서는 충분히 동의한다. 그런데 이 문제를 서사 구조적인 측면에서 바라보면 흥미로운 점을 발견할 수 있다.

우선 대립 정도의 차이가 가장 큰 중국과 한국의 경우를 살펴보면, 인물을 설정하고 소개하는 부분에서 큰 차이가 보인다.

〈인물 소개 장면 비교〉

[중국판 인물]

	한국판	중국판
구준표 [道明寺 (따오밍스)]	■ 대통령보다도 유명한 세계적인 그룹 신화그룹의 후계자 ■ 헬리콥터를 타고 등교 ■ 현 신화고등학교 설립주의 손자	■ 금융에 재능을 보임 ■ 18세 때 첫 투자에 성공한 일로 명덕대 경영학과의 전설이 됨. ■ 브릿지 게임에서 대담하고 공격적인 플레이의 보유자

일 상호 문화의 차이에 대한 드라마 가족서사 분석」, 『교육문화연구』 23-5호, 415~437면.

45 앞의 두 연구 모두 이러한 점에 주목을 하고 있다.

46 Anthony Fung, 최기숙, 위의 논문, 378면.

소이정 [西门(시먼)]	■ 천재 도예가 ■ 유네스코 선정 젊은 예술가 중 하나 ■ 우송박물관 주인의 손자 ■ 상상할 수 없을 정도의 재력가	■ 침착하고 신중한 성격 ■ 다도집안 출신 ■ 브릿지 게임에서 전략가 역할
윤지후 [花泽类 (훠저레이)]	■ 전직 대통령 윤석영 대통령의 손자 ■ 수암문화재단, 유럽 축구팀과 관련 ■ 상당한 재력가	■ 음악 천재 ■ 매년 음악장학금을 받는다고 함 ■ 브릿지 게임에서 포커페이스로 심리전의 강자
송우빈 [冯美作 (팡메이줘)]	■ 일신건설의 후계자 ■ 제주도 땅의 절반 소유 ■ 부동산 재벌 ■ 일신파의 보스 집안 ■ 최고의 현금 동원력 집안	■ 예술을 좋아함. ■ 디자인 전시 기획력 탁월 ■ 브릿지 게임에서 뛰어난 기억력 소유

위의 표를 보면 한국판과 중국판에서는 주요 인물을 설정하고 소개하는 방법이 상당히 다르다는 것을 알 수 있다. 한국판에서는 인물의 성격이나 개인적 특징을 언급하지 않는다. 대개 주인공의 집안을 설명하는 것으로 주인공의 성격을 짐작하게 한다. 소이정의 경우는 그나마 개인적 특성을 언급하려고 한다. 이에 대해 금잔디가 "그래도 자수성가가 한 녀석이 한 명은 있네."라고 하지만, 인물을 소개하는 그녀의 동생은 "천재는 가난할 것이란 편견은 버려"로 응수한다. 소이정 역시 상상할 수 없을 정도의 재력가 집안이라는 점이다.

이에 비해 중국판에서는 집안보다는 개인적 특성을 앞세운다. 물론 집안이 소개되지 않는 것은 아니지만 한국판에 비해 그 정도가 매우 약하며, 집안 내력 역시 황당할 정도로 부유하지는 않다. 뿐만 아니라 F4 멤버들은 더군다나 모두 각자 분야에서 성적이 매우 우수하며 매번 장학금을 받을 정도로 탁월한 개별 능력을 지니고 있음이 강조된다. 또한 이러한 능력을 바탕으로 4인이 협력하여 국제적 브릿지 게임 대회

에서 절대 강자로 군림하기도 한다.[47]

따라서 한국판은 중국판에 비해 인물 설정에 있어 집안의 배경이 뚜렷하게 부각되어 있음을 알 수 있다. 이로 인해 상류층과 서민층의 계층적 빈부 대립이 더욱더 강조되는 효과를 얻는다. 그런데 이러한 사실은 그대로 한국 서사의 전형으로도 이어진다.

주지하듯이 한국의 고전소설은 영웅소설과 대하소설 가릴 것 없이 주인공이 먼저 소개되는 경우를 찾아 볼 수 없다. 대개의 소설에서 주인공은 그 집안 내력이 먼저 소개되고 나서 설정된다. 그런데 당시 창작된 중국 소설은 다소 차이를 보인다. 「호구전」, 「성풍류」 같은 중국 소설은 주인공의 가계나 가장에 대한 설명이 먼저 나오지 않고, 주인공 개인에 대한 소개가 곧장, 상세하게 서술된다. 「평산냉연」의 경우는 아예 주인공에 대한 서술이 없이 사건이 바로 제시된다.[48]

따라서 주인공이 개별적 존재로서가 아니라 집단 특히 가문의 일원으로서 설정된다는 사실을 고전소설과 맥이 맞닿아 있는 서사적 전통으로 인정할 수 있을 것이다. 게다가 한국판에서는 구준표의 아버지가 비록 식물인간이지만 살아 있는 것으로 설정하고 있으며, 나중에 건강을 회복한다.[49] 드라마 진행 중간중간 어린 시절 구준표가 아버지와의 추억을 회상하는 모습이 자주 나오는 것도 인물과 가족의 연관성을 강조하는 서사적 전통을 따라가고 있다고 해석할 수 있다.[50]

이와 관련하여 한국판 〈꽃보다 남자〉에서 특히 주목할 부분은 윤지

---

47 이런 장면은 한국판, 일본판에서는 아예 설정되지 않는다.

48 이에 대해서는 송성욱, 「17세기 중국소설의 번역과 우리소설과의 관계 - 「옥교리」를 중심으로」, 『한국고전연구』 7, 한국고전연구학회, 2001, 71~94면에서 자세히 다루었다.

49 중국판(2018)에서 따오밍스의 아버지는 간암으로 사망한 것으로 설정된다.(25회) 아버지가 생존하지 않는 것은 일본판도 마찬가지이다.

50 강명구, 김수아, 서주희, 위의 논문, 49면에서는 2002년부터 2008년까지 방영된 한, 중, 일의 드라마를 비교 분석한 연구에서 "한국 사회의 가족들은 개인으로서 상상되지 않고 반드시 관계 속에서 재현된다"는 특징을 언급한 바 있다.

후의 설정 방식이다. 윤지후는 전직 대통령의 손자이면서 바이올린을 잘 켜는 존재로 설정된다. 다른 인물의 경우는 재력가 집안임이 부각되어 있다면, 윤지후는 정치가 집안임이 부각되어 있다. 드라마가 회를 거듭하면서 윤지후의 집안에 얽힌 비밀들이 조금씩 밝혀지는데, 윤지후는 자신의 실수로 어려서 아버지를 여의고 할아버지 아래에서 성장했다. 그리고 할아버지는 드라마가 끝날 때까지 윤지후의 보호자이자 은둔형 도덕군자로 묘사된다.

한, 중, 일 드라마 모두에서 F4의 부모가 전면에 나오는 경우는 리더인 구준표(따오밍스, 츠카사)이다. 구준표는 모친이 신화그룹(일본의 경우는 도묘지 그룹)의 회장으로 설정되어 드라마 전체를 지배한다. 이 모친의 성격이나 회사의 위상이 너무 대단하기 때문에 이런 카리스마에 맞설 수 있는 인물은 없다. 그런데 한국판에서만 유일하게 윤지후의 할아버지를 설정하여 구준표의 모친과 대결하도록 설정하고 있다.

한국판 22화에는 구준표의 엄마가 금잔디를 찾아와 심하게 모욕 주는 장면이 나온다. 구준표와 재벌가 여식 하재경과의 혼인이 결렬되고 난 후, 구준표의 엄마는 금잔디에게 “애당초 너 같은 화근 화근덩어리를 처리하지 못한 내 실수”, “너 같은 하찮은 아이”, “너 같은 아이들 머리로는 상상도 할 수 없는 엄청난 피해” 등등의 막말을 쏟아내며 금잔디를 심하게 모욕한다. 이 순간 윤지후의 할아버지가 나타나 “아이를 상대로 말이 지나치구만”이라고 한다. 그리고 구준표의 엄마는 고개를 숙이며 아무 말도 하지 못한다. 윤지후의 할아버지는 당당한 자세로 구준표의 엄마 이름을 부르며 “많이 변했구나”라고 한다. 아마 이 장면에서 시청자들은 상당히 통쾌함을 맛보았을 것이다. 할아버지의 당당함은 그가 지닌 덕성과 명예에서 나온 것인데, 구준표의 엄마가 지닌 엄청난 재력이 이 앞에서 고개를 숙인 것이다. 이 할아버지의 존재는 중국이나 일본, 대만판 어디에도 설정되지 않았기 때문에, 이 역시 한국판의 온전한 특징이라고 할 수 있다.

구준표와 윤지후는 다른 인물에 비해 집안 속성이 대립적으로 설정되기 때문에 이 둘의 대립적 구도가 성립 가능해진다. 구준표와 윤지후가 직접 대립하는 것이 아니라 금잔디를 사이에 둔 삼각관계 속에서의 대립이다. 중국과 일본판에서도 이 삼각관계는 존재한다. 그런데 일본판에 비해 중국판이, 중국판에 비해 한국판에서 훨씬 더 지속적이고 강한 삼각관계가 설정된다. 한국판에서 삼각관계를 통한 구준표와 윤지후의 갈등이 심화될 수 있는 서사적 전제가 바로 할아버지라는 인물 설정이라고 볼 수 있다.

개인과 개인을 대립시키기에는 이미 신화그룹 후계자라는 구준표의 가족성이 너무 부각되었다. 그렇기 때문에 이에 걸맞은 조건을 윤지후가 가져야 되는데 그것이 바로 전직 대통령인 할아버지의 존재이다. 이러한 집안의 조건이 없어도 삼각관계의 대립적 구도를 끌고갈 수 있다. 그러나 두 인물의 집안 배경을 맞세움으로써 삼각관계 구도에서 발생하는 갈등이 지속, 심화될 수 있었다. 이는 개인을 개체로서가 아니라 가문의 한 일원으로서 존재시키고자 한 한국적 서사의 전형과 맥이 닿아 있다고 볼 수 있을 것이다.

☑ 의미 생성의 방식: 실리와 명분, 제도와 정리(情理)

〈꽃보다 남자〉는 가난한 서민 집안의 딸이 세계적 재벌가의 아들과 갖은 갈등을 겪은 끝에 서로 사랑하게 되는 전형적인 멜로드라마이다. 국가별로 비교를 하자면 여성 집안과 남성 집안의 격차 설정, 갈등의 심화 과정, 갈등 해결 장치 등에서 차이를 보인다.

집안의 격차에 대해서는 이미 앞 장에서 언급했듯이 중국판의 간격이 가장 좁다. 중국판은 기본 배경이 고등학교가 아니라 대학교로 설정되기 때문에 여성 주인공은 입학시험에서 자기 실력을 정당하게 발휘하여 명문대학교에 입학한다. 게다가 집안 역시 가난하다고 할 정도는 아닌 평범한 집안이다. 남성 주인공의 집안 역시 한국판에서처럼 헬리콥터를 타고 등교할 정도의 환상적인 상류층이 아니다. 한국판에서 금잔디의 가정은 작은 세탁소를 하는 가정으로 설정되며, 금잔디의 우연한 행동이 언론에서 화제가 되고, 이것이 학교의 이미지와 연관되어 특별 입학을 한다. 확실히 한국판과 일본판에서는 두 집안의 간격이 상당하게 설정된다. 남녀 주인공의 집안 간격의 설정이 다른 만큼 여기에서 비롯되는 갈등과 그 해결 과정 역시 뚜렷한 차이를 보인다.

한, 중, 일 판본에서 가장 특징적인 차이를 보이는 부분은 남성 주인공의 엄마가 가난한 여성 주인공을 인정하고 용납하게 되는 계기 부분이다. 이 드라마에서 노정되는 갈등의 두 축은 애정 갈등과 계층 갈등이다. 애정 갈등에는 빈부라는 계층 갈등이 중첩되어 있는 경우도 있고, 애정 갈등 그 자체인 경우가 있는데, 무엇보다 계층 갈등이 주축을 이룬다.[51] 그리고 이 계층 갈등을 주도하는 인물은 어디까지나 남성 주인공의 엄마이자 대기업 회장이다. 이 엄마는 여성 주인공이 자신들과는 도저히 어울릴 수 없는 보잘것없는 존재로 치부한다. 이에 대해 남성 주인공은 엄마에게 맞서는데 그 저항의 정도는 중국판이 가장 강하다.

〈갈등 해결 양상 비교〉

	한국판	중국판(2018)	일본판
갈등 해결 조력자	■ 주인공 누나	■ 주인공 누나 ■ 집사 할머니 ■ F4 친구들	■ 주인공 누나 ■ 중소기업 사장
갈등 해결 계기	■ 엄마의 뉘우침	■ 아들의 저항 ■ 여주인공의 새로운 면모 발견	■ 중소기업 사장의 부탁

51 애정 갈등 그 자체인 경우는 남녀 주인공의 애정 구도 사이에 윤지후(중국은 레이, 일본은 하나자와 루이)와의 삼각관계가 형성될 때이다.

먼저 중국판을 보면 갈등 극복 조력자 중 결정적인 역할을 하는 사람은 F4 친구들이다. 남성 주인공 따오밍스는 엄마에게 저항하기 위해 단식을 하는데, 그 상황이 지속되자 먼저 누나가 나서 엄마에게 따진다. 그러나 따오밍스의 누나는 따귀를 맞을 정도로 갈등을 더 심화시킬 뿐이다. 이에 주변 친구들이 나서 중재할 방법을 각방으로 모색하는가 하면 여성 주인공 둥산차이는 따오밍스의 집 앞에서 줄곧 비를 맞으며 서 있다. 친구들이 모색한 방법은 둥산차이가 따오밍스의 태도를 바꿔 놓는 과정을 동영상 파일로 담은 USB이다. 친구들은 이것을 따오밍스의 엄마에게 전달하고, 엄마는 둥산차이의 진면모를 발견하게 된다. 이것이 갈등 극복의 과정이자 계기이다. 남성 주인공이 단식을 하면서까지 엄마에게 저항하는 모습, 친구들의 노력, 아들을 변화시킬 정도의 여성 주인공의 능력 등은 중국판에서만 보이는 특징이다. 이는 중국판이 그만큼 개인성 혹은 개인적 능력을 강조하고 있음을 보여준다고 할 것이다.

일본판에서는 특이하게도 중소기업 사장의 존재가 설정된다. 이 캐릭터는 다른 판본에서는 아예 설정되지 않는다. 여성 주인공인 마키노 츠쿠시가 어촌 마을에서 자살을 하려는 이 중소기업 사장을 만나, 대화 끝에 살아갈 희망을 되찾게 해준다. 이 시기는 도묘지 츠카사의 회사 경영이 상당히 어려울 때였다. 이때 츠쿠시의 도움을 받은 중소기업 사장이 자기 회사의 기술특허로 도묘지의 회사를 위기에서 구해준다. 이 순간 중소기업 사장은 도묘지의 엄마에게 도묘지와 츠카시의 교제를 인정해 줄 것을 부탁하고, 이것이 갈등 극복의 결정적인 계기가 된다. 도묘지의 엄마는 츠카시의 능력을 중소기업 사장을 통해 확인하게 되었을 뿐만 아니라 츠카시로 인해 천방지축이던 도묘지의 태도가 바뀌었다는 것을 인식한 것이다. 그리고 이 도묘지의 태도 변화가 결국은 기업의 경영에 지대한 영향을 미치게 된다는 것이다.[52]

정도의 차이는 있지만 중국판과 일본판에서 갈등 극복의 결정적인 요소는 여성 주인공의 존재가 남성 주인공의 태도를 변화시킴으로써 기업 경영과 이익에 도움을 준다는 사실이다. 갈등의 근본 원인이었던 계층의 격차, 즉 여성 주인공의 '보잘것없음'이 '보잘것있음'으로 바뀜으로써 이 갈등이 극복된다는 것이다. 이런 점에서 중국판과 일본판은 '실리'를 택하고 있음을 알 수 있다. 여기에 중국판은 개인적 능력이 보다 부각되어 있다.

이에 비해 한국판에서는, 다른 판본에서 보이는, 남성 주인공의 저항, 여성 주인공의 능력, 갈등 중재자 등의 설정이 보지 않는다. 앞 절에서 언급했듯이 윤지후의 할아버지가 금잔디를 손주 며느리로 삼고 싶다고 직접 말할 정도로 윤지후와의 삼각관계가 마지막까지 지속된다. 윤지후의 할아버지는 금잔디의 능력이 아니라 심성을 높이 산 것이다. 일본, 중국판에서 인정된 여성 주인공의 진면모가 한국판에서는 남성 주인공의 엄마가 아니라 삼각관계 속에 있는 다른 남성의 할아버지를 통해 인정된다는 특이한 설정을 보인다.

한국판에서는 구준표가 부상을 입어 병원 응급실에 있을 때 엄마와 금잔디 사이에 잠깐의 대화가 오간다.(24화) 금잔디가 구준표에 대해 말하는 장면인데 정작 엄마인 자신이 몰랐던 구준표의 성격을 금잔디가 말한다. 이후 구준표의 엄마는 병원을 빠져 나가면서 한 포장마차에서 즐겁게 어묵을 먹고 있는 부자(父子)를 자신의 승용차 안에서 바라본다. 이때 엄마는 온갖 회한에 사로잡히며 지금까지 자신이 아들에게 대한 모습이 잘못된 것임을 깨닫는다. 조금 전 금잔디가 자신에게 했던 "준표는 포장마차에서 어묵과 계란말이 먹는 것을 좋아한다"는 말을 생각

---

52 일본판 〈꽃보다 남자 리턴즈(花より男子 2 リターンズ)〉에서는 엄마에게 저항하는 남성 주인공의 모습이 약화해 있으며 단식 장면도 설정되지 않는다.

하면서 눈물을 흘린다.

한국판에서는 바로 이 눈물이 갈등 해결의 장치로 설정된다. 진정으로 자식이 원하는 것이 무엇인지를 몰랐던 엄마로서의 자책과 그리고 그것을 인정하는 것이 자식을 위하는 길임을 깨달았다는 것이다.

이렇게 본다면 한국판은 기업에 이익이 된다는 실리보다는 모성의 회복이라는 '명분'을 통해 남녀 주인공의 사랑이 인정받고 있다고 볼 수 있다. 결국 한국은 다른 두 나라에 비해 실리보다는 명분을 강조한 셈인데, 이 역시 고전소설의 서사적 특성과 맞닿아 있다.

고전소설, 특히 대하소설의 경우, 윤리나 명분을 지나치다고 할 정도로 따지고 있음은 이미 여러 논의를 통해 밝혀졌다. 대표적인 작품으로는 「옥원재합기연」을 거론할 수 있을 것인데, 이 작품은 한 가지 문제를 집중적으로 장면화함으로써 극도의 사변성을 획득하고 있다. 새로운 사건을 첨가하여 이야기를 진행하고 있는 것이 아니라 한 사건이 가질 수 있는 다양한 의미들을 깊이 있게 천착하고 있으며, 이를 위해 인물의 내면 심리, 언쟁, 정황 설명 등을 통한 서사의 지연을 극대화하고 있다.[53] 또한 이 작품에 대한 여러 연구 성과에서 알 수 있듯이 다양한 윤리적 갈등 상황을 설정하고, 이를 통해 집요하게 윤리적 천착을 하고 있음을 확인할 수 있다.[54]

그런가 하면 「소현성록」을 읽은 독자라면 누구나 비정한 엄마의 모습에 큰 충격을 받았을 수 있다.[55] 이 작품에서 양 부인의 차녀 교영은

---

53 이에 대해서는 송성욱, 「「옥원재합기연」과 「창난호연록」 비교 연구」, 『고소설연구』 12, 한국고소설학회, 2001, 187~222면에서 자세하게 논했다.

54 이에 대한 대표적인 연구 성과로는 정병설, 「「옥원재합기연」: 탈가문소설적 시각 또는 시점의 맹아」, 『한국문화』 24호, 서울대한국문화연구소, 1999, 81~98면. 이지하, 「「옥원재합기연」 연작 연구」, 서울대 박사학위논문(2001). 한길연, 「18세기 문제작 옥원재합기연 연작의 재해석」, 『고전문학연구』 48, 한국고전문학회, 2015, 331~336면 등이 있다.

55 여기에 대해서는 이 책의 II부 1장, 「이념성과 통속성의 연관성」에서 다루었다.

혼인 후 남편의 유배길에 동행을 하게 되고, 남편 이생은 사망한다. 이후 교영은 유배지에서 유장이란 남자와 사귀게 된다. 양 부인이 이 사실을 뒤늦게 알고는 정절을 어긴 교영을 질책한다. 아무리 절개를 어겼다고 하지만 남편이 사망한 다음이라면 용서를 할 여지가 조금은 있을 것이다. 그러나 양 부인은 일말의 망설임도 없이 사약을 내려 교영을 죽게 한다. 다른 어떤 요소도 돌아보지 않고 오직 여성이 지켜야 하는 윤리적 명분에 따라 엄청난 비극적 장면을 연출한 것이다.

〈꽃보다 남자〉 한국판에서 이러한 윤리적 명분은 실리와의 첨예한 대립을 통해 더욱 부각된다. 금잔디 엄마는 금잔디의 순수성을 훼손할 정도로 경제적 실리를 따지는 인물로 설정된다. 일본, 중국판에 비해 그 정도가 훨씬 심하다. 재벌가와 사돈을 맺는 일은 놀랍고도 환영할 일임에 틀림없지만 일본, 중국판에서는 그것이 좌절되거나 했을 때 재벌가와의 결렬보다는 딸의 실망에 더 관심을 보인다. 그러나 한국판에서는 이미 재벌가와의 혼인을 기정사실로 하고 이것을 빌미로 이웃들에게 돈을 빌렸는데, 그것을 갚아야 하는 난감한 처지가 부각된다.[56] 그런가 하면 앞에서 언급한 윤지후 할아버지의 설정으로 구준표 엄마의 경제적 이익과 윤지후 할아버지의 윤리적 명분이 대립하도록 하였다.

정도의 차이는 있겠지만, 이러한 윤리와 명분은 조선시대 소설을 지탱하는 의미의 근간이자 그 자체로 서사의 원리라고도 할 수 있다. 이런 점에서 한국판 〈꽃보다 남자〉는 한국적 서사의 전형이 잠재되어 있는 드라마라고 할 것이다. 남녀 주인공의 상황만 놓고 보자면 한국판이 중국판에 비해 감성적 요소가 주요하게 관철되는 특성을 지니고 있다고 한 주장은 타당한 일면이 있다.[57]

---

56 한국판에서 이 위기는 윤지후의 도움으로 해결된다.

57 앤서니 평, 최기숙, 위의 논문.

그러나 그 상황을 둘러싼 드라마 전체의 맥락을 고려했을 때, 이 감성에는 윤리적 명분이 내재되어 있다고 해석할 수 있다. 한국의 다른 드라마가 그렇듯이 남녀의 사랑을 동화적 낭만 혹은 환상 그 자체만으로 다루지는 않는다. 윤리적 명분이 이 속에 잠재되거나 겉으로 돌출되도록 드라마를 제작하는 것이 한국 스토리텔링의 전형적 모습이라는 것이다.

위에서 한국판에서 윤리적 명분은 '모성의 회복'이라는 장면을 통해 강조되고 있음을 확인하였다. 그리고 이 장면은 다른 나라 판본에는 설정되지 않을 뿐더러 실리를 택해 갈등이 해소되고 있었다.[58]

☑ 장면 설정의 특징: 극단적 대립의 중화(中和)

개인성보다는 집단성을 부각했을 때 계급 혹은 계층 간 대립 양상은 훨씬 심화된다. 이 대립의 심화로 인해 드라마는 다소 극단적 사건을 설정하기 마련이다. 한국판에서 구준표 집안과 금잔디 집안의 갈등의 보다 첨예하게 드러나는 것도 이와 무관하지 않을 것이다. 무엇보다 한국판의 경우는 중국판에 비해 여성 주인공의 왕따 장면, 집단 가해 장면 등이 강조된다. 극단적 장면과 사건의 설정은 그것이 긍정적이든 부정적이든 이른바 막장 이야기의 성격을 지니게 된다. 어떻게 보면 이것은 한국 드라마가 가지고 있는 전체적인 특성으로 볼 수도 있을 것이다.

---

58 이와 관련하여 다른 리메이크 드라마인 〈마더〉(tvN, 2018)에서도 흥미로운 일면을 발견할 수 있다. 이 드라마는 일본 드라마 〈마더〉(2010)을 리메이크한 것으로 일본 원작에 비교적 충실하게 제작되었다. 친 엄마에게 학대받는 아이(혜나)와 그 아이를 학대로부터 구출하여 양엄마(수진)가 되는 인물의 이야기를 다루고 있다. 따라서 친엄마와 양엄마, 가짜 모성과 진짜 모성의 문제를 형상화하고 있는 드라마이다. 원작인 일본판에서는 모성에 관해 법적 판결을 우위에 두고 그것에 순응하는 것이 일본판이라면 개인적 진실성이 법적 판결보다 우위에 설 수 있다는 인식을 보여주는 것이 한국판이다. 이 역시 규범보다는 명분을 우선시하는 한국적 스토리텔링의 특성으로 이해될 수 있는 여지가 있다.

막장 이야기의 성격은 조선시대 소설의 전형적인 특징으로도 볼 수 있다. 잘 알려진 『제일기언』 서문에서 홍희복이 언급했듯이 소설에서는 이야기를 하면 꼭 음모를 꾸며 사람을 죽이는데 이를 정도이다. 「임화정연」의 속편인 「쌍성봉효록」은 대하소설에서 설정되는 음모의 방법을 한꺼번에 모아서 보여준다.[59]

음모의 대상이 설정되면 그때부터는 물불을 가리지 않고 무차별적 공격을 가한다. 약물을 사용하여 정신을 홀리거나 직접 독살을 기도하기도 한다. 간부(姦夫) 및 간부서(姦夫書)를 동원하여 누명을 씌우고, 방화(放火), 습격, 자객을 이용한 살해기도 등 갖가지의 방법이 동원된다. 이런 음해가 진행되는 과정에서는 애초 설정한 음해의 대상이 점점 다른 방향으로 옮겨가 나중에는 국가를 대상으로 역모를 꾸미기까지 한다. 이는 누명을 씌워 한 개인을 축출하려는 원래의 목표가 살해라는 극단적 행위 발전하고, 나아가 개인에 대한 음모에서 그 개인이 속한 가문 전체에 대한 음모로 그 범위가 점점 강화되고 확산된다는 특징을 보인다.

「사씨남정기」에서도 확인할 수 있듯이 쟁총 갈등이 진행되는 과정에서 급기야는 자신의 아들까지 살해하고, 남편과 남편 집안 전체를 음해의 대상으로 하는 이러한 역시 고전소설의 전형적 성격이라고 할 것이다. 고전소설이 당대의 대중문화로서 기능을 했다면 이런 극단적 장면 설정은 충분히 이해할 수 있는 부분이다.[60]

〈꽃보다 남자〉에는 여성 주인공이 집단 따돌림을 받아 학교 폭력에 시달리는 장면이 나온다. 애초에 고등학교가 아니라 대학교로 배경이

59 이에 대해서는 바로 앞 장, 「아내의 유혹」 부분에서 다루었다.

60 사실 「쌍성봉효록」과 비교하자면 막장 드라마의 대명사인 〈아내의 유혹〉을 주요하게 거론할 수 있다. 대하소설에는 누군가가 사망을 하면 진짜 사망한 것으로 생각을 해서 그 집안에서 제사까지 지내주는 경우가 있다. 「쌍성봉효록」에서 소 소저가 이 경우에 해당한다. 그러나 소 소저는 진짜 죽은 게 아니다. 〈아내의 유혹〉에서 구은재의 일생이 이런 모습을 그대로 연출하고 있다.

설정된 중국판에서는 이 부분이 가장 미약하게 설정되어 있다. 중국판의 경우는 계급 간 갈등이 첨예하지 않게 드라마를 설정한 이유에서 비롯된 당연한 결과라고 할 것이다. 한국판과 일본판에서는 폭력의 종류가 다르지만 정도는 비슷하게 설정된다. 그런데 한국판이 일본판에 비해 따돌림과 폭력 장면이 덜 심각하게 비쳐진다.

극단을 추구하는 한국 스토리텔링의 전형이라고 한다면 한국판에서 이 폭력 장면은 충분히 극단적으로 설정되었다고 볼 수 있다. 그럼에도 불구하고 일본판에 비해 장면의 의미가 덜 심각하다는 것은 폭력과 따돌림이 심각성을 중화시킬 수 있는 또다른 장치가 설정되어 있다는 말이다.

한국판에서 여성 주인공 금잔디는 일본판에 비해 명랑하고 씩씩한 성격으로 설정되며 우스꽝스러운 행동도 자주 연출한다. 이것을 원작 만화다운 설정, 혹은 원작 만화에 충실한 설정이라고 할 수 있을지도 모르겠지만, 금잔디는 학교 폭력에 시달리면서도 우스꽝스러운 동작과 표정, "넌 오늘 죽었어"라고 혼잣말을 하면서 그 상황을 극복하려고 노력한다.

금잔디의 다소 코믹한 모습은 드라마 전체를 통해서 확인할 수 있는데, 이것은 중국, 일본판과 비교했을 때의 차이점이기도 하다. 일본판에서는 따돌림을 당하는 여성 주인공이 아예 얼굴을 들지도 못할 정도로 집단 폭력을 당한다.

〈학교 폭력 장면〉

한국판

일본판

뿐만 아니라 〈꽃보다 남자〉에서는 금잔디의 아버지 역으로 나오는 인물이 중국이나 일본판에 비해 보다 코믹한 인물로 설정되는 등 시리즈 전체에 걸쳐 코믹한 연기의 비중이 두드러진다.

그렇다면 한국판은 고난과 시련의 비극적 장면이 우스꽝스러운 코믹, 해학적 행위를 통해 중화된다고 볼 여지가 있을 것 같다. 이런 측면에서 한국 드라마의 전체적인 사정을 돌아보면 흥행에 성공한 드라마는 확실히 고난과 웃음이 동전의 양면처럼 붙어 있는 경향이 강함을 알 수 있다.

삭막한 입시 현실을 실감나게 다룬 드라마 〈스카이캐슬〉 역시 극단적 사건 설정이 돋보이지만, 이 가운데 우양우와 진진희 부부의 코믹한 행위, 차민혁의 과장되고 엉뚱한 행동으로 인한 웃음 유발 등의 요소가 매회 삽입된다. 이로 인해 이 드라마가 가진 극단적 상황이 중화된다. 실제로 시청자 입장에서 우양우 부부의 코믹한 연기가 없었더라면 한서진, 김준상 부부가 벌이는 막장 같은 극단적 사건에 싫증을 느꼈을 것이다.

이런 관점에서 해석할 수 있는 드라마는 〈태양의 후예〉, 〈미스터 선샤인〉, 〈도깨비〉 등 상당히 많다. 따라서 막장 전개가 주는 피로감과 그것의 해소를 위한 서사적 장치로서의 코믹 요소가 설정되었다고 볼 수 있다.[61]

61 여기에 대해서는 다음 장, '천만 관객 영화와 한국형 스토리텔링 탐색'에서 상론하기로 한다.

2. 영화와 비교

1) 〈슈퍼맨〉 시리즈

☑ **발상의 전환**

2019년도 상반기, 정확히 말하자면 5월이다. 전 세계 극장가는 미국의 종합 엔터테인먼트 회사 마블에서 제작한 〈어벤저스; 엔드게임〉으로 일대 소동이 벌어졌다. 최단 기간 최다 관객 동원, 개봉 주 최대 흥행 수익 등 각종 신기록을 쏟아 내며 흥행몰이를 했다. 전작인 〈어벤저스; 인피니티워〉도 상당한 인기를 누렸지만, '엔드게임'은 시리즈의 마지막이라는 점 때문에 더 많은 관심을 받았던 것 같다. 한국은 시차로 인해 전 세계에서 가장 먼저 개봉한 국가로 낙점되어, '엔드게임' 열풍의 중심에 있는 국가였다. 개봉 전날 실시간 예매율 97%, 사전 예매 관객 수만 200만 명을 동원하는 등 엄청난 광풍을 몰고 온 영화였다.

다른 마블 영화도 마찬가지지만, '엔드게임'은 그동안 마블 영화를 얼마나 많이, 그리고 자세하게 보았는가에 따라 이해나 흥미의 정도가 달라진다. 마블 영화를 많이 보지 않은 사람에게는 공상과학이 가미된 그저 그런 슈퍼히어로 영화 정도로 비춰질 수 있다. 아니면 대단히 산만한 스토리에 화려한 싸움 장면이 길게 나열되는 흔한 블록버스터 작품 정도로 여겨질 수 있다. 그런데 이 '엔드게임'을 제대로 이해하기 위해서는 마블의 슈퍼히어로 영화 20여 편을 모조리 섭렵해야 한다. 〈아이언맨〉, 〈토르〉, 〈닥터스트레인지〉, 〈캡틴아메리카〉, 〈헐크〉 등의 슈퍼히어로가 등장하는 개별 영화들을 챙겨 봐야 하고, 이들을 한꺼번에 엮어 주는 타노스와 같은 빌런의 세계를 이해했을 때, 비로소 어벤저스 시리즈가 대단히 치밀하게 구성된 거대한 세계관이 작용하는 영화라는 것을 알 수 있다.

슈퍼맨, 배트맨 이야기로 잘 알려진 DC코믹스 역시 마블 영화와 마찬가지로 오랜 기간에 걸쳐 이야기의 시 · 공간을 확장해 왔다. DC코믹

스나 마블코믹스처럼 원래는 만화에 기반을 두면서 수많은 영화에 연속적으로 설정되는 캐릭터와 그들이 사는 세상은 이른바 DCEU(DC Extended Universe) 혹은 MCU(Marvel Cinematic Universe)로 지칭된다.

한국에서는 이 '유니버스'란 용어를 '세계관'으로 사용한다.[62] 여기에는 시·공간적 배경과 그 배경 안에서 활동하는 주요 캐릭터들, 그 캐릭터의 각각의 능력치 등이 포함된다. 그러니 우리가 문학에서 사용하는 세계관 개념과는 다소 거리가 있다. 어떻게 보면 만화나 영화의 배경 따위를 두고 거창하게 세계관이란 용어를 사용한다고 생각할 수도 있겠다, 그러나 한 편의 영화가 아니라 수 편의 영화를 거듭하면서, 연속되고 변화하고 확장하는 세계의 모습은 상당히 복잡하다. 그래서 DC나 마블 영화를 개봉 순으로 봐야 하는지, 시간 배경의 순서로 봐야 하는지, 나아가 세계관의 연관도 순으로 보아야 하는지를 고민하는 일이 발생한다.

그런데 지금 고등학교나 대학교에서 영웅소설을 공부하는 학생들 대부분이 바로 위와 같은 방식으로 슈퍼히어로 서사를 향유한다. '엔드게임'에서는 아이언맨 토니스타크가 사망한다. 조금도 현실 개연성이 없고, 신화적 신비감도 없는 공상만화적 캐릭터인 아이언맨의 죽음을 두고 슬픔의 눈물을 흘리기도 하고 그 의미를 두고 논쟁이 벌어지기도 한다.[63] 머리로는 이해가 가지만 가슴으로는 도저히 공감할 수 없다. 다른 감동적인 영화를 보고는 조금도 눈물을 보이지 않는 이들이 그야말로 전형적인 SF 만화 캐릭터의 죽음을 보고 눈물을 흘린다는 것을 어떻게 해석해야 할까.

---

62 '유니버스'를 '세계관'으로 옮기는 것이 적절한 것인지는 한번 생각해 볼 일이다. 한편, 게임 시나리오를 작성하는 과정에서도 캐릭터가 살아가는 세상의 모습을 세계관으로 지칭한다.

63 필자가 보기에는 이 죽음은 전혀 감동적이지 않다.

다시 생각하면 영웅소설만큼은 어쩌면 이들과 가장 잘 호흡할 수 있는 대상일 수 있다는 생각도 든다. 지금의 슈퍼히어로만큼이나 환상적 캐릭터가 등장하는 영웅소설에 열광했던 조선시대 독자들이, 슈퍼히어로 영화에 열광하는 지금의 관객들과 대비될 수도 있지 않을까? 그런데 다시 생각하면 '슈퍼히어로'라는 공통점이 있기에 고전소설 특히 영웅소설은 현대의 학생들과 잘 호흡할 수 있을지도 모른다는 생각이 든다. 영웅소설을 듣기 위해 전기수 주변에 모였던 조선시대의 독자들과 〈엔드게임〉을 보기 위해 영화관에 모이는 지금의 관객들의 모습이 비슷해 보이는 것이 억지는 아닐 것이다. 그래서 지금의 슈퍼히어로와 조선시대 영웅소설을 비교하는 일은 여러모로 흥미 있는 결과를 가져올 것으로 기대한다. 지금의 슈퍼히어로 세계에 주목함으로써 영웅소설의 새로운 면모를 발견할 수 있을 것이다. 또한 그 논의 과정 자체가 지금 세대들이 영웅소설과 소통할 수 있는 새로운 통로를 여는 과정이 될 수 있을 것이다. 나아가 영웅소설을 지금 시대에 환생시킬 수 있는 방법이 모색될 수도 있을 것이다.

슈퍼히어로 이야기와 영웅소설의 관련성에 대한 연구 성과가 그다지 많지는 않은 것 같다. 이정원은 「최치원전」, 「금방울전」 등의 초기 영웅소설과 슈퍼히어로 이야기를 괴물의 형상 문제에 주안점을 두어 논의를 했다.[64] 또한 권도경은 현대 영상물에서 한국적 슈퍼히어로 이야기의 성격을 탐색하는 과정에서 슈퍼히어로 이야기와 영웅서사와의 비교를 한 바가 있다.[65] 모두 우리 소설 연구의 지향점을 넓혔다는 점에서 시사하는 바가 크다고 하겠다.[66]

---

64 이정원, 「영웅소설의 괴물문제 – 슈퍼히어로와의 대비의 관점에서 –」, 『우리어문연구』 55집, 2016, 99~129면.

65 권도경, 「한국고전영웅서사원형의 재생산과 코리안 슈퍼히어로물의 탄생, 그리고 헐리우드 슈퍼히어로물과의 서사코드적 차이」, 『비교한국학』 22권 1호, 2014, 139~172면.

여기에서는 효과적인 논의를 위해 슈퍼히어로 이야기 중에서는 원조이자 상징격인 일련의 〈슈퍼맨〉 이야기를 주요 자료로 활용하고[67], 〈어벤저스〉, 〈캡틴아메리카〉 등의 작품을 보조 자료로 활용하기로 한다. 영웅소설 중에서는 초기 작품으로는 「홍길동전」, 전성기 작품으로는 「유충렬전」, 이 사이의 과도기 작품으로 「소대성전」을 주요 텍스트로 활용하기로 한다.

☑ **공간 설정 비교**

영웅소설 전공자에게는 너무나 익숙한 말이지만 우리 영웅소설은 대개 천상계와 지상계의 이원적 구조를 지닌다. 다른 말로 하자면 천상계와 지상계 두 개의 차원을 가진다는 말이다. 이를 두고 '이원적 구조'로 지칭하며, 그것을 서사 구조의 차원뿐만 아니라 근본적인 사고 원리로까지 이해하려 한다. 조동일 교수는 일찍이 '영웅 일대기'의 변화 과정을 논하면서 우리 소설사가 일원론적 모습에서 이원론적 모습으로 변했다고 논했고[68], 이후 많은 논의에서 이 이원적 구조의 의미에 대한 심도 있는 논의가 이루어졌다.[69]

---

66 단, 여기에서는 마블보다는 DC의 슈퍼맨 이야기와 그 세계관의 변화에 주안점을 두기로 한다. DC와 마블의 세계관에 대해서는 만화 독자나 영화 관객들 사이에서 호불호가 분명하게 나뉜다. 마블보다는 DC가 보다 철학적이라는 평가가 있으며, 세계관 확장의 치밀함은 마블이 더 우세한 편이다. 슈퍼히어로 캐릭터에서 슈퍼맨 이야기가 가지는 상징성, 동일한 슈퍼맨 이야기를 반복하면서도 구조의 변화를 오랜 기간 모색했다는 점에서 우리 영웅소설과의 비교에 더 적합하다고 판단했기 때문이다.

67 본격적인 블록버스터 슈퍼맨 이야기이자 세계적 흥행에 성공에 1978년 영화 〈슈퍼맨〉은 1987년까지 4편의 시리즈로 제작되었다. 이후 2006년에 〈슈퍼맨 리턴즈〉가, 다시 2013년 〈맨오브스틸〉이 제작되었다. 2006년 〈슈퍼맨 리턴즈〉는 사라졌던 슈퍼맨의 복귀로 시작된다면, 〈맨오브스틸〉은 슈퍼맨에 대한 새로운 조명이자 이야기의 구조의 대대적인 변화를 모색한 영화이다. 이후 슈퍼맨은 배트맨의 세계관과 결합되면서 〈저스티스리그(Justice League)〉(2017년)에 이르기까지 지속적으로 세계관을 확장한다.

68 조동일, 『한국소설의 이론』, 지식산업사, 1985, 271~340면 참조.

69 대표적인 논의로는 박일용, 「「유충렬전」의 서사구조와 소설사적 의미 재론」, 『고전문학

이들 연구에서 가장 많은 주목을 받았던 작품은 「유충렬전」이다. 「유충렬전」은 영웅소설 중에서도 천상계와 지상계의 대립이 가장 뚜렷하게 설정되어 있으며, 다른 작품에서는 좀처럼 찾아볼 수 없는 천상계의 구체적인 장면화도 이루어지고 있다.[70] 특히 천상에서 벌어진 대장성과 익성의 갈등이 지상의 유충렬과 정한담의 대립으로 그대로 이어진다는 점에서 천상계와 지상계의 관계가 긴밀하게 설정되었다.

이러 관점에서 슈퍼히어로 이야기의 상징격인 영화 〈슈퍼맨〉을 보면 마치 「유충렬전」을 보는 듯한 착각이 들 정도로 유사한 부분이 곳곳에서 발견된다.

〈슈퍼맨〉은 지구가 아니라 외계 행성인 크립톤 장면부터 시작한다. 크립톤 행성을 이끌어 가는 위원회가 쿠데타 세력인 조드 장군과 그 부하 3명을 논죄하여 팬텀존에 영원히 가두어 버린다. 이 조드 장군을 직접 논죄하는 사람이 조엘인데, 조엘은 크립톤 행성의 폭발과 멸망을 언급하며 갓 태어난 그의 아들 칼엘을 우주선에 태워 지구로 보낸다.

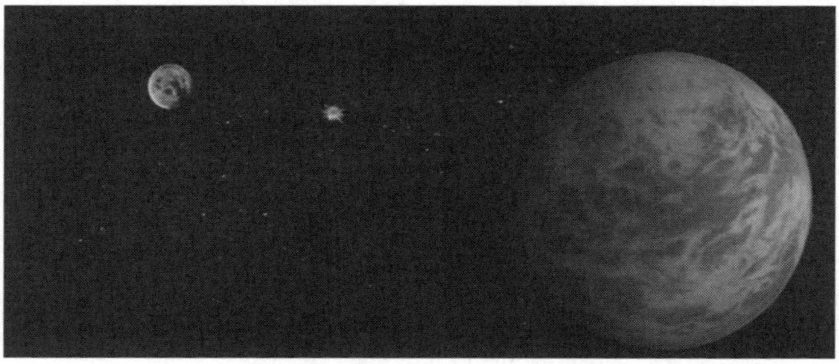

연구』 8집, 1993, 265~296. 강상순, 「영웅소설의 형성과 변모 과정 연구」, 고려대학교 석사학위논문, 1990. 진경환, 「영웅소설의 통속성 재론」, 『민족문학사연구』 3호, 1993, 91~112면 등이 있다.

70 임치균은 「유충렬전」의 이러한 양상에 주목하여, 천상 대립과 지상 대립의 의미를 해석하고자 했다. 임치균, 「유충렬전」, 간행위원회 편, 『한국고전소설작품론』, 집문당, 1992, 387~406면.

영화 화면에서는 크립톤 행성에서 지구로 이동하는 과정이 상당히 길게 잡힌다. 제시한 캡처 사진처럼 입체적인 별 모양의 물체가 지구에 도착하기까지 무려 2분 20초 가까이 장면을 노출한다.[71] 배경 음악과 함께 슈퍼맨의 부친 조엘이 내레이터 방식으로 향후 칼엘의 운명, 우주의 비밀, 지구에 도착하기까지 거쳐 가야 할 6개의 우주 등에 대해서 말한다.

〈슈퍼맨〉의 1편에서는 설정되지 않지만 후속편과 새롭게 제작된 〈맨오브스틸〉에서는 슈퍼맨의 아버지 칼엘에 의해 추방된 조드 장군이 팬텀존을 해체하고 지구로 내려와 슈퍼맨과 대결을 벌이는 장면이 설정된다. 특히 〈맨오브스틸〉에서는 슈퍼맨과 조드 일행의 대결이 가장 중요한 갈등 요인으로 설정되어 있다. 이를 「유충렬전」과 단순 비교하면 다음과 같다.

	「유충렬전」	〈슈퍼맨〉 시리즈 (〈맨오브스틸〉 포함)
공간 설정	천상과 지상	외계(크립톤 행성)와 지구
대결 구도	천상: 대장성과 익성 대결 지상: 충렬과 정한담 대결	외계: 조엘과 조드 대결 지구: 칼엘과 조드 대결
이동 수단	적강	우주선
적의 성격	아버지의 적이자 국가의 적	「유충렬전」과 동일함.

위의 〈표〉를 보면 〈슈퍼맨〉에서는 크립톤 행성에서 슈퍼맨의 아버지와 조드의 대결이 지구의 슈퍼맨과 조드의 대결로 이어졌다. 여기에

71 2분이 넘는 동안 펼쳐지는 크립톤에서 지구로의 공간 이동 장면은 「구운몽」의 성진이 인간 세상으로 내려오는 긴 과정을 연상하게 하며, 대장성을 지키던 선관이 인간 세상으로 내려오는 상황을 연상하게 한다. 만약 「유충렬전」을 슈퍼히어로 영화로 각색한다면 옥황상제가 있는 천상계의 상황과 두 선관의 갈등과 이에 대한 논죄, 그리고 인간 세상으로 내치는 장면 등이 부각될 수 있을 것이다.

서 「유충렬전」의 천상은 말 그대로 선험적 초월계이고, 〈슈퍼맨〉의 외계는 지구와 동일한 우주 속에 편입되어 있는 현실계라는 점에서 근본적으로 다르다고 볼 수 있다. 공간 설정이 근본적으로 다른데도 불구하고 동질의 것이라는 느낌이 드는 데에는 다른 사정이 숨어 있다.

외국 영화에서 외계가 등장하는 영화로는 〈E.T〉를 비롯하여 〈스타워즈〉, 〈가디언즈오브갤럭시〉 등을 대표작으로 거론할 수 있겠는데, 이들 영화에 등장하는 외계인은 인간과는 모습이 사뭇 다르다. 그런데 〈슈퍼맨〉의 크립톤 행성 외계인은 인간과 동일한 외양을 지닌다.[72] 그렇기 때문에 크립톤을 다른 외계 영화의 외계 공간과는 다르게 생각할 여지가 생긴다. 이후 슈퍼맨이 외계에서 지구로 이동하는 긴 시간 동안 조엘은 칼엘이 살아갈 운명과 지구에서의 적응 과정 등에 대해서 상세하게 언급한다. 이 조엘의 대사는 예언적 내레이터로서 마치 신(神)적 이미지를 연상하게 한다. 뿐만 아니라 슈퍼맨이 죽은 로이스를 살리기 위해 지구의 시간을 거꾸로 돌리는 장면에서도 '지구의 운명에 끼어들지 말라'는 경계성 내레이터가 등장한다. 죽은 사람을 살리기까지 하는 슈퍼맨과 크립톤 행성에서 사망했음에도 불구하고 슈퍼맨의 삶에 개입하는 아버지 조엘의 모습은 확실히 신적 이미지를 연상하게 한다. 외계 공간 크립톤이 「유충렬전」의 천상의 모습과 겹쳐져서 읽히는 이유가 여기에 있다 할 것이다.

그렇다면 천상과 지상, 외계와 지구가 서로 소통하는 양상을 한번 살펴보자. 영웅소설에서 천상과 지상은 대개 태몽과, 현몽, 이계(異界)와 이인(異人) 등을 통해 소통한다. 가령, 「소대성전」에서는 '동해 용자가 비를 잘못 내린 죄로 적강'한다는 태몽과 청룡사 노승의 출현 등을 통해 소통한다. 천상의 선녀가 출산을 돕는 「유충렬전」의 장면 역시 현실 그

72 이 인간 외양은 〈맨오브스틸〉까지 오면서도 변하지 않으며, 오히려 더 강화된다.

자체가 아니라 꿈이다. 역설적이게도 이렇게 영웅소설에서 천상과 지상이 간접적으로 소통하는 것에서, 당시 사람들이 천상이라는 공간을 선험적 초월계로 인식하려는 경향이 있음을 알 수 있다. 물론 이 공간은 천상일 수도 있고, 용궁과 같은 지하계일 수도 있지만, 그 공간을 감히 접근할 수 없는 절대적 공간이라 생각하는 수직적 사고가 작용한다는 것이다.[73]

그런데 천상과 지상을 매개하는 꿈, 이계와 이인 등은 지극히 현실적인 소재들이다. 꿈은 말한 것도 없고, 소설에서 설정되는 이계의 모습 역시 초월보다는 현실적 형상에 가깝다. 「박씨전」에 설정된 금강산과 이인의 성격을 지니는 박 처사, 「소대성전」에 설정된 영보산 청룡사와 노승, 「유충렬전」의 백룡사와 노승 등의 모습은 천상과 지상의 경계로 해석될 수 있겠지만[74], 현실적 형상에 더 가까운 것은 사실이다. 이와 같이 천상과 지상의 소통의 매개를 지극히 현실적 형상으로 묘사하고 있다는 것은, 수직적 사고를 현실적 삶과의 수평적 연장 속에서 풀어내려는 의도가 내재하고 있다고 볼 수 있다.[75]

이것은 〈슈퍼맨〉이 두 차원과 소통하는 모습과 확연한 차이가 있다. 〈슈퍼맨〉에서 외계는 선험적인 공간이 아니며 지구의 운명을 운명론적으로 관장하는 공간도 아니다. 어디까지나 평행한 우주 속에 존재하

---

73 여기에 대해서는 송성욱, 「고전소설의 이원적 구조와 TV드라마－TV드라마 〈별에서 온 그대〉, 〈도깨비〉와의 비교를 중심으로」, 『한국고전연구』 39호, 2017, 299~327면에서 상세하게 언급했다.

74 조재현은 이를 두고 '현실계 경계공간'이라고 지칭하고, 이 공간 속에서는 지상의 "객관적인 거리나 시간은 경계 공간에 속한 존재와 조우한 순간 사라지게 된다"고 해석하였다. 조재현, 「고전소설에 나타난 환상계 연구」, 국민대학교 박사학위논문, 2005, 91면 참조.

75 서술 분량으로만 보자면, 적강 화소가 있고, 이원적 구조가 작용하는 소설에서 천상 부분이 차지하는 비중은 상당히 적다. 「구운몽」만 해도 성진보다는 양소유 부분이 서술 분량에서 절대적으로 많다. 「소대성전」에서는 한 문장 정도로 적강 부분이 서술될 정도이다. 이와 같이 그 화소의 중요함에 비해 그 서술 분량이 적다는 것 역시 이러한 사고가 작용한 결과라고 볼 수 있을 것이다.

는, 조만간 파괴될 하나의 행성이다. 그렇기 때문에 이 외계와 지구는 우주선을 통해 직접적으로 오고 갈 수 있는 공간이다. 다만, 지구는 크립톤 행성에 도달할 수 있는 우주선을 만들 과학기술이 부족할 뿐이다. 이처럼 슈퍼히어로의 세계관에는 현실적 우주라는 거대한 공간이 놓여 있다. 현실과 초현실의 구분이 아니라 지구와 외계 혹은 지구와 평행한 다른 차원의 구분이 놓여 있다는 것이다.

그럼에도 불구하고, 〈슈퍼맨〉에서는 이 외계의 공간을 지구보다 우위에 있는 공간으로 형상화하려는 의도를 지니고 있다. 과학 기술, 신이 아니면 가질 수 없는 초능력, 조엘의 예언자적 개입[76] 등에서 이 의도는 명백해진다.[77] 〈슈퍼맨〉만이 아니라 마블에서 제작한 〈토르〉에 등장하는 주인공 토르는 외계의 신이면서 지구의 일에 관여한다. 토르는 〈어벤저스〉에서도 같은 형상으로 등장하는데, 이 토르는 다른 슈퍼히어로들과 너무 격의 없이 소통하기 때문에 관객들은 그가 신인지 신이 아닌지에 대해 끊임없이 생각하게 된다. 〈닥터스트레인지〉에서는 악인이 사는, 외계와는 구별되는 다른 차원이 존재한다. 여하튼 슈퍼히어로가 사는 세상에는 지구와 다른 신비한 차원이 존재하며 그 차원과 지구는 평행하게 연결된다. 그 다른 차원은 기술이나 생리적 측면에서 확실히 지구보다는 우위에 있는 차원이지만 지구를 지배하지는 못한다. 만약 그 차원이 악의 힘으로 작용한다면 지구를 파괴할 정도의 파괴력이 있으며, 슈퍼히어로가 아니면 방어할 능력이 없다. 그렇기 때문에 이 다른 차원은 신이 존재하는 초월적 공간이 아니지만 관객들에게

---

76 〈맨오브스틸〉에서는 이 예언자적 모습이 홀로그램이라는 과학 기술과 중첩되어 있다.

77 슈퍼맨 이야기를 두고, 에코가 "다른 신화와 마찬가지로 끊임없이 반복되는 구조 속에서 절대로 소모되지 않는 '시대를 초월한 신화'의 특징을 지니지만 동시에 슈퍼맨의 활약은 시간이 지배하는 인간이 세계에서 발생하고 의미를 갖기에 인간의 삶처럼 소모되는 측면이 있다."고 한 것 역시 이런 성격을 뒷받침하는 것이다. 이에 대해서는 황준호, 「슈퍼맨과 미국의 신화」, 『안과밖: 영미문학연구』 34호, 2013, 352면에서 재인용.

는 지속적으로 초월성을 연상하게 만든다.[78]

영웅소설과 슈퍼히어로 이야기의 이러한 공간의 문제는 다음과 같이 정리할 수 있을 것이다.

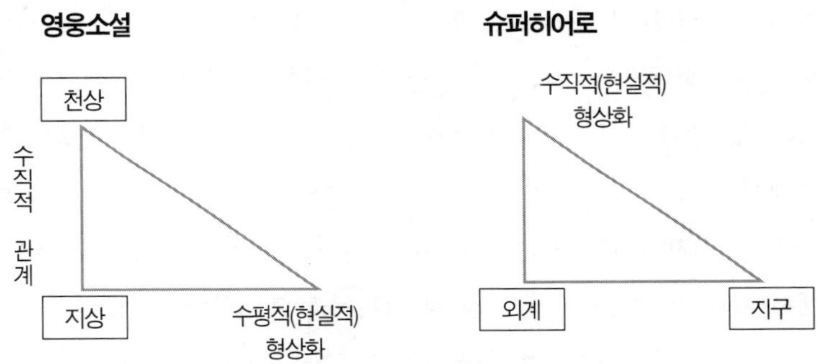

위의 그림에서 보듯이 영웅소설은 애초에 수직적 관계로 인식되었던 천상과 지상을 수평적으로 형상화하려고 한다면, 슈퍼히어로 이야기에서는 원래 수평적으로 인식되었던 외계와 지구를 수직적으로 형상화하려는 경향을 가진다고 볼 수 있다. 그러나 천상과 지상, 외계와 지구를 통한 상반된 공간 설정의 양상은 비록 상반되는 모습을 보여주지만, 어느 경우이건, 삶의 고난을 해결해 줄 수 있는 초월적 영웅에 대한 대중의 염원이 반영된 결과라 하겠다.[79]

---

78 물론 마블 세계관에서 설정되는 외계가 DC의 세계관과 동일하지는 않다. 그러나 두 차원의 설정 소통 양상만큼은 같은 맥락에서 이해할 수 있을 것이다.

79 이런 관점에서 드라마 〈별에서 온 그대〉는 도리어 조선시대 영웅소설이 슈퍼히어로 이야기로 각색된 셈이다. 비록 적강 모티프는 없지만 여자 주인공의 환생 모티프가 설정되어 있고, 전생에서의 인연이 현생에서 이어진다는 점에서 영웅소설과 많이 닮아있다. 그런데 이 드라마에서는 남자 주인공 도민준을 외계인으로 설정하여 400년 동안 지구에서 연속적으로 사는 존재, 인간과 같지만 초능력을 지닌 존재로 표현했다. 어떻게 보면 이 도민준은 후술하게 될 슈퍼맨의 캐릭터와 상당히 흡사하다. 미국 ABC회사에서 이 드라마에 리메이크 관심을 보인 이유도 이와 무관하지 않은 것으로 보인다. 자신들에게는 환생이라

☑ 캐릭터 설정 방식 비교

가 '타자화', '이중적 자아'의 측면

이정원은 슈퍼히어로의 타자성과 연결된 비범함, 그리고 이 속에 함께 포함되어 있는 도덕적 의지에 주목하고, 슈퍼히어로 이야기와 「홍길동전」, 「금방울전」 등 초기 영웅소설을 대비하여 논했다.[80] 이 논의에서는 슈퍼히어로와 영웅소설 주인공의 '괴물'과 같은 성격에 주목한다. 외계의 존재이건 인간이건 슈퍼히어로는 그들의 능력을 발휘하는 과정에서 보통 인간과는 다른 특이한 모습으로 변화한다. 슈퍼히어로로 변화한 스파이더맨은 인간인지 거미인지 분간이 가지 않는다. 이런 점에서 슈퍼히어로는 분명 '괴물'의 이미지를 가지고 있다. 물론 「금방울전」과 같이 금방울이라는 형상 자체가 '괴물'의 이미지를 가질 수도 있겠지만, 형상과는 별도로 인간 사회에서 그 존재를 이질적으로 인식하거나, 자기 스스로 그러한 인식을 가진다는 점이 문제의 핵심이라 할 수 있을 것이다.

「홍길동전」에서 홍길동은 형상적 괴물은 아니지만 자기 스스로가, 그리고 가정과 사회로부터 타자화된다는 점에서 가장 본질적인 '타자'의 캐릭터를 보여준다. 특히 가부장제 이념이 낳은 남성의 폭력적 행위 속에서 출생한다는 점, 그로 인해 적서차별의 부당함을 경험한다는 점, 결국은 가정을 위협할 존재로 낙인찍혀 제거의 대상이 된다는 점 등에서 철저하게 타자화된다.[81] 이와 같은 캐릭터의 모습은 영웅소설 전체를 통해서 좀처럼 발견할 수 없는 대단히 독특한 양상이다.

는 낯선 모티프가 외계인이라는 익숙한 캐릭터와 만나서 만들어내는 새로움이 있었을 것이다.

80 이정원, 위의 논문, 참조.

81 이에 대해서는 김경미, 「타자의 서사, 타자화의 서사, 「홍길동전」」, 『고소설연구』 30집, 2010, 185~210면에서 상세하게 논했다. 또한 홍길동의 괴물 이미지로서의 타자화에 대해서 이정원, 위의 논문에서도 분석한 바 있다.

슈퍼히어로는 말 그대로 초영웅 혹은 초인영웅을 일컫는 말이다. 슈퍼히어로의 시조격에 해당하는 DC코믹스의 슈퍼맨(1938년 6월 탄생)을 감안하면, 슈퍼히어로는 인간과는 확연히 다른 존재이면서 인간 세상에서 인간과 함께 사는 존재를 지칭한다. 슈퍼맨은 크립톤이라는 외계 행성에서 온 외계인이지만 능력만 감추면 그가 외계인인지 아무도 알아차릴 수 없다. 그의 고향인 크립톤 행성은 이미 파괴되었기 때문에 따로 갈 곳도 없다. MCU의 토르는 '천둥의 신'으로 명명되어 있으면서, 고도로 발달된 문명을 지닌 아스가르드 행성의 왕자이다. 날씨와 천둥을 부릴 줄 아는 것을 보면, 신의 성격을 지니고 있지만 지구인들은 그를 신으로 대접하지 않는다. 따라서 신적 존재라고는 하지만 그것은 어디까지나 외계 행성의 일이고, 지구인에게는 슈퍼맨과 같은 초인영웅일 뿐이다.[82]

그러나 선천적인 초인영웅만 슈퍼히어로로 지칭되지는 않는다. 배트맨은 막대한 부를 지닌 부루스 웨인의 탈바꿈이고, 스파이더맨은 평범한 학생 토니 파커의 변신이다. 헐크, 킥애스 등은 인간이면서 특별한 능력을 획득하게 된 슈퍼히어로이다. 이렇게 보면 그 유명한 캡틴아메리카나 아이언맨도 인간이다. 배트맨을 제외한다면, 이들이 슈퍼히어로가 되는 계기는 대개 핵 물질의 알 수 없는 반응에 의한 신체 능력의 변화이다.[83] 아이언맨은 최첨단 무기 개발 기술과 핵을 능가하는 에너지가 생산한 결과물이다.

〈엑스맨〉 시리즈에 등장하는 여러 캐릭터들처럼 인간이지만 유전적 돌연변이에 의해 특이한 외모나 능력을 갖게 되는 슈퍼히어로도 있

---

82 토르는 지구와 아스가르드를 넘나드는 존재이다.

83 가령, 스파이더맨은 피터가 핵폐기물의 안전 취급 전시회에 참석했다가 작은 거미에게 물려 초능력을 가지게 된다. 피터를 문 거미는 입자 가속 광선을 쐬고 죽어가던 상태였는데, 이 가속 광선이 거미의 능력을 만들었다고 볼 수 있다.

다.[84] 물론 앞으로도 새로운 슈퍼히어로가 탄생할 것이고, 기존 캐릭터들도 변화를 거듭할 것이기 때문에 슈퍼히어로의 정체성은 계속 확장될 것이다. 다만, 현존하는 슈퍼히어로들은 대체로 다른 차원의 존재이거나 인간이지만 과학기술이나 화학적 반응, 유전적 돌연변이 등에 의해 초능력을 획득한 존재라고 볼 수 있다.

슈퍼히어로의 이러한 존재 양상을 보면 이들은 형상과 관련 없이 확실히 '괴물'로 인식될 수 있으며, 정도의 차이는 있지만 다들 이로 인해 타자화를 경험한다.[85] 따라서 슈퍼히어로와 홍길동은 충분히 대응된다고 할 수 있다. 그런데 슈퍼히어로가 그 사회에 정상적으로 편입되지 못하는 가장 근본적인 이유는 그들의 초인적 능력 때문이다. 그들이 지닌 초능력이 자칫 적대적 힘으로 변하는 순간 엄청난 위협이 될 수 있기 때문에 그 사회로의 정상적 편입을 거부당하는 것이다. 반면 조선 사회가 홍길동의 정상적 편입을 거부하는 것은 그가 지닌 힘 때문이 아니라 적서는 차별되어야 하고, 아무리 활빈이라는 정의를 행했다고 하지만 결국은 도둑으로 규정되는 이념과 제도 때문이다.

〈슈퍼맨〉에서 지구인으로 살아가는 클락은 자신도 모르게 발현되는 이상한 힘으로 인해 친구들로부터 따돌림을 당하고 자신의 정체에 대해 갈등한다. 결국 아버지가 사망한 이후 창고 지하에서 자신의 정체를 밝혀줄 실마리, 다시 말해 지구에 남겨진 크립톤 행성의 흔적을 찾아 길을 떠난다. 지구 부모와의 이별이자 친부모를 만나는 순간이다. 자신이 외계 행성의 존재라는 사실을 인지한 클락은 특유의 굵은 뿔테 안경을 쓴 나약한 기자로서의 삶과 인간의 위기를 구원하는 슈퍼맨으로서의 이중적 삶을 산다.

---

84 어떤 경우는 돌연변이가 워낙 심해 인간으로 간주할 수 있을지 의문이 드는 경우도 있다.

85 전형적인 슈퍼히어로 이야기는 아니지만 이 타자화의 문제를 가장 직접적으로 보여주는 작품은 〈엑스맨〉 이야기일 것이다.

슈퍼맨이 자신의 정체를 속이는 것은 슈퍼맨으로서는 온전히 인간의 세상에 편입될 수 없기 때문이며, 인간 세상 역시 그러한 슈퍼히어로를 섣불리 수용하지 않는다. 〈슈퍼맨Ⅱ〉에서는 로이스 레인과의 사랑을 위해서 홀로그램으로 등장하는 친엄마의 만류에도 불구하고 슈퍼맨으로서의 능력을 스스로 제거한다. 슈퍼맨으로의 삶보다는 인간으로서 인간 세상에 온전하게 편입되려는 간절함을 보여주는 장면이다. 또한 〈슈퍼맨 Ⅲ〉에서는 도덕적 가치를 일시 상실한 슈퍼맨으로 인한 인간의 피해와 이로 인한 인간의 불신 상황이 묘사된다. 〈슈퍼맨〉이 보여주는 이러한 모습은 슈퍼히어로 전체 캐릭터에서 발생하는 현상이다. 그리고 이 양상은 거의 25년이 지난 후에 제작되는 〈맨오브스틸〉로 오면서 더 강화된다.

〈맨오브스틸〉에서는 지구로 이동한 칼엘은 평범한 뱃사람으로 일하는 클락의 피곤한 모습으로 등장한다. 이때 클락은 이미 성인이 된 상태로 처음에는 그가 슈퍼맨 칼엘인지 짐작조차 할 수 없다. 이후 유전시설 폭발 상황 속에서 구조 활동 여부를 두고 갈등하는 클락의 모습이 잡힌다. 이미 성인이 되었지만 능력 발휘를 주저하는 클락의 모습은 이전 슈퍼맨 영화에서는 볼 수 없었던 설정이다. 이때부터 영화는 클락의 유년기 친구들과의 갈등 상황, 지구 부모와의 관계 등을 현재 상황과 교차적으로 보여준다. 이 교차적 서술을 통해, 자신이 지닌 초월적 능력을 드러내지 않아야만 인간 세상에서 살아갈 수 있다는 생각, 왜 자신에게 그러한 능력이 있는지에 대한 고민, 죽어가는 사람을 살릴 능력이 있음에도 불구하고 살리지 않는 것은 죄악이라는 도덕적 갈등 등을 한꺼번에 보여준다.

이러한 모습을 슈퍼히어로의 이중적 자아라고 할 수 있을 것인데[86],

---

86 오현화, 「미국 슈퍼히어로 영화 속 영웅의 계보학」, 『영어권문화연구』 9권1호, 91~117면

이 이중적 자아는 자아와 초자아의 분열증적 증세로 해석되기도 한다.[87] 슈퍼히어로로서의 삶이 정의 수호를 위한 악과의 대결이라면 이것을 초자아로 설정할 수 있을 것이고, 평범한 인간으로서의 삶을 자아로 볼 수 있다는 시각이다. 슈퍼맨은 아무리 노력해도 자신이 외계인이라는 존재를 부정할 수 없으며, 초능력을 버리고 정상적 인간이 되는 것은 곧 인간을 곤경에 빠뜨릴 수 있음을 잘 알고 있다, 결국 이러한 이중적 자아의 문제는 슈퍼히어로가 타자화를 극복하려는 노력과 궤를 같이한다고 볼 수 있다.

그런데 「홍길동전」에서 이와 같은 이중적 자아의 모습은 좀처럼 발견할 수 없다. 호부호형을 못하는 상황에서의 고민, 자신을 체포하고자 하는 국가와의 갈등 등의 고뇌는 충분히 형상화되지만 이것은 슈퍼히어로의 이중적 자아에 대한 갈등과는 확실히 다르다. 바로 이 점이 「홍길동전」과 슈퍼히어로와의 변별점이 될 수 있을 것이다.

한편 조동일은 「홍길동전」은 천상과 지상의 이원적 구조가 보이지 않는 일원적 구조를 갖는 작품이며, 「소대성전」은 비록 소대성이 홍길동과 유사한 모습을 보여주지만, 적강과 이인의 존재로 인해 뚜렷한 이원적 구조를 가진다는 점, 홍길동은 신화적 인물도 아니면서 신이한 능력을 자발적으로 획득하고 발휘하기 때문에 일원론적 구조를 보이는 작품이라고 하였다.[88] 그렇다면 이원론적 구조를 가진 「소대성전」에서도 타자화의 문제가 서술되고 있을까?

소대성이 타자화를 경험하는지의 여부는 쉽게 결론 내리지 못하겠지

에서는 슈퍼히어로란 대중에게 숭배받고 초월적인 존재여야 하는 동시에 자신들과 괴리감을 느끼지 않을 만큼 평범한 인간이어야 한다고 지적하고 있다. 또한 슈퍼히어로의 복장과 가면이 이러한 이중성을 가능하게 하는 장치라고 한다.

87 이에 대해서는 김미림, 「미국의 영웅 슈퍼맨 서사 해석」, 『한국 콘텐츠학회 논문집』 10권 3호, 2010, 175~186면에서 상세하게 논했다.

88 조동일, 위의 책, 305~307면

만 적어도 홍길동과 같은 타자화의 경험은 겪지 않는다. 소대성은 부모의 구몰(俱沒)로 인한 방황과 굶주림, 자신의 영웅됨을 알아보지 못하는 채봉의 모친 왕 부인과 그 세 아들의 위협 등의 시련을 겪지만 이것은 말 그대로 시련이지 타자화의 경험이라고는 할 수 없다. 물론 이중적 자아의 갈등도 보이지 않는다.

이런 관점에서 주인공들과 적과의 대결 양상, 갈등의 극복 방법 등에 주목이 간다. 「소대성전」에서 설정되는 소대성의 대결 상대는 슈퍼히어로들이 상대하는 적들과 상당히 유사하다. 홍길동이 상대해야 하는 적은, 이념과 제도가 낳은 부당한 불평등이고, 부패한 권력이 낳은 사회적 불의이다. 이에 비해 소대성은 국가를 위협하는 호왕 즉 오랑캐 세력을 상대한다.

따라서 홍길동이 갈등을 극복하는 방식과 소대성이 갈등을 극복하는 방식은 근본적으로 다르다. 홍길동은 국가라는 거대한 권력에 맞서 병조판서 제수라는 자신의 요구를 관철시키지만 이것이 표면적 해결이라는 것은 홍길동 자신도 잘 알고 있었다. 그렇기 때문에 홍길동은 국가를 떠나 아예 율도국이라는 새로운 세상을 구축함으로써 자신의 문제를 극복했다.[89] 소대성은 외세의 침입으로 위기에 빠진 국가, 더 정확하게는 황제를 구하고 자신이 영웅이라는 사실을 공인받음으로써 모든 문제를 해결한다. 홍길동이 싸워야 하는 대상은 자신의 삶을 고난으로 몰아간 대상이라면, 소대성이 싸우는 상대는 사실 국가의 적이지 소대성 자신의 적은 아니다. 소대성은 북흉노의 서선우와 맞서 싸우는데 이 서선우와 소대성은 아무 연관이 없다. 전쟁 역시 소대성 때문에 발발한

---

89 김경미, 위의 논문에서는, 「홍길동전」의 이런 양상을 두고, 적서차별이 문제되는 가정 내 공간 부분에서는 타자의 서사를 보여주지만 후반부에서는 도리어 정복을 문제 삼는 타자화의 서사를 보여준다고 하였고, 「홍길동전」은 이를 통해 "타자에 공감과 타자화에 대한 욕망을 동시에 보여주는 거울"과 같은 작품이라고 하였다.

것도 아니다. 오랑캐와의 전쟁을 극복하기 위해 소대성이 자발적으로 뛰어든 것이다. 따라서 「소대성전」에서 오랑캐는 소대성의 영웅됨을 입증하는 수단으로 설정되어 있다고 해도 과언이 아니다.

적어도 주인공이 대적하는 적의 성격과 그 대결의 양상을 따진다면 슈퍼히어로 이야기는 「홍길동전」보다는 「소대성전」에 더 가깝다.

슈퍼맨이 대항해야 하는 적은 세 가지로 요약할 수 있다. 일상에서 흔히 만날 수 있는 도둑이나 강도 혹은 재난 상황, 미국 사회 전체를 위협하는 대악당 렉스 루트, 크립톤 행성에서 단죄된 조드 장군 일당들이다. 〈슈퍼맨〉이 속편으로 이어지면서 적의 비중도 이 순서대로 커진다. 루트는 슈퍼맨의 약점을 알고 있기에 호락호락한 적이 아니고, 조드 장군은 슈퍼맨에 버금가는 힘을 지닌 존재이다. 루트는 더 넓은 땅을 소유하려는 욕심과 땅을 바탕으로 세상을 지배하면서 한 몫 챙기려는 욕망을 가지고 있는 악당이다. 1편에서 4편까지 시리즈를 거듭하면서 각기 다른 음모로 슈퍼맨을 괴롭힌다. 2편에서는 루터가 조드 일당과 연합하여 슈퍼맨을 공격하려고 한다. 그리고 이런 악당의 야욕에는 미사일이나 수소 폭탄 발사가 미국을 위협하는 사건과 중첩된다. 이에 슈퍼맨은 미국 사회의 일상에 도사린 자잘한 부조리는 물론이고 미국 사회를 송두리째 위협하는 거대악을 모조리 방어하는 영웅으로 자리잡는다.[90] 〈슈퍼맨〉과는 사뭇 다르지만 마블의 〈어벤저스〉 시리즈는

---

90 〈맨오브스틸〉로 오면서 주인공과 적과의 대결 구도가 보다 지속적이고 긴장감 있게 바뀐다. 〈맨오브스틸〉에서는 슈퍼맨 이야기에서 줄곧 악당 역을 담당했던 렉스 루터의 비중이 사라진다. 악당으로는 조드 장군 일당이 확장적으로 설정된다. 이렇게 되면 루터와의 대결 구도보다 갈등의 심도와 지속성이 더욱 심화된다. 영화의 논리만으로 보자면 루터는 다른 악당으로 대체될 수도 있으며, 그의 등장 시기도 클락의 기자 생활 이후이다. 이에 비해 조드는 크립톤 행성에서 이미 조엘과 심각한 갈등을 벌였고 영구 추방이라는 벌을 받는다. 이전의 〈슈퍼맨〉 영화에서는 크립톤에서 조드와 조엘의 대결, 대결의 이유 등이 막연하게 설정되어 있었다면, 〈맨오브스틸〉에서는 이 문제가 상당한 비중을 가지고 설정된다. 조엘이 아들 칼엘과 크립톤 행성의 유전적 정보인 코덱스를 지구로 보냈는데, 조드

각각의 개성과 사연을 지닌 슈퍼히어로들이 국가를 외부의 적으로부터 방어하는 임무를 수행하는 국가 조직인 '쉴드' 속에 편입됨으로써 공인으로 인정받는다.

따라서 슈퍼히어로는 타자화라는 개인의 문제를 지니고 있지만 이와는 별도로 사회와 국가의 적을 상대함으로써 존재감을 드러낸다. 그리고 이 슈퍼히어로들이 상대하는 적 역시 그들과 직접적인 연관은 없다. 대결의 상대와 그 양상을 두고 본다면, 슈퍼히어로는 「소대성전」과 확실히 더 닮아 있다. 그러나 슈퍼히어로 이야기에서는 이 대결의 결과가 애초에 그들이 지닌 타자화의 문제를 근본적으로 해결하지 못한다는 큰 차이점이 있다. 「소대성전」에서는 전쟁 수행의 결과가 소대성의 문제를 모두 해결해 주고 있기 때문이다.

〈어벤저스〉 시리즈에서는 악의 세력으로부터 국가를 지켜내기 위해서는 슈퍼히어로의 존재감이 절대적으로 필요했지만 '쉴드'나 정부에서는 이들을 경계하기도 한다. 어벤저스 맴버들의 활동을 제약하려는 사건이 바로 그것이다. 어벤저스의 막강한 능력을 제한하지 않으면 위험한 상황을 초래할 수 있다는 것이 '쉴드'의 기본 방침인데, 이 방안에 찬성하는 아이언맨과 반대하는 캡틴아메리카가 심각한 갈등을 빚는다. 아이언맨은 어차피 자신들이 무기의 성격을 지니고 있으니 통제되어야 한다는 입장이고, 캡틴아메리카는 개인 의사를 존중받아야 한다는 입장이다. 이 장면은 슈퍼히어로의 능력과 그들의 존재 가치와는 별도로 사회의 시선이 마냥 너그럽지 않음을 보여준다. 〈슈퍼맨〉(1978)에서는 슈퍼맨의 등장에 대해 그야말로 미국 사회 전체가 환호 일색이었다. 그가 나타나는 곳이면 언제나 시민들의 환호가 있었다. 그러나 〈슈퍼맨

는 이 코덱스를 찾아 지구로 오게 된 것이다. 따라서 조드 일당과 슈퍼맨의 대결은 숙명적인 것이라고도 볼 수 있다. 크립톤에서의 갈등이 지구에서도 지속되는 것이고, 아버지 대의 갈등이 아들에게 이어지는 것이다.

Ⅱ〉에서는 그가 우주로 던진 수소폭탄이 팬텀존을 파괴하여 조드 일당을 지구로 불러오는 화를 자초했고, Ⅲ편에서는 피사의 사탑을 바로 세우는 바람에 상인의 비난을 들어야 했고, 미국 의회 특별 회기에서 공식적으로 슈퍼맨을 비난하기로 가결하는 상황을 초래한다. 슈퍼맨의 막강한 힘은 정의 수호의 도덕성이 보장되었을 때만 행사해야 하는데, 시간이 흐를수록 이에 대한 믿음이 흔들린다.

특히 〈맨오브스틸〉에서는 조드 일당에 맞서는 미국의 군대는 슈퍼맨마저 적으로 인식하여 공격을 가하는 장면이 나온다. 적어도 미국 군인에게 슈퍼맨은 조드 일당과 같은 외계인일 뿐이라는 것이다. 슈퍼맨의 도덕적 의지를 보장하는 확실한 증거가 없다는 것이다. 조드와 맞서고 미군을 보호하는 슈퍼맨의 행동을 보고서야 어느 정도 경계를 풀지만 그에 대한 완전한 믿음은 이야기 내내 보이지 않는다.

> 스완윅 장군 : 뻔한 걸 물어보지. 자네가 미국에 위협이 아니란 걸 어떻게 믿나?
>
> 슈퍼맨 : 난 캔자스에서 자랐어요. 그 누구보다도 미국인이죠. 난 지구를 도우러 왔고 내 방식대로 해야 해요. 정부를 설득해줘요.
>
> 스완윅 장군 : 내가 설득한다고 그들이 들을까?

조드 일당과의 싸움이 끝난 후 미군을 이끄는 스완윅 장군과 슈퍼맨의 대화이다. 가장 미국적 이미지를 가지고 있다는 캔자스에서 자랐기 때문에 미국인이라고 말하는 슈퍼맨과 아무리 그렇다고 해도 인간으로 편입될 수 없을 것이라는 장군의 입장이 맞선다. 이 장면이 영화의 시작이 아니라 마지막이라는 점에서 슈퍼히어로에 대한 회의적 시선이 보다 강화되고 있음을 알 수 있다.[91]

---

91 이 시선은 〈어벤저스〉에서 아이언맨과 캡틴아메리카의 싸움의 의미와 맥을 같이 한다.

이와 같이 슈퍼히어로 이야기에서는 국가를 위해 적과 대결한 결과가 타자화 문제를 해결하지 못한다는 점에서 「소대성전」과 큰 차이를 보인다. 그리고 전성기 영웅소설인 「유충렬전」과 비교해도 이 차이는 그대로 확인된다.[92] 지금까지 논의한 바를 정리하면 다음과 같이 나타낼 수 있다.

	홍길동	소대성	슈퍼히어로	비고
타자화 경험	있음	없음	있음	(홍=슈)≠소
이중적 자아	없음	없음	있음	(홍=소)≠슈
적의 형태	국가 제도와 탐관오리	외적 (국가의 적)	외적 (국가의 적)	(소=슈)≠홍
적과의 대결 양상	비판과 저항	전쟁	전쟁 수준의 대결	(소=슈)≠홍
대결 결과	새 국가 건설	영웅성 공인	타자화 잔존	소≠홍≠슈

이에 슈퍼히어로는 타자화를 경험한다는 측면에서는 「홍길동전」과 대단히 유사한 모습을 보여주지만, 이중적 자아의 갈등이라는 측면에서 차이가 있었다. 그러나 적과의 대결 양상의 측면에서는 도리어 「소대성전」, 후술할 「유충렬전」과 유사한 양상을 보여주었다. 다만, 대결의 결과에서는 전체 영웅소설과 차이를 보인다고 해석할 수 있을 것이다.

92 적어도 이원적 구조를 보이는 영웅소설에서는 주인공의 초월적 능력으로 인해 사회에서 배척되는 일은 없다. 유충렬처럼 간신에 의한 모함이 있거나 소대성처럼 장모와 처남들의 박대가 있을 수는 있다. 그러나 이 모함과 박대는 이들이 영웅이어서 생긴 것이 아니라 영웅성을 알아차리지 못하는 일반인의 우매함에서 기인하는 것이다. 따라서 우리 영웅소설의 주인공은 인간이지만 인간적 고뇌가 덜하고, 슈퍼맨은 외계인이지만 인간적 고뇌가 강한 역설이 발생한다.

나 가족성의 측면

영웅을 주인공으로 하는 서사물에서 '영웅의 일대기' 혹은 'H-R-L-C' 구조가 작용하고 있음은 주지의 사실이다. 여기에서 한국적 영웅소설을 특징짓는 한국형 영웅의 일대기가 있다면 영웅소설의 시작 부분을 거론해도 무리가 없을 것이다. 우리 영웅소설은 특이하게도 주인공에 대한 소개가 아닌, 주인공의 부친과 그 가계에 대한 서술에서 시작한다. 이때 설정되는 가계는 대체로 대대 충효를 겸비한 명문거족이다. 영웅소설의 이러한 내용은 거의 모든 영웅소설에서 정형적으로 설정된다. 정치적 사건이 먼저 설정되는 「유충렬전」에서도 이 부분은 순서를 바꾸어 어김없이 설정된다.

여기에서 특히 주목이 가는 부분은 나이가 들도록 자식이 없다는 절손의 위기가 설정된다는 점, 그 위기 속에서 탄생하는 자식 즉 주인공이 하필이면 독자(獨子)라는 점이다. 영웅소설은 극소수의 작품을 제외하면 태어나는 자식은 한 명으로 설정된다. 당연한 서술이라고 생각할지 모르겠지만 장편소설에서는 독자 구조가 오히려 예외적이다. 그리고 영웅소설의 결말부는 서두부분과는 다르게 많은 수의 자식을 출산하는 다산 구조를 보인다.[93]

뿐만 아니라 「유충렬전」에서는 아버지의 적이 곧 아들 유충렬의 적으로 이어진다. 「유충렬전」은 아버지와 아들의 교차 등장, 다시 말해 자식의 활동 장면에서는 아버지가 없고, 자식의 성공이 부자의 상봉에 이은 가족의 완성으로 서사가 완성된다. 이러한 서사는 「소대성전」처럼 아버지가 사망하는 작품 유형을 제외하고는 대개의 영웅소설이 가지고 있는 구조이다.

---

93 이에 대해서는 이창헌, 「혼사장애의 측면에서 본 고전소설의 도입부와 결말부」, 『관악어문연구』 14, 1989, 181~207면에서 자세하게 다루었다.

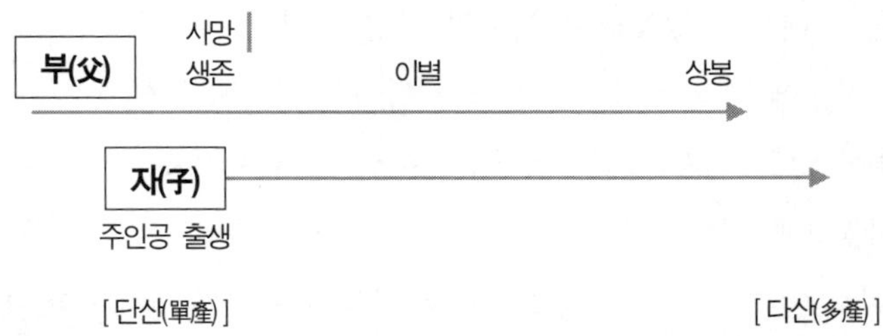

당대의 독자들이 소설을 통해 기대했던 영웅의 모습은 각자 달랐을 것이다. 소설 역시 영웅에 대한 독자들의 염원을 담아 서술되었을 것이다. 이것은 슈퍼히어로 이야기도 마찬가지이다. 그러한 염원을 담아 탄생하는 영웅이, 절손 위기의 극복, 단산(單産), 부자간 적의 세습 등과 연결되어 있다는 것은 영웅소설이 그만큼 가족성, 가문의식을 담아내려고 했음을 의미한다.[94]

슈퍼히어로 이야기 역시 표면적으로 영웅소설과 유사한 장면 설정을 통해 가족, 가정에 대한 관심을 보여준다. 〈슈퍼맨〉은 시작 부분에 주인공 출생의 내력이 서술되고, 아버지의 적이 자식에게 그대로 이어지는 것 등에서 「유충렬전」과 닮은 부분이 상당하다. 특히 〈맨오브스틸〉에서의 출생 장면은 대단히 인상적이다. 여기에서는 출산이 외계가 아니라 인간의 세상에서 일어나는 일처럼 묘사되었다. 게다가 이 출산 장면은, 인공 수정 방식으로만 태아를 생산하는 크립톤 행성의 '제네시스 체임버'와 비교되어 있기 때문에 주인공의 비범성을 보여주기에 충분하다.

슈퍼맨의 원래 신분이 크랩톤 행성의 수호자격인 조엘 장군의 후예이고, 자연 출산이 금지된 시대에 자연 출산이라는 특별함을 부여 받았

---

94 물론 절손의 위기와 단산 구조는 영웅의 선명성을 부각시키기 위한 요소일 수도 있고, 복잡한 서사 구조를 피하려는 방편일 수도 있을 것이다. 그러나 결말부의 다산의 구조와 대비한다면 여기에는 강한 가문성이 깔려 있다고 해석할 수 있다.

다는 점을 고려하면 영웅소설 서두와 상당히 닮아 있는 셈이다.

그런데 지구에 떨어진 칼엘은 늙도록 아이를 가지지 못했던 켄트 부부(조나단 켄트/마샤 켄트)에게 발견되어 입양된다.[95] 이후 칼엘은 클락이라는 인간의 이름으로 켄트 부부를 친부모로 여기며 인간으로서의 삶을 살아간다. 바로 이 지점에서 영웅소설과 본질적인 차이가 발생한다. 2장에서 언급했듯이 슈퍼히어로 이야기에서는 적강 화소가 없기 때문에 외계와 지구로 설정된 두 차원이 우주선을 통해 직접적으로 소통한다. 적강 화소가 중요한 기제로 작용하는 영웅소설에서는 친부모-양부모의 문제가 근본적으로 발생할 수 없는 반면 〈슈퍼맨〉에서는 이 문제가 발생할 수밖에 없는 구조를 지니고 있는 셈이다. 이 장면은 슈퍼히어로와 영웅소설 주인공의 성격을 결정짓는 가장 핵심적인 부분 중의 하나이다. 영웅소설의 주인공은 천상계의 부모가 아예 설정되지 않고 지상에서 인간으로 탄생한다. 「유충렬전」과 같이 때로는 그 탄생 장면에 초월계가 간섭하여 신비하고 거룩하게 설정되기도 하지만 인간으로서의 정체성에는 변화가 없다.

경우에 따라 친부모-양부모 문제는 가족성에 대한 중요한 의미를 드러낼 수 있는 중요한 화소이기도 하다.[96] 이와 관련하여 〈맨오브스틸〉에는 상당히 충격적인 장면이 설정된다. 클락의 지구 아버지가 토네이도에 휩쓸려 죽게 되었을 때, 클락을 보면서 자신을 구출하지 말라고 한다. 능력을 드러내지 말라는 것이고, 능력을 드러내면 정상적인 삶을 살지 못할 것이라는 뜻이다. 클락은 결국 그렇게 죽어가는 아버지를 물끄러미 바라만 본다. 자신의 능력으로 충분히 살릴 수 있음에도 불구하고 아버지의 죽음을 바라보는 아들 클락과 아들이 정상적인 삶을 위해

95 이 입양의 과정에 대해 DC세계관에서 여러 차례 수정을 하지만 큰 의미의 변화는 없다.

96 비록 중국소설의 번안이기는 하지만 「월봉기」에서 이런 양상을 볼 수 있다.

구출을 거부하는 아버지의 모습은 이 영화를 떠나 슈퍼히어로 이야기 전체가 지니고 있는 가장 큰 특징 중의 하나로 볼 수 있다.

이 이야기에서는 아무리 양부라고 하지만 아버지의 생명과 타자화의 극복이라는 극단적 선택을 강요하고 있다. 그리고 이 문제는 또 다른 장면과 연결된다. 지구로 내려온 조드 일당이 양어머니를 공격하여 슈퍼맨을 자극한다. 여기에서 클락은 양어머니의 위기를 구출할 것인지 아니면 슈퍼맨 되기를 포기할 것인지에 대한 선택지를 다시 한 번 받아든다. 한 번은 아버지, 또 한 번은 어머니의 위기를 설정함으로써 가족에 대한 관심을 충분히 끈다고도 볼 수 있겠지만, 이것이 가족성에 대한 의미로 읽히지는 않는다. 이들 장면은 어디까지나 슈퍼맨의 이중적 자아 갈등을 부각하고 타자화의 문제를 드러내는 데 더 많은 기여를 하기 때문이다.

물론 아버지와 아들, 어머니와 아들 등의 개별적 관계는 슈퍼히어로 이야기에서 훨씬 핍진하게 묘사된다고 볼 수도 있다.[97] 그러나 이 이야기에서 가족은 어디까지나 아버지라는 개체와 아들이라는 개체의 개별적 인연으로만 그 의미가 국한된다. 그리고 이 관계가 슈퍼맨의 이중성을 드러내기 위한 서사적 장치로 기능한다. 슈퍼맨은 지구의 부모를 사랑하면서도 끊임없이 자신의 정체성, 원래의 부모에 대한 궁금증을 지니고 살아간다. 이 모습은 적강한 존재이지만 현생에서는 누구도 부정할 수 없는 혈연관계를 유지하는 영웅소설과는 확실히 다른 양상이다. 그렇기 때문에 가족 구성원끼리의 개별적 관계에 대한 장면이 영웅소설이 상대적으로 적다고 할지라도 가족성의 비중은 영웅소설이 훨씬 강하다고 할 수 있다. 따라서 슈퍼히어로가 개인성, 독립성을 부각한다

---

97 이와 같은 맥락에서 미국의 재난영화 〈투모로우〉나 〈샌안드레아스〉는 아버지가 위기에 빠진 아들, 딸을 구하기 위해 처절한 몸부림을 치는 장면이 주요하게 설정된다. 이런 모습을 두고도 가족 관계가 핍진하게 묘사되었다고 할 수 있을 것이다.

면 영웅소설의 주인공은 한 가문의 일원이자 기자치성을 통해 탄생한 소중한 아들임을 부각한다. 지나친 비약일지 모르겠지만, 슈퍼히어로로가 영웅소설처럼 가족성, 가문성을 강하게 지녔다면 이중적 자아의 문제가 그만큼 삭감될 수 있었을 것이다.

☑ **영웅소설, 슈퍼히어로 이야기로서의 가능성**

지금까지 논의한 내용을 보면 영웅소설과 슈퍼히어로 이야기 사이에는 놀라운 정도의 유사점과 동시에 근본적인 차이도 존재하고 있었다. 공간 설정, 캐릭터 성격 등에서 논의된 결과를 보면 슈퍼히어로 이야기 속에는 영웅소설 여러 편이 한꺼번에 들어간 듯한 느낌을 지울 수가 없다. 공간 설정의 경우는 「홍길동전」에서의 일원론 구조와 「소대성전」의 이원론적 구조의 의미를 함께 발견할 수 있었고, 타자화된 캐릭터의 모습에서도 홍길동의 모습과 소대성, 유충렬의 모습을 동시에 찾을 수 있었다. 이런 맥락에서 본다면 슈퍼히어로는 존재 방식의 측면에서는 이원적 구조를 지니는 「유충렬전」보다는 「홍길동전」에 더 가깝고, 두 차원의 공간 설정에서는 「소대성전」, 「유충렬전」에 더 가깝다. 어떻게 보면 일원론 개념을 이원론적으로 풀어낸 것이 슈퍼히어로 이야기라고도 볼 수 있겠다.

이러한 사실은 슈퍼히어로 이야기가 영웅소설의 변이 방향과는 다른 측면에서 변이를 보이고 있다는 점을 주목하게 한다. 영웅소설은 초기 작품이라고 할 수 있는 「홍길동전」, 「최고운전」을 지나 「소대성전」, 「유충렬전」으로 오면서 구조적으로나 의미론적으로 상당한 변이를 거듭했음은 주지의 사실이다. 그런데 슈퍼히어로 이야기는 한 캐릭터가 단독으로 주인공이 되는 여러 편의 개별 이야기를 가지면서도 서로 맞물리며 특정 이야기를 구성하는 특징을 가진다. 앞에서 이를 두고 '유니버스' 즉 '세계관'의 형성이라고 지칭한다고 했다. 물론 단독 캐릭터

이면서 단편으로만 제작되는 만화나 영화도 있겠지만, 이 경우를 두고서는 세계관에 대해 별 언급을 하지 않는다.

슈퍼히어로 세계관의 대명사라 할 수 있는 MCU는, 단독 캐릭터들이 서로 연결되거나 새로운 캐릭터가 편입될 때 별도의 위원회에서 전체 세계관을 관리한다. 세계관 구성에서 다소 후발 주자라고 할 수 있는 DC코믹스의 경우는 가칭 DCEU(DC Extended Universe)를 구성하기도 한다. DCEU에서는 1938년 제작된 이후 여러 차례 변화를 거듭해 온 슈퍼맨 세계관, 배트맨 세계관 등을 결합하여 영화 〈슈퍼맨 대 배트맨; 저스티스의 시작(Batman v Superman: Dawn of Justice)〉을 제작하였고, 곧이어 DC의 다른 슈퍼히어로인 원더우먼, 아쿠아맨, 플래시, 사이보그 등을 모두 출동시켜 세계관을 확장했다.

슈퍼히어로 이야기를 구성하는 세계관은 다분히 상업적 목적을 가지고 만들어진 것이지만 당대 대중들의 보편적 욕구를 충족하는 방향으로 짜여진다. 1세대 슈퍼맨이 세계 대공황과 2차 세계대전과 연결되어 있고, 이후 특정 시대별로 세계관이 바뀌거나 확장된다.[98] 실제로 MCU나 DCU의 세계관을 종합적으로 설명하고 있는 나무위키를 보면 신화와 과학을 합쳐 놓은 길고 정교한 텍스트를 보는 것 같다.[99]

이와 같은 슈퍼히어로들의 국적은 대개 미국이다. 슈퍼맨이 수호해 온 3대 가치가 '진리, 정의, 미국적 방식'이라거나 슈퍼히어로 이야기에서 '미국의 신화'를 읽어내려는 논의[100] 모두 슈퍼히어로가 미국적 가치 혹은 강대국으로서의 미국의 우월감을 견지하고 있음을 보여준다.

---

98 슈퍼맨 세계관의 변화와 확장에 대해서는 황준호, 위의 논문, 참조.

99 이 세계관에 대해서는 https://en.wikipedia.org/wiki/DC_Universe#Golden_Age. https://namu.wiki/w/DC%20%EC%9C%A0%EB%8B%88%EB%B2%84%EC%8A%A4 참조.

100 황준호, 위의 논문에서 상세하게 논했다.

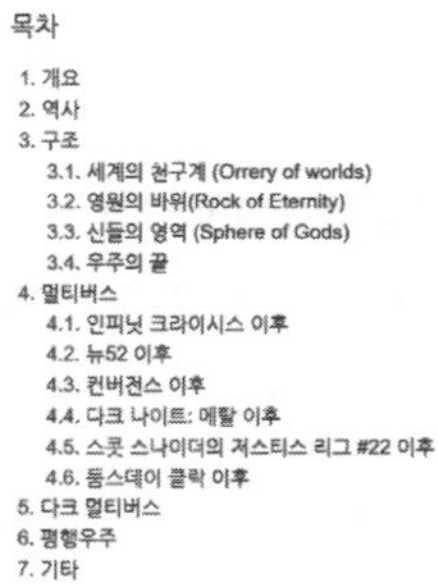
목차

1. 개요
2. 역사
3. 구조
3.1. 세계의 천구계 (Orrery of worlds)
3.2. 영원의 바위(Rock of Eternity)
3.3. 신들의 영역 (Sphere of Gods)
3.4. 우주의 끝
4. 멀티버스
4.1. 인피닛 크라이시스 이후
4.2. 뉴52 이후
4.3. 컨버전스 이후
4.4. 다크 나이트: 메탈 이후
4.5. 스콧 스나이더의 저스티스 리그 #22 이후
4.6. 둠스데이 클락 이후
5. 다크 멀티버스
6. 평행우주
7. 기타

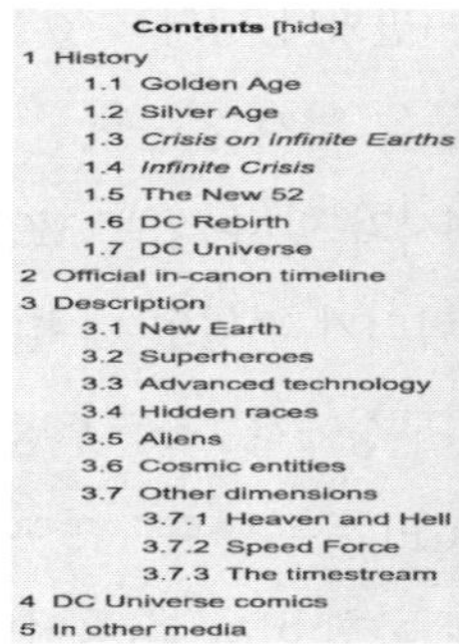
Contents [hide]

1 History
1.1 Golden Age
1.2 Silver Age
1.3 *Crisis on Infinite Earths*
1.4 *Infinite Crisis*
1.5 The New 52
1.6 DC Rebirth
1.7 DC Universe
2 Official in-canon timeline
3 Description
3.1 New Earth
3.2 Superheroes
3.3 Advanced technology
3.4 Hidden races
3.5 Aliens
3.6 Cosmic entities
3.7 Other dimensions
3.7.1 Heaven and Hell
3.7.2 Speed Force
3.7.3 The timestream
4 DC Universe comics
5 In other media

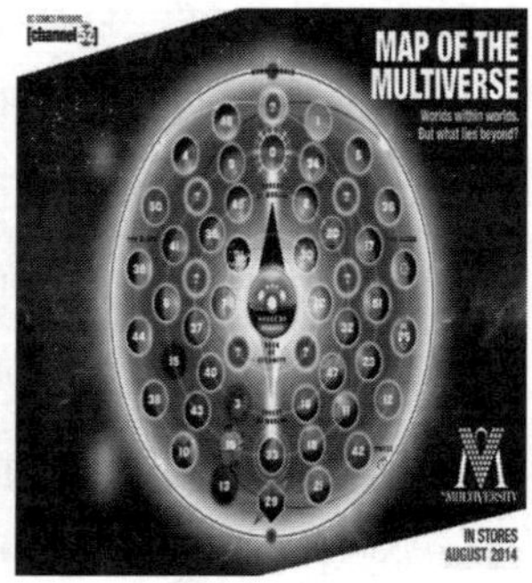

작품이나 캐릭터의 이와 같은 확장 방식은 개별 작품 위주로 이루어지는 영웅소설의 변이 과정과 상당히 다른 양상이다. 현대의 영화나 판타지를 보아도 사정은 마찬가지이다. 적어도 단독 슈퍼히어로는 있을지 모르겠지만 지속적이고 연속적이며 확장적인 세계관을 지닌 현대의 슈퍼히어로는 없다. 〈홍길동의 후예〉, 〈전우치〉 등에서 한국적 슈퍼히어로를 발견하려고 하지만 그것을 두고 MCU나 DCEU와 같은 세계관을 논하기에는 부족한 면이 있다.[101]

그렇다면 유충렬, 소대성은 지금의 슈퍼히어로일 수 있을까? 지금 우리가 슈퍼히어로를 대하는 태도를 조선시대의 독자들도 가지고 있었을까? 홍길동, 소대성, 유충렬 등 우리 영웅소설의 캐릭터들은 중국 무협의 캐릭터와도 다르고 미국 슈퍼히어로와도 다르다. 곰곰이 따져보면 영웅소설도 나름대로의 방식으로 세계관을 확장했다고 볼 수 있을 것 같다. 현대 슈퍼히어로와 같은 방식의 세계관 확장은 없었다 할지라도 「소대성전」, 「유충렬전」, 「최고운전」, 「장풍운전」, 「장경전」, 「금방울전」 등과 같은 소설을 통해 거대한 영웅소설 세계관을 암묵적으로 형성하고 있다. 이들 영웅은 이원적 구도를 근간으로 하는 영웅의 일대

101 이에 대해서는 권도경, 위의 논문에서 논한 바 있다.

기를 살아간다는 공통점을 지니고 있으면서도, 각각 다른 영웅적 캐릭터를 지니고 있다. 같은 구도를 지니고 있기 때문에 한꺼번에 묶여도 조금도 이상할 것이 없다. 따라서 이미 우리에게는 한국적 슈퍼히어로의 거대한 세계관이 잠재되어 있다고 볼 수 있다. 이를 통해 제대로 된 한국적 슈퍼히어로 세계관을 만들 수 있다면 문화산업적 측면에서 상당한 가치를 부여받을 수 있을 것으로 기대한다.

2) 중국 무협 영화

지금은 한국 영화 시장에서 한국 영화가 차지하는 비중이 상당하지만, 1990년대까지만 해도 외국 영화의 영향력은 절대적이었다. IMF 금융 위기를 겪으면서 국내 영화 시장을 개방하자 한국 영화계 자체가 고사할 것이라는 우려가 대단했었다. 이때 중국 영화는, 물론 홍콩에서 제작된 것이지만 이미 세계적인 경쟁력을 확보하고 있었다. 필자가 여기에서 굳이 중국 영화를 거론하려는 까닭은 중국 영화가 그러한 경쟁력을 가지는 것에는 나름의 이유가 있고, 그 이유가 우리에게 시사하는 점이 상당하기 때문이다.

〈사망유희〉, 〈영웅본색〉, 〈동방불패〉, 〈와호장룡〉 등 중국을 대표하는 영화는 농담 삼아 네 글자짜리 영화라고 하기도 한다. 그만큼 네 글자로 구성되는 영화 제목이 많다는 것이다. 물론 지금 한국 시장에서 중국 영화의 경쟁력은 크게 약화되었다. 한국 영화가 천만 관객의 시대를 열면서부터 이 중국 영화들은 좀처럼 개봉되지 않는다. 한국 영화가 그만큼 인기가 있기 때문에 아마 중국 영화들이 들어설 자리가 없는 것이고, 또 이 중국 영화를 좋아했던 세대의 교체라고도 볼 수 있을 것 같다.

왕가위 감독의 〈중경삼림〉이나 이안 감독의 〈색계〉 같은 영화도 있지만, 누가 뭐라 해도 중국 영화 하면 떠오르는 이미지는 무협이다. 영화 자체가 무협인 경우는 말할 것도 없고, 무협 영화가 아닌 장르에도 무술 장면은 종종 삽입된다. 이 장면은 심지어 할리우드 영화에도 삽입될 정도로 세계 보편적 액션 장르가 되었다.

https://movie.naver.com/movie/bi/mi/photoView.nhn?code=16432〈스틸컷〉

〈사망유희〉의 주연 이소룡은 중국 영화를 세계에 알리는 개척자의 역할을 했다고 볼 수 있다. '이것이 중국 영화구나.' 하는 각인을 세계 문화 시장에 심어준 영화인 셈이다. 이소룡은 실제 무술인으로 잘 알려져 있으며, 그의 실제 무술 스승인 엽문을 소재로 한 영화가 수차례 제작되었다.

〈사망유희〉는 특히 체구가 작은 동양인이 엄청난 힘과 높이를 자랑하는 서양인과의 대결에서 이기는 장면이 인상적이다.[102] 당시의 무협 영화가 그렇듯이 이런 부류의 영화는 선인과 악인의 단선적인 대결 구도를 설정하고, 갖가지의 사건보다는 긴 싸움 장면 그 자체에 관심이 모아져 있다. 미국 서부를 배경으로 벌어지는 서부극과 상당히 유사한 서사 구조를 지니고 있는 셈이다. 다만, 서부극에서 총이 핵심 대결 도구로 등장한다면 무협 영화는 무술이 대결 도구로 등장한다. 무협 영화에 설정되는 무술은 미국 영화의 싸움 장면에 설정되는 권투에 대응될

102 이소룡 영화는 한국에서도 대단한 인기를 몰았다. 〈사망유희〉에서 이소룡이 입었던 노란색 유니폼, 특유의 무깅린 쌍절봉 등이 한때 유행이었다. 〈말죽거리 잔혹사〉 등의 영화에서 주인공이 이소룡을 따라 하기 위해 노력하는 장면에서 이러한 유행을 확인할 수 있다.

수 있을지 모르겠다. 그러나 무술은 단지 싸움에서 이기기 위한 도구가 아니라 그 속에 중국의 정신, 민족성 등을 내포하고 있다는 점에서 승리의 도구로만 인식되는 권투와 차이가 있다.

이소룡의 요절(夭折)로 인해 이소룡 류의 액션 영화는 좀처럼 찾아볼 수 없었다. 그런데 무협 영화의 측면에서 이소룡의 뒤를 잇는 영화가 만들어진다. 필자의 생각에는 그 계보를 잇는 배우가 '재키 찬(成龍)'으로 여겨진다. 성룡은 이미 할리우드에서 배우로나 제작자로 거장의 반열에 올라 있을 정도로 성공한 영화인이다. 이소룡이 실전적 무술을 보여주었다면 성룡의 무술은 그 무술 동작의 유래까지 부각될 정도로 전통적인 성격이 강하다. 그래서 성룡의 초기 영화에서는 전통적 맥락이 있는 무술을 수련하는 과정 자체가 상당히 길게 장면화되어 있다.

https://movie.naver.com/movie/bi/mi/photoView.nhn?code=10440&imageNid=6064291#tab

성룡의 대표작 〈취권(醉拳)〉은 버림받고, 아무것도 노력하지 않는 말 안 듣는 아들이 자기 아버지의 복수를 위해서 기인(奇人) 소화자에게 혹독한 가르침을 받고, 이를 바탕으로 복수를 완성하는 이야기로 구성된다. 성룡이 소화자에게 배우는 무술이 바로 '취권'이다. '취권'은 술을 안 먹으면 싸움할 수 없는, 술을 먹어야 싸움할 수 있는 권법이다. 이 영화 이후, '취권'은 중국 영화는 물론이고 한국 영화에서도 종종 설정되는 무술이 되어 버렸다. 이에 관객들은 영화의 이야기에도 흥미를 느꼈지만 무술 동작 자체에 매료되기도 한다. 어떻게 보면 무협 영화가 가지고 있는 독특한 흥미 유발 구조라고 할 수 있을 것이다.

성룡의 뒤를 이어 등장하는 배우는 〈동방불패〉, 〈황비홍〉으로 유명한 이연걸(중국 발음: 리롄제, 李連杰)이다. 실제로 이소룡도 엄청난 무술의 달인으로 알려져 있고, 성룡도 무술의 고수이고, 이연걸도 중국 전체에서 몇 손가락에 꼽히는 대단한 무술인이다. 다듬어지지 않은, 실전을 방불하게 하는 이소룡의 거친 무술 동작을 성룡이 다소 완화시켜 전통적 무술 동작과 접목시켰다면, 이연걸은 그런 무술의 동작을 예술적인 경지에까지 올려놓은 배우라고 할 수 있다. 물론 여기에는 CG 기술의 발달도 어느 정도 가미되었을 것이다. 여하튼 이연걸의 무술 동작은 마치 발레를 보는 듯한 장면을 연출할 정도로 부드럽고 아름다운 무술의 세계를 보여준다.

〈영웅본색〉이란 홍콩 느와르 영화로 유명한 주윤발이 주연한 무협영화인 〈와호장룡〉은 와이어 액션의 최고 수준을 보여주었고, 무협의 배경인 '강호'라는 공간의 이미지를 잘 형상화한 작품이다.[103] 이를 통해 〈와호장룡〉은 서양의 액션물에서는 거의 볼 수 없는 동양적 신비감을 보여주었고, 살인을 위해 사용되는 무술 동작이 예술 동작이라는 착각마저 들게 했다. 이미 이연걸의 영화에서 보여주었던 무술 동작의 아름다움을 한 차원 더 끌어 올렸다고 볼 수 있을 것이다.

이렇게 보면 확실히 중국 영화의 아이콘은 무협으로 자리 매김하게 된다. 그런데 이 무협은 영화뿐만 아니라 중국의 이야기 전통 나아가 중국 문화 자체의 아이콘으로도 성립하는 것 같다.

---

103 〈와호장룡〉은 아카데미 최우수 외국어 영화상을 수상하기도 했으며, 넷플릭스에서 속편을 제작할 정도로 2000년대를 대표하는 무협 영화이다.

무협 영화는 아니지만 오우삼 감독의 영화 〈적벽〉은 소설 「삼국지연의」를 바탕으로 만들어졌다. 거의 1년의 시차를 두고 1부와 2부로 나누어 상영되었지만 모두 흥행에 성공했다. 실제로 중국은 「삼국지연의」를 소재로 한 유명한 영화들이 굉장히 많이 제작되었다. 소설 전체를 영화로 만드는가 하면, 소설 중에 조조를 부각시킨 영화라든지, 아니면 조자룡을 부각시킨 영화라든지, 혹은 유비와 관우와 장비의 도원결의를 부각시킨 영화 등 다양한 방식으로 영화가 만들어졌다. 이를 통해 중국문화의 아이콘이라고 언급한 무협에는 중국의 서사적 전통, 이와 연관된 정서구조가 잠재되어 있음을 짐작할 수 있다.

이러한 중국의 무협 영화와 관련하여 김용(중국 발음: 진룽, 金庸)의 무협지, 그 무협지를 바탕으로 만들어진 영화와 수많은 드라마에 주목이 간다. 특히 〈의천도룡기〉는 영화와 드라마로 동시에 제작되었으며, 드라마 제작 횟수는 헤아릴 수 없을 정도로 많다. 드라마의 경우, 제작될 때마다 다른 분위기, 다른 배우를 통해 이야기와 주제의 전체적인 맥락은 같지만 강조하는 부분들을 변경하였다. 무협에 충실한 드라마가 있는가 하면 남녀 주인공의 애정 갈등에 초점을 맞춘 드라마도 있고, 몽골과 한족 사이의 민족 갈등을 부각한 경우도 있다. 특히 가장 최근에 제작한 2019년 버전은 몽골과 한족의 민족 갈등을 다른 드라마에 비해 두드러지게 표현했으며, 넷플릭스에 탑재될 정도로 이 무협지의 여전한 인기를 보이고 있다. 한국도 장희빈 이야기가 수많은 버전의 드라마로 제작되었지만, 〈의천도룡기〉에 비교할 정도는 아니다.

MCU를 구성하는 마블 캐릭터를 두고 누가 가장 강자인가를 묻는 질문이 온라인상에서 종종 오가듯이, 김용의 무협지나 이에 바탕을 둔 드라마나 영화를 두고도 온라인에서 이런 질문이 오간다. 그리고 그 물음에 답을 하는 사람들 역시 무척이나 진지하고 논리적이다. 김용이 스스로 말했듯이 자기 무협지의 캐릭터는 후대로 갈수록 무공이 줄어들도록 설정했다고 하는데, 이를 바탕으로 캐릭터 연대기를 만들어 강자의 순서를 정하거나 습득한 무공의 세기와 종류를 바탕으로 우열을 가리기도 한다.

무수한 무협지와 무협영화가 있지만 김용의 무협지는 선악에 의한 무협 세계의 구분, 무협 유파별 특징, 비급에 따른 무술의 종류와 습득 방식, 이런 세계를 지배하는 리더들의 계보 등이 체계적으로 구성되어 있다. 그리고 이 기본 구도가 단독으로 이야기를 구성하기도 하고, 다음 이야기에 연결되어 확장되기도 한다. 이 모습은 마치 우리 대하소설이 연작이나 파생작을 거듭 생산하여 거대한 서사 세계를 형성하는 것을 방불케 한다.

〈사조영웅전〉, 〈신조협려〉, 〈소오강호〉, 〈의천도룡기〉, 〈천룡팔부〉, 〈동방불패〉 등이 모두 직·간접적으로 연결된다. 〈신조협려〉의 주요 인물 곽정과 황용은 〈사조영웅전〉을 보아야만 이해할 수 있는 인물이고, 〈의천도룡기〉의 의천검과 도룡검의 비밀은 〈신조협려〉에서 파생되며, 〈소오강호〉를 모르면 〈동방불패〉의 핵심 소재인 '규화보전'을 이해할 수 없다. 뿐만 아니라 거의 모든 작품에 걸쳐 등장하는 무당파, 화산파, 개방파, 소림파 등의 특징 역시 서로 긴밀하게 연결된다. 이런 세계가 중국의 실제 역사에 기반한다고도 볼 수 있지만, 경공술이라는 이름으로 사람이 하늘을 날고, 내공의 후광을 업고 수십 명의 사람을 통째로 날려버리는 장풍이 난무하는 무협지의 세계는 실제 세계와는 확연히 다르다. 완벽한 판타지의 세계이다.

김용의 무협 세계에서 곽정은 탁월한 무공을 바탕으로 몽골이라는 외세와 맞서 싸우는 장군이자 강호 무림인이다. 어찌 보면 슈퍼히어로와는 다소 거리가 있는 듯하지만 그가 구사하는 무공을 본다면 보통 인간의 능력으로는 불가능한 것이기 때문에 슈퍼히어로에 가깝다. 그러나 무협의 무공은 혹독한 수련의 대가로 획득한 것이기 때문에 선천적이거나 우연히 획득된 슈퍼히어로의 능력과는 다르다.

앞 절에서 슈퍼히어로를 언급하면서 이들은 미국적 세계관, 미국적 정의를 보여준다고 했다. 그렇다면 김용의 무협 이야기를 비롯한 중국의 무협은 중국적 세계관을 보여준다고도 할 수 있다. 성룡의 〈취권〉에서 보이듯이 아버지의 적에 대해 복수하는 것이 자식의 마땅한 도리라는 효의 문제, 자신이 내뱉은 말은 그것이 어떤 내용이든 반드시 지키는 것이 정의, 의리라는 논리[104]가 무협 이야기에 깔려 있다. 그리고 이 이야기가 펼쳐지는 공간은 일반 사회가 아니라 그것과 일정 정도 구별되는 소위 '강호'라는 공간이다. 단순한 자연이 아니라 어떤 이념적 속성을 지닌 자연 공간이라는 의미가 더해진 '강호'이기 때문에 여기에 등장하는 인물들은 스스로를 강호인이라고 지칭한다.

여기에 김용은 민족적 문제를 강하게 깔아 놓았다. 김용의 작품은 아니지만 이연걸 주연의 〈황비홍〉에서 서양에 맞서 싸우는 황비홍의 모습을 통해 무협이 곧 중국 정신이라는 논리를 강하게 드러냈다. 김용

---

104 〈의천도룡기〉에서 장무기는 조민에게 해독제를 구하기 위해, 세 가지 약속에 대한 이행을 약속한다. 그리고 이 세 가지 약속은 반드시 지켜야 하는 속박으로까지 작용한다. 무협 세계에서 정파와 사파를 구별짓는 기준 중의 하나도 이 정의, 의리 문제와 연관이 있다.

은 〈의천도룡기〉에서도 곽정과 상당히 닮은 캐릭터인 장무기를 통해 이러한 문제를 강조했다. 이 작품에서 6대 문파라고 하는 정파는 몽골족인 원나라에 맞선다는 명분을 지니며, 장무기는 원나라 군주인 조민과의 애정 갈등과 민족 갈등 사이에서 고민한다. 그리고 이런 전 과정에서 미국 액션의 상징인 총은 등장하지 않는다. 총이 없는 액션, 살상 도구가 아니라 정신적 수양 도구이자 민족정신으로 인식되는 무술, 그리고 이러한 이야기가 펼쳐지는 강호라는 공간 등은 확실히 총과 우주로 대변되는 미국 영화와 현격한 차이가 있다.

따라서 이러한 무협 이야기는 중국적 정의와 방식을 견지한다고 볼 수 있다. 그리고 이런 세계관은 어느 나라도 흉내 낼 수 없는 중국 드라마, 중국 영화의 아이콘이자 경쟁력으로 작용한다.

그렇다면 다시 한국으로 시선을 돌려 보자. 중국의 문화적 아이콘에 대응할 수 있는 한국의 문화적 아이콘은 무엇인가? 선뜻 답을 할 수가 없다. 후술하겠지만 천만 관객을 넘어 이천만 관객 시장을 엿보는 한국 영화의 아이콘을 찾는 일은 시급하다 할 것이다. 이를 통해 한국 문화의 아이콘을 만들고, 이를 바탕으로 문화의 랜드마크를 형성할 수 있기 때문이다.

3) 천만 관객 영화와 한국형 스토리텔링 탐색

앞에서 천만 관객을 넘어 이천만 관객을 넘보는 한국 영화의 아이콘이 무엇인지에 대한 질문을 던졌다. 그 대답이 가능할지는 모르겠지만 여기에서는 천만 관객을 돌파한 한국 영화를 개괄하고, 몇 가지 비교를 통해 한국 영화가 가지고 있는 한국적 스토리텔링의 전형 혹은 특징을 탐색해 보기로 한다.

2020년 10월 기준으로 한국 영화진흥위원회 박스오피스에서 확인할 수 있는 역대 천만 관객 돌파 영화는 아래와 같이 정리된다.

순위	영화명	개봉일	매출액	관객수
1	명량	2014-07-30	135,757,418,810	17,615,686
2	극한직업	2019-01-23	139,655,543,516	16,266,338
3	신과 함께 - 죄와 벌	2017-12-20	115,707,672,637	14,411,782
4	국제시장	2014-12-17	110,944,607,730	14,263,980
5	어벤저스: 엔드게임 ●	2019-04-24	122,492,181,020	13,977,602
6	겨울왕국2 ●	2019-11-21	114,810,421,450	13,747,792
7	베테랑	2015-08-05	105,170,856,250	13,414,484
8	아바타 ●	2009-12-17	125,304,346,000	13,338,863
9	도둑들	2012-07-25	93,672,361,700	12,984,692
10	7번방의 선물	2013-01-23	91,437,368,170	12,812,144
11	알라딘 ●	2019-05-23	108,160,549,039	12,723,777
12	암살	2015-07-22	98,468,525,781	12,706,829
13	광해, 왕이 된 남자	2012-09-13	88,913,283,469	12,324,062
14	신과 함께 - 인과 연	2018-08-01	102,6777,730,409	12,276,359
15	택시 운전사	2017-08-02	95,871,313,649	12,189,658
16	부산행	2016-07-20	93,187,397,548	11,567,662
17	변호인	2013-12-18	82,874,748,788	11,375,123
18	해운대	2009-07-22	81,027,925,000	11,324,958
19	어벤저스: 인피니티 워 ●	2018-04-25	100,081,428,549	11,233,176
20	괴물	2006-07-27	66,717,700,300	10,917,400
21	왕의 남자	2005-12-29	66,019,904,400	10,514,177
22	어벤저스: 에이지 오브 울트론 ●	2015-04-23	88,640,214,246	10,504,007
23	기생충	2019-05-30	87,460,501,095	10,313,143
24	인터스텔라 ●	2014-11-06	82,669,061,000	10,309,432
25	겨울왕국 ●	2014-01-16	82,521,307,080	10,303,058
26	보헤미안 랩소디 ●	2018-10-31	86,280,975,785	9,948,386

위 표에서 필자가 별도로 ● 마킹한 영화는 외국 영화이다. 〈보헤미안랩소디〉는 천만에 조금 미치지 못하지만 그 차이가 천만 관객으로 간주해도 될 정도이기 때문에 포함했다. 이 통계를 보면 확실히 한국 영화가 압도적인 우위를 보인다. 그리고 그렇게 화제를 모았던 〈어벤저스: 엔드게임〉도 〈명량〉, 〈극한직업〉, 〈신과 함께〉, 〈국제시장〉의 벽을 넘지 못했다. 〈명량〉과 〈극한직업〉은 조금만 더 분발했더라면 이천만 관객 시대를 여는 영화가 될 뻔했다. 이런 통계를 보고 있으면 한국문화를 전공하는 연구자로서 흐뭇하기 그지없다. 그럼에도 불구하고 중국 무협 영화와 같은 세계적 경쟁력을 아직 확보하지 못했다는 점은 문제가 아닐 수 없다.

아직까지 부동의 1위를 차지하고 있는 〈명량〉은 주지하듯이 이순신 장군의 명량해전을 다루고 있는 영화이다. 12척의 배로 그 수많은 왜적의 함정들을 이겨낸 전쟁 이야기이다. 아마 〈명량〉은 한국과 일본의 역사적인 문제라든지, 그리고 힘이 없는 나라가 강인한 정신력과 애국심으로 힘 있는 나라를 물리치는 그 카타르시스를 보여주기 때문에 이런 인기를 얻었을 것이다.

〈국제시장〉은 관객들의 눈물을 많이 빼앗은 영화이다. 이 영화에는 관객을 울리는 포인트가 여러 장면 설정되어 있는데, 세대에 따라 또 경험치에 따라 울음 횟수와 장면이 다르다. 그럴 수밖에 없는 것이 〈국제시장〉은 한국의 현대사를 종단으로 다루고 있기 때문이다. 1950년 한국전쟁이 발발하면서부터 시작해서 한국의 현대화, 산업화가 이루어지는 거의 현재 시점까지를 종단적으로 다루고 있고, 그 과정에서 우리에게 있었던 굉장히 굵직굵직한 역사적인 사건들을 보여주고 있다.

〈베테랑〉 같은 경우는 꼴통 경찰이지만 어떤 외압에도 굴하지 않고 싸워서 이기려고 하는 영웅적인 경찰 캐릭터를 보여준다. 그리고 재력가는 악인으로 설정되어 마약과 갑질을 일삼는 모습으로 형상화된다.

힘없는 꼴통 경찰과 힘 있는 부도덕한 재벌의 싸움에서, 재벌은 부당한 힘을 가지고 끊임없이 공권력을 위협하지만 극적으로 경찰이 승리하는 이야기를 가지고 있다. 바로 이 이야기의 구도가 관객들에게 어필할 수 있었다고 보인다.

〈암살〉은 독립운동을 다루고 있는 영화이며, 〈광해, 왕이 된 남자〉는 광대인데 왕과 닮았기 때문에 왕의 역할을 함으로써 결국은 왕이라고 하는 권력을 비판하기도 하고, 참다운 왕의 모습이 무엇인지를 역설적으로 보여주는 영화이다. 〈택시 운전사〉는 광주 항쟁을 택시 운전사라는 평범한 사람의 시각에서 다룬 영화이다. 사회 문제에 관심이 없을뿐더러 광주와는 조금도 인연이 없는 택시 운전사가, 광주 항쟁의 진실을 알게 되면서 스스로 자각하는 이야기를 다루고 있다. 이렇게 보면 우리 관객들은 시대적인 문제에 상당한 관심을 보인다고도 할 수 있을 것이다. 한편 한국에서는 좀비 영화가 좀처럼 만들어지지 않았는데, 한국판 〈월드워 Z〉라고 할 수 있는 〈부산행〉도 천만 관객의 반열에 올랐다.[105]

그렇다면 이러한 영화에서 보이는 공통된 특징이 있을까? 개별 영화가 제각기 특성이 있으니 전체를 관통하는 특징을 찾는 것이 무모하거나 견강부회식 논의가 될 수도 있다. 그러나 한국 영화 혹은 한국적 스토리텔링의 특징을 탐색하기 위해 이 물음은 필요하다 할 것이다.

---

105 역사를 다루고 있거나, 그 시대를 다루고 있는 영화들이 대개 높은 관객 동원율을 보인다. 실제로 〈베테랑〉은 시대를 다루고 있지 않지만, 어떻게 보면 이것도 우리가 우리 시대에 대해서 공정한 사회, 혹은 공정한 권력, 혹은 정의를 바라는 우리 열망이 담겨 있는 것이고, 역으로 보면 '우리 사회는 그런 공정과 정의가 담보되지 못한다.'라고 하는 역설을 보여준다. 〈변호인〉, 〈괴물〉 모두 마찬가지이다. 〈괴물〉은 최초의 천만 관객 동원 영화인데 이 작품이 가지고 있는 강한 사회성과 연관이 있을 것이다. 〈명량〉은 과거의 역사이지만, 그것도 현재와 현재성이 있는 역사이다. 이렇게 보면 현재적 역사성과 관련이 있는 영화들이 많은 관객을 동원했다고 볼 수 있다.

천만 관객을 달성한 한국 영화에서 발견되는 한 가지 공통점은 비슷한 유형의 조연이 설정된다는 점이다. 〈명량〉과 같이 실존 인물이나 역사를 다루는 영화를 제외한다면 예외 없이 코믹형 조연이 설정되어 있다. 이들은 주인공 옆에서 주인공과 같이 행동하며 끝까지 의리를 지키는 성실한 인물이다. 〈암살〉에서 하와이 피스톨을 따라 다니는 수행원 영감, 〈국제시장〉에서 주인공 덕수를 따라다니는 친구 달구, 〈베테랑〉에서 주인공 서도철을 곁에서 도와주는 강력계 오 팀장, 〈해운대〉에서 강연희와 최만식을 곁에서 지켜보는 오동춘 등이 이런 유형에 해당하는 인물이다.

〈해운대〉 오동춘 개입 장면

〈해운대〉에서 오동춘은 강연희가 불량한 손님들에게 겁박을 당하고 있을 때 이들 사이에 개입한다. 불량한 손님들이 가차없이 오동춘에게 폭력을 행사하고 오동춘은 자리에서 쓰러진다. 다시 일어나서 덤비지만 상황은 마찬가지이다. 이 장면은 오동춘의 행위 자체가 우스꽝스럽게 설정되어 있기 때문에 관객들에게 엄청난 웃음을 유발시킨다. 그런데 사실 이 장면은 여성 주인공 강연희가 아버지를 여의고 억척스럽게 살아가는 상황을 형상화한 것이다. 손님에게 갖은 구박과 모욕을 받는 강연희의 모습은 사실 비극적 상황의 극단이라고 볼 수 있다. 그런데 오동춘의 개입으로 인해 비극성보다는 희극성이 전면에 노출되는 결과가 되었다.

이를 두고 비극적 장면의 웃음을 통한 중화라고 할 수 있을 것이다. 영화 〈해운대〉를 예로 들었지만 다른 영화, 드라마에서 자주 발견하는 부분이다. 물론 이런 특징으로 인해 드라마나 영화가 멜로성을 강하게 지니게 되기도 하지만 이 역시 우리의 오래된 서사적 전통 속에서 이해할 수 있다.

고전소설 연구자에게 '방자형 인물'은 꽤 익숙한 인물 유형이다. 「춘향전」의 방자와 같이 양반 주인공이 가지고 있는 권위를 재치 있는 말투나 행동으로 풍자하는 역할을 담당하는 인물을 의미한다.[106] 판소리계 소설뿐만 아니라 봉산탈춤의 '말뚝이'와 같은 인물에게도 적용될 수 있듯 어떻게 보면 한국 고전소설의 전형적인 인물 유형이라고 할 수 있다.

이들 인물 유형은 모두 희화적 말투나 행동을 하는 특성을 지니고 있는데 대하소설에서도 설정된다. 대표적인 인물로 「현씨양웅쌍린기」에 등장하는 장 시랑 형제를 거론할 수 있겠다. 이들 형제는 주인공인 현수문, 현경문 옆에서 유쾌한 농담을 주고받고, 놀리기도 하면서 장면에 해학성을 더하고 있다. 특히 주인공이 매를 맞는 등 곤란한 상황에 처했을 때도 재치 있는 말투로 장면을 이끌어 간다.

> 학사가 말했다. "우연히 베 짜는 소리를 듣고 왔더니 저 여자가 여차여차하여 무례하니 어떤 여자이며 당돌함이 이렇듯 하느뇨?" 설구가 그 여자를 몸으로 가리고 웃으며 말했다. "노야는 화를 식히소서. 이 여자는 저의 조카이니 본디 시골에서 성장하여 예절을 알지 못함이라. 존위를 범한 죄가 중하오나 저의 낯을 보아 용서하소서." 학사가 말했다. "너의 조카라 하니 용서하되 앞으로는 조심하라." 말을 마치고 서당으로 오니 장생 형제가 웃으며 말했다. "그대는 똥을 누고

106 이에 대해서는 일찍이 권두환, 서종문, 「방자형 인물고」, 『한국소설문학의 탐구』, 일조각, 1978에서 논한 바 있다.

도로 먹었느냐. 왜 이렇게 늦게 오냐뇨?" 학사가 말했다. "설구의 질녀 어떤 사람의 자식이며 어찌 이곳에 있느뇨?" 장성시, 성원 형제 놀라 말했다. "설구에게 조카가 있고 없음을 알 리가 없거니와 무슨 이유로 묻나뇨?" 학사가 미미하게 웃으니 성원이 웃으며 말했다. "내 네 마음을 아니 알까. 그 여자 아름다워 범하고자 하는 생각이 있음이로다. 만일 그렇게 하다가 부의 큰 호통을 어찌 하고자 하느뇨?" 학사가 꾸짖어 말했다. "이 요망한 아이는 사나운 소리를 말라. 일처이첩은 선비의 집에서는 흔한 이야기니 어찌 과도하게 책(責)하시리오." 성기를 돌아보아 말했다. "형이 이 일을 주선하면 크게 갚으리라." 성시가 웃으며 말했다. "너의 형제가 장가가서 부인을 얻을 적에 우리는 술 한 잔도 먹어보지 못하였더니, 이번에는 중하게 갚으마 하니 돈푼이나 받아쓰랴?"[107]

이에 대해 한길연은 "하나의 사건이 일어날 때마다 빠지지 않고 등장하여 주인공들을 희화적으로 꼬집음으로써 그들을 농락하는 장 시중 형제는 슬픈 일이건 기쁜 일이건 주인공들에게 새로운 일이 발생하기만 하면 나타나 일의 연고를 알아내려는 호기심 많은 인물"로 설명한다.[108] 여기에서 장 시중 형제는 드라마 〈태양의 후예〉의 상현, 드라마 〈도깨비〉의 덕화, 영화 〈국제시장〉의 달수, 영화 〈해운대〉의 동춘의 모습과 정확히 대응된다.

한국 영화에서 천만 관객을 달성한 작품들이 대개 이와 같은 인물 유형을 설정하고 있다는 점, 시청률이 높거나 인지도가 충분히 있는 드라마 역시 사정이 마찬가지라는 점을 감안하면 이를 두고 한국 스토리텔링의 한 전형으로 상정해도 무리는 없을 것 같다.[109]

그런데 이런 특징은 서사 기법상의 특징이다. 아무래도 중국의 무협

---

107 『현씨양웅쌍린기』, 10권 10책, 장서각 소장본.

108 한길연, 「대하소설의 능동적 보조인물 연구」, 서울대학교 석사학위논문, 1997, 31면.

109 본 장의 〈꽃보다 남자〉 논의에서도 이미 이러한 특징을 언급한 바 있다.

과 비교할 수 있는 특징이라면 내용적 측면의 특징 역시 탐색할 필요가 있다. 이미 본 장에서 〈꽃보다 남자〉의 한국적 특성을 살펴본 바 있다. 이에 한국 드라마의 경우는 확실히 가족 공동체의 특성이 두드러지는 특징을 보였다.

이와 비슷한 방법을 적용하여, 영화 〈해운대〉와 유사한 외국의 재난 영화와 비교해보면 흥미로운 일면을 발견할 수 있다.

〈해운대〉는 해운대를 강타한 쓰나미를 소재로 재난영화를 표방한 영화이다. 그런데 재난영화를 생각하고 이 영화를 본다면 상당히 어색한 느낌을 받을 수 있다. 재난영화의 정석이라고 할 만하면서도 〈해운대〉와 비슷한 소재를 가진 영화로 일본의 〈일본침몰〉을 들 수 있다. 1973년에 만들어진 영화를 2006년에 리메이크한 영화로 러닝타임이 133분이나 되는 긴 영화이다. 경우에 따라서는 상당히 따분한 느낌을 받을 정도로 이야기가 박진감 있게 전개되지는 않는다. 그러나 재난 대비 강국인 일본답게 재난 영화의 가장 기본적인 구도를 충실하게 보여준다. 다음은 이 영화의 대략적인 이야기 구조를 정리하면 다음과 같다.

① 지진으로 인한 일본의 침몰
② 무능한 관료와 올바른 관료의 대립
③ 재난 속 비극과 구조 활동
④ 유능한 관료와 과학자의 노력
⑤ 재난 극복 방법의 제시
⑥ 극복 방법의 실천과 이에 따른 희생(죽음)
⑦ 재난의 극복과 피해 복구에 대한 희망

대개의 재난영화에서 〈일본침몰〉이 보여주는 이런 모습은 쉽게 발견된다. 물론 ⑥에서 설정된 희생 다시 말해 재난 극복 방법을 실천하는 과정에서 죽음이라는 희생 장면이 설정되는데, 이는 보편적이지 않을 수 있다. 〈해운대〉 역시 이런 이야기 구조를 충실하게 따르고 있다. 과학자, 구조대원, 무능한 관료 등의 기본 인물 요소가 충실하게 지켜지고 있다.

그런데 〈해운대〉에 설정된 과학자는 재난을 극복할 방법을 제시하지 못한다. 필자 역시 재난영화를 많이 봐 왔기 때문에 이 과학자의 적극적인 역할을 기대하면서 관람을 했다. 그러나 과학자의 역할은 크게 부각되지 않았다. 쓰나미 상황에서 아무런 방비도 없이 무기력하게 당하고 만다. 과학자의 역할 축소는 이 영화가 여타의 재난영화와는 다르다는 느낌을 들게 만든다. 실제로 쓰나미라는 재난 상황이 발생하는 시점은 영화가 시작되고 50분이 지난 시점이다. 전체 러닝타임을 고려하면 〈해운대〉에서 재난은 영화가 절반 이상 진행되고 나서 발생한다는 것이다. 그 이전에는 재난보다는 오히려 남녀 주인공의 애정 갈등, 해운대 마을 주민들의 생활상이 훨씬 더 많이 부각된다.

따라서 〈해운대〉는 재난영화적 요소를 약화시키면서 멜로적 요소를 부각시킨 영화라 할 수 있다. 그리고 이 멜로적 요소는 남녀의 사랑에 한정되는 것이 아니라 그들의 가족사 및 혼인과 연관된다. 남녀 주인공의 사랑 이야기를 다루는 과정에서 나중에 극적으로 살아난 여자 주인공이 자기의 시어머니 될 사람에게 와서 "죄 많고 재주 없는 저를 이 집에 받아주셔서 감사합니다." 그리고 시어머니가 하는 이야기는 "네가 우리 집에 들어와서 내가 더 고맙다."라고 말한다. 개인 대 개인의 만남과 더불어서 어떻게 보면 한 가족이 완성되어가는 집단적인 모습을 보여주고 있다.

이 모습은 〈일본침몰〉은 물론이고 서양의 재난영화에서도 좀처럼 찾아볼 수 없는 특징이다. 앞에서 언급한 서사 기법상의 특징과 아울러 〈해운대〉의 이런 모습을 한국적 스토리텔링의 특징적인 일면이라고 할 수 있을 것 같다.

서양에도 가족을 다루는 이야기는 많이 있다. 그러나 가족을 형상화하는 방식이 상당히 다르다. 〈투모로우(The Day After Tomorrow, 2004년 개봉)〉는 기상이변을 소재로 한 할리우드의 대표적 재난영화이다. 이 영화 역시 〈일본침몰〉에서 보여준 재난영화의 기본 구조를 충실하게 따르고 있다. 기본 구조의 측면에서 〈해운대〉와 비교하자면 훨씬 더 〈일본침몰〉에 가깝다. 〈투모로우〉는 기상이변으로 인해서 미국 전체가 얼어버리는 재난을 배경으로 이야기가 전개된다. 그리고 집을 떠난 아들이 기상이변의 소용돌이 속에 갇히자, 과학자인 아버지가 그 아들을 구출하러 가는 이야기가 펼쳐진다. 이 과학자는 기상이변을 예측한 과학자인데, "네가 어디 있든지 나는 너를 구한다."라고 하는 약속 때문에 자기의 탐사대를 이끌고 아들을 구하기 위해서 먼 길을 떠나는 모험을 감행한다. 결국 아버지는 아들을 비롯하여 다른 시민을 극적으로 구출한다.

〈일본침몰〉이 국가주의를 보여주었다면 〈투모로우〉는 강한 개인주의를 보여준다고 할 것이다. 과학자가 국가적 위기를 만나 아들을 구하기 위해 모험을 감행하는 것은 국가보다는 가족을 택한 결과이다. 여기에서 우리가 맛보는 것은 아들과 아버지의 개인적 상봉이지 가정이라고 하는 공동체적 집단성은 보이지 않는다. 이것이 〈투모로우〉가 견지하는 개인주의적 시각이라고 생각한다. 이런 가족 이야기는 확실히 〈해운대〉가 보여주는 공동체적 가족의 모습과는 다르다.

이상에서 논의한 바와 같이 한국 영화 역시 드라마와 같이 한국적 스토리텔링의 특징을 뚜렷하게 보여주고 있음을 확인할 수 있다. 물론 한국적 스토리텔링의 특징을 탐구하는 일이 과연 의미가 있는 일인지에 대해 의문을 가질 수는 있다. 그러나 우리 문화의 정체성이 결여된 문화콘텐츠가 과연 무슨 의미가 있는지에 대한 반대 질문도 가능하다. K-pop은 물론이고 스토리텔링 분야에서도 우리 문화의 정체성이 전제되었을 때 성공 가능성이 높아진다. 이런 점에서 이런 시도는 충분히 의의가 있으며, 앞으로 보다 정교한 탐색이 필요하다고 할 것이다.

활용 가능성 모색 Ⅳ

1. 창작소재 개발 가능성

1) 개발의 필요성

문화산업에서 흔히 사용하는 용어 중의 하나가 'OSMU(One Source Multi Use)'이다. 하나의 콘텐츠가 다양한 분야에 동시에 활용된다는 의미이다. 문화콘텐츠로서의 문화원형이 가장 힘 있는 가치로 지칭되기도 하는 이유도 이 'OSMU'에 기반한다고 볼 수 있다. 중국의 「삼국지연의」는 영화, 드라마, 게임, 애니메이션 등 다양한 문화산업에서 활용되고 있다는 점에서 'OSMU'의 전형적인 경우라 할 수도 있을 것이다. 이런 관점에서 고전소설이 지닌 원천 서사는 문화콘텐츠 분야에서 대단히 중요하다.

고전소설은 서사를 기반으로 하고 있기 때문에 일차적으로 영화나 드라마와 같은 대중 서사물에 활용 가치가 있을 것이다. 이 경우 한 작품을 그대로 활용할 수도 있고, 특정 모티프나 화소를 활용할 수도 있다. 「홍길동전」이나 「전우치전」, 「춘향전」 등은 이미 많이 활용되었다고 할 수 있겠다. 그러나 우리는 다른 나라에 비해 고전소설이 활용되는 사례가 극히 적다고 할 수 있다. 뿐만 아니라 'OSMU'가 아니라 영화나 드라마에 단선적으로 활용되는 경우가 대부분이다. 따라서 고전소설의 원천성을 충분히 개발함으로써 문화산업 전반에 활용될 수 있는 길을 열어야 할 것이다.

이런 관점에서 본다면 문화산업적 관점에서의 작품 발굴과 아울러 고전소설의 주요 모티프나 사건을 중심으로 별도의 콘텐츠를 개발할 필요가 있다. 고전소설이 유형성과 정형성이 강한 장르라는 점을 감안한다면 후자의 작업이 더 중요하다고 할 것이다. 이를테면 캐릭터 창고, 모티프 창고, 사건 창고, 구조 창고 등을 만들어 두는 것이다. 어떤 창고에서 어떤 재료를 가져다 사용해도 된다. 다루고자 하는 주제나 내용에 따라 그에 걸맞은 재료를 가져다가 새로운 이야기를 만들면 된다.

이런 창고를 만들어 두면 새로운 창작소재, 이야기의 풍부한 원천성에 굶주려 있는 문화산업에 큰 활용 가치가 있을 것이다.

고전소설 역시 이와 같은 방식으로 다양한 이야기를 생산했을 것이다. 현대의 대중문화와 같은 역할을 당시의 고전소설이 담당했다면, 지금 문화산업과 고전소설의 만남은 당연한 일이다.

이런 관점에서 고전소설이 문화콘텐츠로서의 제 역할을 담당하기 위해서 무엇보다 필요한 것은 시각화 작업이다. 중국에서는 「홍루몽」에 대한 다양한 시각 자료가 개발되어 있다. 「홍루몽」의 주요 인물들에 대한 캐릭터 작업을 비롯하여 주요 장면을 그림으로만 처리한 「홍루몽」 회화책 등이 존재한다. 만약 「홍루몽」을 드라마, 영화의 소재로 활용한다면 이런 시각 자료는 매우 요긴하게 사용된다. 이런 시각화 작업이 우리의 경우는 전무하다. 초등학생을 대상으로 하는 일부 고전소설 책에 삽화가 등장하지만 그로 인해 오히려 고전소설의 원래적 의미를 왜곡할 우려가 발생한다. 원전에 대한 정확한 이해와 묘사에 대한 세밀한 분석을 통해 학계에서 합의할 수 있는 캐릭터 작업이라도 우선 이루어질 필요가 있다.

고전소설은 다른 관점에서 보자면 문화원형의 총화라고도 할 수 있다. 가령, 주인공이 전쟁터에 나가는 모습을 보면 '망용대홍포', '수전포', '봉시투구', '상방참사검', '백옥산호채' 등의 치장이 나온다. 「춘향전」의 '의복치레' 대목에는 조선시대의 복식이 망라되어 있다. 따라서 복식, 무기, 가옥 등의 문화원형 요소를 별도로 개발하지 않아도 고전소설의 시각화가 제대로 이루어진다면 그 자체로 모든 문화원형을 효과적으로 구현할 수 있다. 그렇게 구현된 문화원형은 따로 떨어져 있지 않고 이야기 속에서 하나로 연결된다. 이런 작업은 물론 고증이라는 어려운 일이 수반되어야 하며, 화가나 디자이너의 손을 빌려야 한다. 그러나 고전소설의 문화콘텐츠화를 위해서는 필요한 일임에 분명하다.

이와 같은 개발이 이루어진다면 이제 고전소설 텍스트는 완전히 새로운 형태로 개발이 가능해진다. 텍스트와 시각 자료가 공존하는 고전소설 한 편을 통해서 조선시대의 문화를 입체적으로 이해할 수 있는 길을 열 수 있을 것이다.

2) 개발 사례

(1) 개발 개요

창작소재로서 고전소설 개발의 필요성과 방향에 대해 언급했다면, 여기에서는 필자가 참여하여 개발한 실제 사례를 소개하고자 한다. 이 작업은 2002년도 정부의 주도로 이루어진 문화원형 디지털콘텐츠 개발 사업의 일환으로 수행된 것이다.[1]

이 작업은 조선시대 대하소설 총 17편을 기본 텍스트로 진행되었다. 대상 작품은 다음과 같다.[2]

* 명주보월빙	* 유효공선행록	* 유씨삼대록
* 천수석	* 화산선계록	* 보은기우록
* 창란호연록	* 위씨오세삼난현행록	* 옥란기연
* 옥원재합기연	* 옥원전해	* 임화정연
* 현씨양웅쌍린기	* 명주기봉	* 명주옥연재합록
* 소현성록	* 쌍성봉효록	* 옥수기

개발의 전체적인 개요를 제시하면 다음과 같다.

■ 콘텐츠화 의의 : 한국 서사문학의 보고이며 한국적 이야기의 원형적 소재와 다양한 전개 방식을 보여주고 있는 조선시대의 대하소설과 기타 풍속사 관련 기록, 삽화 등을 콘텐츠 대상 자료로 선정하여 디지털 콘텐츠화하고자 함.

---

1 한국문화콘텐츠진흥원(현재는 '콘텐츠진흥원'으로 개칭)에서 주관한 「문화원형디지털콘텐츠개발사업」을 지칭함. 이에 대해서는 「〈고전문학과 문화콘텐츠의 연계방안〉 사례발표-조선시대 대하소설을 통한 시나리오 창작소재 및 시각자료 개발」란 제목으로 『고전문학연구』 25집(2004)에 한 차례 수록한 바 있다. 여기에서 이를 바탕으로 내용을 첨삭하여 수정 제시한다.

2 이외에도 보조 텍스트로 「옥루몽」, 「구운몽」 등의 작품이 활용되었다.

■ 콘텐츠화 대상과 내용: 조선시대 대하소설

• 내용

- 가문의 대립과 갈등을 중요한 문화적 배경으로 하여 구성된 사랑, 전쟁, 음모 등 생활에서 일어나는 모든 내용이 포함됨.

• 특징

- 방대한 구조와 세밀하고 구체적인 표현
- 복수 주인공 및 복수 단위담으로 구성
- 한국 대중문화의 폭과 깊이를 획기적으로 넓혀 줄 내용과 규모

• 분량

- 총 분량: 27~28편, 약 700여 책
- 콘텐츠화 대상 대하소설의 분량: 18편 430책

• 구성

- 서사적 뼈대인 3~5개의 단위담
- 상황 전개에 대한 수십 개의 장면별 에피소드
- 인물/배경 등의 기타 구성요소로 이루어짐.

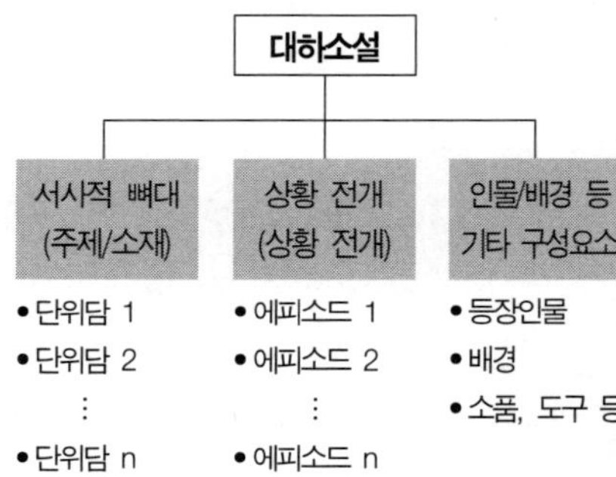

• 의미

- 조선시대 삶의 총체적 국면을 형상화한 자료이며 우리 문화 풍속사의 실체와 구체적 형상을 재구할 수 있는 자료임.

■ 콘텐츠화 방향과 목표

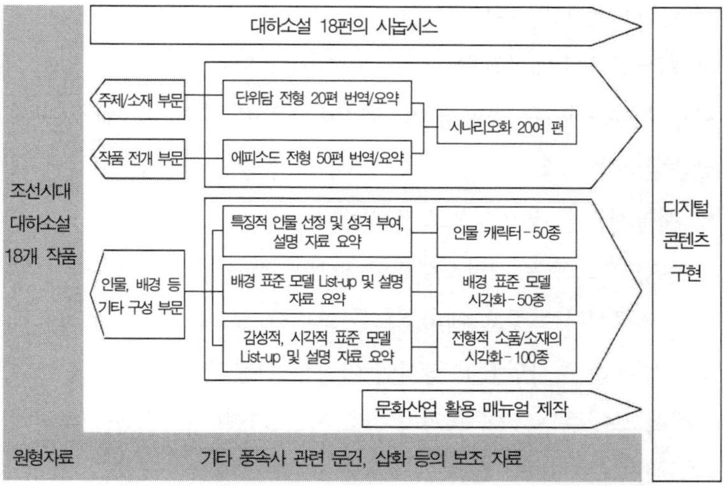

(2) 개발 내용

■ 텍스트 부분

조선시대 대하소설은 문화원형적 가치가 매우 뛰어남에도 불구하고 아직까지 일반인들에게는 그 존재조차 부각되지 않은 실정이다. 손쉽게 읽을 수 있는 번역서나 각색본이 출간되지 않았고, 심지어는 전문가를 대상으로 하는 역주본조차도 제대로 없다. 실상이 이렇다 보니 우선 주요 작품에 대한 대강의 줄거리를 제공하는 일에서부터 출발해야 할 것이다. 그러나 이 일도 만만치 않다. 줄거리를 어디까지 상세하게 제공할 것인가? 줄거리만 가지고 대하소설이 가지고 있는 매력을 느끼게 할 수 있을까? 또 줄거리의 활용도가 얼마나 있을까? 등등의 문제가 발생한다. 따라서 줄거리는 시놉시스의 차원에서 서사단락의 형식으로 간략하게 소개하되 이 서사단락을 구성하는 공통된 단위담을 보다 상세하게 제공하는 것이 여러 측면에서 유익할 것으로 생각했다.

조선시대 대하소설은 여러 작품에서 공통적으로 설정되는 단위담을 가지고 있는 만큼 단위담의 유형을 세분화해서 보여주면 대하소설 전체가 한눈에 보일 수 있을 것이다. 나아가 이들 단위담을 임의로 추출하여 적절하게 배합하면 새로운 이야기를 다수 제작할 수 있는 계기를 제공할 수도 있다. 따라서 이 작업의 대상이 된 대하소설 18편에 대한 작품별 시놉시스와 이들 작품으로부터 추출된 단위담 20개에 대한 상세 시놉시스를 우선적으로 정리했다.

단위담만으로는 대하소설의 분위기에 접근할 수가 없다. 이에 각 단위담을 구성하는 주요 에피소드를 보여줄 필요가 있다. 에피소드는 시놉시스 혹은 서사단락의 형식이 아니라 원전의 해당 부분을 그대로 번역해서 보여주는 것이 효과적이다. 가장 전형적인 부분을 발췌해서 그대로 번역하거나 몇 작품의 부분을 모아서 하나의 전형을 만드는 방향으로 에피소드를 정리했다. 이 에피소드는 읽는 그 자체로 하나의 독립된 장면이나 사건을 보는 효과가 나도록 구성을 했다. 이렇게 구성된 에피소드는 모두 50개이며, 하나의 에피소드는 대개 A4 4매의 분량이 되도록 했다.

에피소드를 이렇게 구성하면, 개발된 단위담과 에피소드를 이용해서 새로운 이야기를 창출하기가 훨씬 수월할 것이다. 실제로 단위담과 에피소드를 이용해서 새로운 이야기가 창출되는 과정을 보여주기 위해서 단위담과 에피소드의 조합을 통한 완전히 새로운 이야기 즉 대형 원작 스토리를 제작했다.

■ 시각화 부분

콘텐츠의 활용도를 높이기 위해서는 원형 스토리만 개발해서 되는 것이 아니라 원형 스토리에 기반한 시각화 작업을 동시에 수행할 필요가 있다. 이 작업을 통해 장차 캐릭터, 애니메이션, 게임 등으로 전환을 꾀할 수 있음은 물론이고, 텍스트 정보의 시각화라는 문화콘텐츠적 의 의도 확보할 수 있기 때문이다.

시각화의 기본은 캐릭터의 개발에 있다. 그렇다면 대하소설의 경우는 인물에 대한 시각화가 무엇보다 우선일 것이다. 이에 본 작업에서는 대하소설의 주요 인물을 성격, 신분, 외양, 기타 등으로 크게 구별하여 모두 56개의 인물 유형을 설정했다. 가령, 성격 범주에서는 충신, 효자, 영웅호걸, 성인군자, 요조숙녀 등의 유형이 설정되었고, 신분 범주에서는 황제, 황후, 공주, 장수, 도적, 도사, 유모 등의 유형이 설정되었다.

설정된 세부 유형은 다시 구체적인 행동 양상에 따라 세분되었다. 이것은 그 인물 유형이 각 작품에서 어떤 모습을 보이는가를 보다 구체적으로 보여줌과 동시에 캐릭터를 그릴 화가에게 보다 정확한 인물 정보를 주기 위해서였다. 그리고 여기에서 추출된 인물 정보는 향후 나올 캐릭터와 연동해서 캐릭터에 대한 설명의 역할을 할 수 있다.

〈인물캐릭터 예시〉

위의 그림은 개발된 캐릭터의 예이다. 그러나 이것이 실제 이용자들에게는 〈화면 1〉과 같은 형태로 제공된다. 기생 항목을 찾아가면 대표 캐릭터가 나오고 그 오른쪽에는 이 인물 유형의 기본 성격에 대한 일반적인 설명이 나온다. 대하소설에서 기생이 지니는 기본적인 성격에 대한 간략한 설명이다.

왼쪽에 있는 작은 그림은 이 기생 캐릭터를 '아바타'화한 것이다. 모든 인물을 다 '아바타'화한 것은 아니지만 아바타가 있는 경우는 같이 제공된다. 이것은 대하소설의 인물 캐릭터가 '아바타'로 활용될 수 있는 가능성이 충분히 있음을 보여주기 위한 것이다.

화면의 하단부를 보면 기생이 등장하는 주요 장면이 몇 개의 제목으로 소개되어 있다. 가령, 이중 붉은 박스로 표시된 3번 항목을 찾아서 들어가면 다음과 같은 화면이 나오도록 구성을 하였다.

〈화면 1〉

〈화면 2〉는 기생 캐릭터가 구체적인 장면 속에서 어떤 행위를 하는가에 대한 이미지이다. 그림의 하단에 주어진 텍스트는 기생이 등장하는 작품의 한 부분이다. 모든 인물 유형이 이와 같이 텍스트와 연동이 된 상태에서 제공되기 때문에 대하소설의 분위기와 성격이 한눈에 들어오는 효과를 지닌다.

〈화면 2〉

〈아바타 캐릭터 사례〉

〈인물 행위 이미지 예시〉

다음으로 개발된 시각 이미지는 배경과 상황이다. 인물이 어떤 공간에서 활동하는가에 대한 정보 역시 대하소설을 이해하고 활용하는 데 주요한 정보이다. 소설에서 빈번하게 설정되는 배경을 57개로 설정했다. 여기에는 정원, 누각, 규방, 객점, 절 등의 공간적 배경이 포함된다.

〈배경 이미지〉

위의 자료는 소설의 배경 중 '규방'의 이미지를 보여준 것이다. 대하소설 속의 공간이 중국으로 묘사되고 있기 때문에 원작에 충실하다는 취지에서 중국의 전통적인 규방의 모습을 그대로 보여주었다.

배경의 경우는 그림으로 그리지 않고 가장 유사하다고 생각되는 장소를 일일이 답사해서 촬영한 사진 이미지를 가공하여 제공했다. 이 경우에도 인물과 마찬가지로 해당 배경이 설정된 원 작품의 부분을 찾아서 번역해서 제시했다.

이 경우 역시 배경 제시화면에서 보듯이 인물 유형과 마찬가지로 해당 배경에 대한 일반적인 설명과 아울러 작품 속의 해당 장면이 번역되어 하단의 이미지와 같이 제공되고 있다. 이미지는 저 해상도와 고 해상도로 선택해서 접근할 수 있으며, 한 배경에 대해서 여러 이미지가 동시에 제공되고 있다.

〈배경 제시 화면〉

마지막으로 인물이나 배경 혹은 그 밖의 장면에서 묘사되는 주요 소품을 100개로 설정했다. 복식, 장신구, 악기, 행렬 소품 등이 여기에 포함된다. 제시한 〈소품이미지〉 화면에서 보듯이 이 소품들에 대한 사전적인 설명을 제공했으며, 소품의 이미지를 그림과 실사 이미지를 통해서 제작했다.

이상과 같은 개발 내용의 개발 취지, 결과물의 분량 등을 도식화해서 나타내면 다음과 같다.

대하소설 18편에 대한 시놉시스

- 작품 전체의 상세한 줄거리 제공, A4 2~3P 분량
- 전체 A4 50P 분량

전형적인 단위담 20편 개발

- 대하소설의 구성 요소의 분석을 통해 문화창작소재로 직접 사용 가능한

툴 개발
- 조선시대 모든 대하소설의 단위담 유형을 20개로 정리
- 전체 A4 50P 분량

특징적인 에피소드 전형 50편 개발

- 대하소설의 전개과정에서 드러나는 구체적 에피소드들을 추출 · 분류 · 번역
- 분류 · 번역본을 기반으로 문화산업 창작에 직접 활용될 수 있는 에피소드 전형 50편 개발
- 전체 A4 200P 분량

유형별 원형 스토리 20편 개발

- 단위담의 전형을 플롯 설계도로 삼고, 해당 에피소드를 자료 소스로 활용
- 문학적 가미를 통한 현대적 표현의 서사물로 구성
- 전체 A4 500P 분량

표준 인물 캐릭터 56종 개발

- 캐릭터 일러스트 100컷, 행위묘사 일러스트 250컷
- 단순한 인물 캐릭터만이 아닌 캐릭터에 대한 성격부여 tip 제공을 통해 타 인물 캐릭터와의 차별성 유지
- 캐릭터 디자인 근거 및 설명 팁 텍스트 A4 50P 분량

전형적 장면에 대한 배경 표준 모델 57종 개발

- 이미지 · 일러스트 120컷
- 대하소설의 주 배경이 되는 각각의 사물에 대한 고증적 모델의 시각 자료화
- 디자인 근거 및 설명 팁 텍스트 A4 50P 분량

전형적인 소품 및 소재에 대한 시각 자료 100종 개발

- 대하소설 전개시 차용된 감성, 시각 부문에 대한 시각 자료 개발 ; 100컷
- 디자인 근거 및 설명 팁 텍스트 A4 50P 분량

〈소품이미지〉

■ **메인화면의 구성**

개발 결과물을 웹에서 효과적으로 구현하기 위해서 결과물을 창작자료와 시각자료, 활용 예시로 나누었다.

창작자료는 대하소설 작품별 시놉시스 18편, 단위담 20편, 에피소드 50편, 유형별 원형 스토리 20편으로 구성했다.

시각자료는 캐릭터 일러스트 56종 366컷, 배경 사진 57종 237컷, 소품 일러스트 100종 100컷으로 구성했으며 작품 속 근거 텍스트를 첨부했다.

활용예시는 대형 원작스토리 2편과 게임 활용예시 플래시 5편—바탕 일러스트 100컷—으로 구성했다.

이를 바탕으로 메인화면의 주요 항목에 대한 사이트 맵을 구성하면 다음과 같다.

≫대하소설소개	≫창작자료	≫시각자료	≫활용예시
▶대하소설이란	▶시놉시스	▶인물/캐릭터	▶대형원작스토리
▶내용과 특징	▶단위담전형	▶배경	▶게임활용 메뉴얼
▶문화산업적의의	▶에피소드전형	▶소품/소재	
▶개발내용과방식	▶유형별 원형스토리		

다음은 이러한 설계를 바탕으로 제작된 실제 결과물의 메인 화면이다. 첫 화면은 전체 메인이며, 두 번째 것은 창작자료 메인의 예시이다. KCRC 제1표준인 JPS로 구현했으며, 간결한 인터페이스로 모든 메뉴를 한눈에 파악할 수 있도록 설계했다.

〈전체 메인화면〉

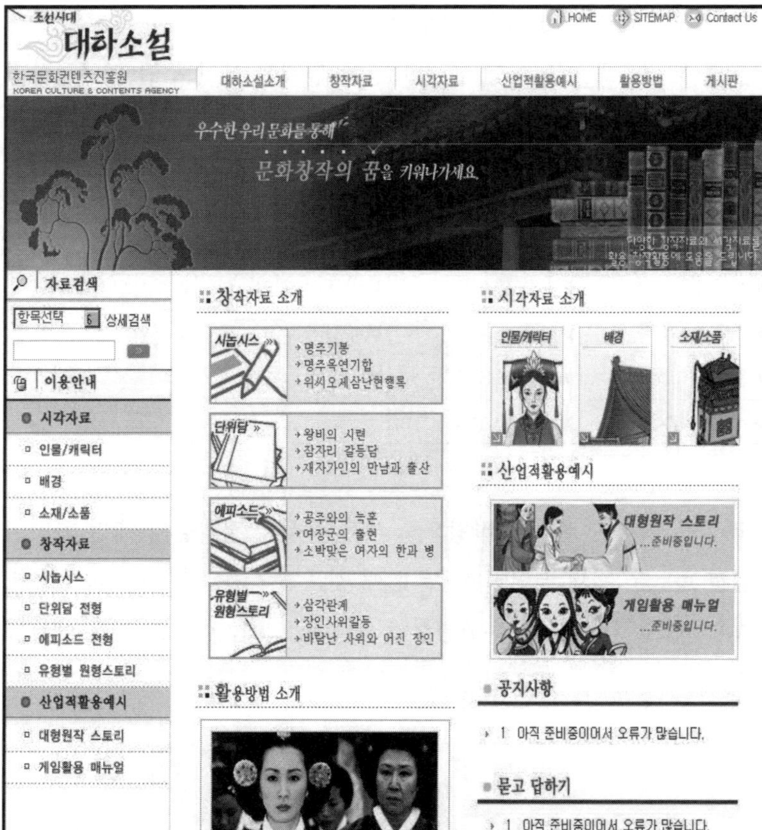
조선시대
대하소설
HOME
SITEMAP
Contact Us
한국문화컨텐츠진흥원
KOREA CULTURE & CONTENTS AGENCY
대하소설소개
창작자료
시각자료
산업적활용예시
활용방법
게시판
우수한 우리 문화를 통해
문화창작의 꿈을 키워나가세요
자료검색
항목선택
상세검색
이용안내
시각자료
인물/캐릭터
배경
소재/소품
창작자료
시놉시스
단위담 전형
에피소드 전형
유형별 원형스토리
산업적활용예시
대형원작 스토리
게임활용 매뉴얼
창작자료 소개
시놉시스
명주기봉
명주옥연기합
위씨오세삼난현행록
단위담
왕비의 시련
잠자리 갈등담
재자가인의 만남과 출산
에피소드
공주와의 늑혼
여장군의 출현
소박맞은 여자의 한과 병
유형별 원형스토리
삼각관계
장인사위갈등
바람난 사위와 어진 장인
활용방법 소개
시각자료 소개
인물/캐릭터
배경
소재/소품
산업적활용예시
대형원작 스토리
...준비중입니다.
게임활용 매뉴얼
...준비중입니다.
공지사항
1 아직 준비중이어서 오류가 많습니다.
묻고 답하기
1 아직 준비중이어서 오류가 많습니다.

〈창작자료 메인화면〉

(3) 개발 결과

이상과 같은 작업을 수행하면서 조선시대 고전문학 특히 소설을 대상으로 한 문화콘텐츠 작업이 충분히 가능하며 그 활용 가치 또한 높다는 것이 증명되었다.

과거의 문화원형에 기반한 문화콘텐츠는 시류에 편승할 필요가 없으며, 향유층 또한 한정될 필요가 없다는 장점을 지니고 있다. 무엇보다도 오락적 흥미뿐만 아니라 교육적 가치가 풍부하게 깔려 있다는 점이 강점으로 부각된다.

물론 당장은 문화 상품의 세계적 추세에 발을 맞추는 것이 훨씬 더 성공 가치가 있어 보일지 모른다. 그러나 이 경우 일정한 한계를 지닐 수밖에 없음이 자명하다. 문화콘텐츠는 그 속성상 해당 국가보다는 세계 전체를 향유 대상으로 설정한다. 이때 자국의 문화적 원형에 기반한 콘텐츠야말로 가장 세계적인 콘텐츠가 될 수 있는 가능성을 확보한다. 세계를 지배하는 문화콘텐츠를 곰곰이 분석해보면 하나같이 해당 문명권의 근본적 속성을 강하게 지니고 있다. 그러면서 그것이 보편적 문화를 지향할 수 있도록 개발되었음을 알 수 있다.

그리스 로마 신화가 한국에서 일대 유행이었던 적이 있었다. 그것을 만화로 제작한 경우 출판계에 선풍적인 바람을 일으킬 정도였다. 그리스 로마 신화가 정말 세계 보편적인 신화일까? 우리의 서사 원형도 충분히 그러한 힘을 발휘할 수가 있을 것이다.

조선시대 대하소설은 이런 점에서 상당한 강점을 지닌다. 대하소설은 우리의 가치관과 정신사적 의미를 지니면서도 그 무대와 인물 설정은 조선에 국한되지 않고 드넓은 중국 대륙으로 확대되고 있다. 그 광대한 배경 속에서 자유분방한 동아시아 공통의 상상력을 펼치고 있다. 따라서 동아시아 공통 정서에 기반하여 한류를 이어갈 동아시아 원형 스토리로 적합하다.

대하소설을 기반으로 개발된 원형 스토리는 조선시대 영웅적 인물의 삶을 배경으로 한 방송 드라마의 제작, 부부싸움, 성폭력, 부모와의 갈등 등을 다루는 현대 심리극의 창작소재로 활용될 수 있을 것이다. 또한 조선시대를 주요 배경으로 한 시대극이나 판타지물 스타일의 영화 창작에도 활용될 수 있다. 〈셰익스피어 인 러브〉, 〈황비홍〉, 〈와호장룡〉과 같은 영화들은 자국의 전통적 정서에 기반한 영화이면서 세계적 파급력을 지녔다. 한국의 영화가 눈부신 발전을 거듭했지만 전통적 문화원형에 입각한 영화 중에서 성공한 사례는 별로 없다. 그 이유가 무엇인가에 대해 철저하게 분석해 보아야 할 것이다. 이미 중국은 무협에 기반한 원형 행위과 스토리를 가지고 세계 시장을 노리고 있다. 영화 〈매트릭스〉에 삽입된 중국 무협 영화 스타일의 액션만 보더라도 그 영향력을 짐작하고 남음이 있다. 한국의 영화 역시 다양한 방향에서 우리의 서사 원형과 만날 필요가 있다. 그런 점에서 대하소설은 상당한 장점이 있다.

이외에도 애니메이션, 게임, 캐릭터 산업 등에도 활용될 수 있다. 중국을 배경으로 한 애니메이션 〈뮬란〉의 성공은 적어도 동양 사람들에게는 충격이었을 것이다. 한국의 경우는 아직 제대로 된 애니메이션이 개발되지 않았다. 문화적 원형에 기반한 경우는 더욱 희소하다. KBS의 〈은비깨비의 전래동화〉와 같은 초보적인 수준의 아동 애니메이션이 고작이다. 〈날아라 슈퍼보드〉가 비교적 성공작이지만 중국 소설 〈서유기〉에 바탕을 두고 있다. 애니메이션은 현대의 문화산업 중에서 가장 부가가치가 높은 장르 중의 하나라는 점을 감안할 때 문제가 아닐 수 없다. 기술이 문제가 아니라 원형 스토리의 부재가 문제이다. 대하소설은 이러한 현실을 극복할 수 있는 좋은 문화원형이다.

전 세계 문화산업계의 화두는 좋은 스토리의 발굴에 있다. 어떤 장르의 문화산업이건 스토리에 기반하지 않은 경우는 없다. 심지어는 온라인 게임조차도 스토리는 생명이다. 여기에서 소개한 작업은 우리 대하소설을 해체하여 개발된 종합적 데이터베이스라고 할 수 있다. 따라서 이 작업은 한국적 문화원형에 기반한 '디지털스토리텔링'을 가능하게 하는 초석이 될 수 있을 것이다.

2. 고전소설 텍스트 현대화 작업

고전소설 텍스트는 과거에 비해 상당히 많이 개발되었다. 각종 전집류는 물론이고 삽화가 곁들여진 다양한 형태의 텍스트가 존재한다. 또 초등학생부터 성인에 이루기까지 독서 대상별로도 텍스트가 개발되어 있다. 그러나 형태의 다양성에 비해 개발된 소설의 종류는 한정적이다. 엄밀히 말하자면 학습 과정에서 필요한 소설만을 대상으로 텍스트가 재생산되고 있다고 할 수 있다.

따라서 고전소설 텍스트는 이제 보다 다양한 작품으로 확대될 필요가 있다. 그중에서 가장 시급한 분야가 장편소설이다. 특히 문화콘텐츠의 측면에서 대하소설은 그 가치가 대단히 높다고 할 수 있다. 이에 본 장에서는 고전소설 텍스트 현대화에 따르는 몇 가지 문제를 고찰하고, 현대화된 텍스트들을 실제 분석한 결과를 제시하기로 한다.

1) 고전소설 텍스트 연구

☑ 원전의 확정

고전소설 연구에서 원전 비평은 비교적 이른 시기부터 이루어져 왔다. 대체로 이 원전 비평은 이본들 사이의 관계를 통해 계통을 밝히거나 원전을 밝히려는 일환으로 진행되어 왔다. 「춘향전」, 「구운몽」, 「홍길동전」에 대한 원전 비평에서부터 「토끼전」, 「옥루몽」, 「심청전」에 대한 연구에 이르기까지 중요한 작품들에 대해서는 본격적인 이본 연구가 이루어져 온 셈이다.[3] 이러한 과정에서 이본의 계통도가 어느 정도

---

3 이 방면의 대표적인 연구 성과는 다음과 같다.
김동욱, 『춘향전연구』, 연세대출판부, 1976.
정규복, 『한국 고전문학의 원전비평적 연구』, 고려대민족문화연구소, 1992.
인권환, 「토끼전이본고」, 아세아연구, 29호, 1968.

완성된 경우가 있는가 하면 아직도 미정인 경우도 있다.

고전 작품의 원전을 확정하는 일은 대단히 힘들다. 「구운몽」과 같이 작가가 밝혀진 작품이라고 하더라도 현존하는 제한적인 자료만으로 원전의 여부를 가리기는 사실상 힘들다. 더구나 소설책이 다른 책에 비해서 천대받았던 당시의 문화적 분위기로 인해 온전한 원전이 남아 있을 가능성도 현재로서는 희박하다. 원전 비평이란 원전을 확정짓는 작업이 되어야 하는데 연구의 결과가 그것이 아니라 이본 사이의 어휘나 자구의 차이점을 드러내는 것으로 끝나는 경우가 허다하다.

원전을 확정짓지 못하는 이본 연구 역시 나름대로 의의는 있다고 할 수 있겠지만 이본 사이의 차이점이 유의미한 결과를 부여하지 못하는 경우는 그 연구의 결과가 참으로 허망하다. 이본의 차이점이 유의미한 결과가 있다면 그러한 차이가 지니는 해석학적 연구가 필수적으로 요구되기도 한다. 이본 연구 자체로는 온전한 연구로 볼 수 없다는 말이다.

원전 비평에 대한 연구가 그 필요성을 인정하면서도 점점 줄어드는 경향을 보이는 이유도 이와 무관하지 않을 것이다. 새롭게 발굴되는 자료가 아닌 이상 이왕에 나와 있는 원전 비평의 결과조차 논문에 섬세하게 반영하려는 노력조차 보이지 않는 실정이다. 조선시대 소설책에 대한 원전 비평 자체의 한계인지 아니면 방법론의 문제인지 한번 따져볼 일이다.

원전 비평 분야에 대한 연구사를 보면 한 가지 특이한 현상이 보인다. 작품론에 대한 연구와는 달리 별다른 논쟁이 없다는 것이다. 원전 비평 역시 인문학의 중요한 연구 분야라면 논쟁이 있어야 하는 것이

류탁일, 『완판방각소설의 문헌학적 연구』, 학민사 1981.
설성경, 『춘향전의 형성과 계통』, 정음사, 1986.
이창헌, 『경판 방각소설판본연구』, 태학사, 2000.
이주영, 『구활자본 고전소설 연구』, 월인, 1998.

당연한 현상이다. 논쟁이 없다는 것은 논쟁거리가 없어서일 수도 있고, 아예 관심을 보이지 않아서 그럴 수도 있다. 관심을 보이지 않아서 일어나는 일이야 어쩔 수 없는 일이다. 그러나 논쟁거리가 없다는 것은 크게 생각해 볼 일이다.

고전소설 원전 비평의 과정을 살펴보면 대개 단순하다는 생각이 든다. 발품을 팔거나 목록을 뒤져서 찾을 수 있는 이본들을 한껏 모아놓고 자구를 하나씩 비교해 가면서 그 가감된 부분을 정리해서 계통을 밝히는 작업이 가장 일반적인 과정이다. 얼마나 많은 이본을 대상으로 했는가, 얼마나 대조를 잘 했는가 등이 관건이 되는 셈이다. 따라서 어떤 원전 비평의 결과에 대해 반론을 제기하기 위해서는 결과를 번복할 수 있는 새로운 자료를 찾거나 대조를 다시 해서 잘못 파악된 부분을 찾아야 한다. 대조를 다시 하는 일은 대단히 따분한 일이기도 하거니와 논리나 인식의 문제가 아니라 누가 실수를 덜 했는지를 가리는 일이기도 하다. 사정이 이렇다 보니 원전 비평 자체가 소외될 수밖에 없었다는 생각이 든다.

그러나 텍스트 연구는 자료 찾기나 자구 대조와 같은 단순한 방법에 의해서만 진행되는 것은 아니다. 연구 과정에서 반드시 고려할 수밖에 없는 복잡하고 미묘한 문제들이 상당수 존재한다.

「홍길동전」 원전 비평과 관련한 여러 논의들이 이러한 문제를 잘 보여준다. 「홍길동전」은 아직 원전을 확정짓지는 못했지만 아주 오랜 기간 동안 변이를 일으킨 이본의 역사를 가지고 있다는 점에서 주목을 받은 작품이다. 창작 시기가 빠르며, 긴 시간 동안 꾸준히 향유되었기 때문에 이본의 수도 많으며 이본 간의 차이도 유의미한 결과를 지니고 있다. 예컨대, 조동일은 『한국 소설의 이론』에서 우리 소설사가 일원론적 인식에서 이원론적 인식으로 전개되었다는 부분에 대한 논증 자료로서 「홍길동전」 이본의 계통을 들었다.[4] 정규복에 의해서 밝혀진 「홍길동전」 이본의 계통을 보면 한남장본에서 어청교본으로 이행된다고 했는데,[5] 한남본은 일원론적 인식에 가까운 모습을 어청교본은 이원론적 인식에 가까운 모습을 보이고 있기 때문이다.

그런데 이후 필자에 의해서 「홍길동전」 이본이 다시 한 번 검증되었는데 필자는 한남본보다는 야동본이 더 선행하는 판본이라고 했다.[6] 이 야동본은 어청교본을 파생시킨 이본으로 이원론적 인식을 보이는 작품이다. 물론 조동일은 다른 논의를 충분히 한 결과 소설사의 구도를 언급했기 때문에 「홍길동전」 이본의 계통 논의가 그의 논리를 뒤집지는 못한다. 그러나 만약 필자의 논의가 맞다면 조동일의 소설사 논의에 삽입된 논증 자료로서의 「홍길동전」 이본 역사는 잘못 삽입된 것이다. 뿐만 아니라 당시 국정 국어교과서에 인용된 「홍길동전」 역시 한남본이었기 때문에 문제는 더 심각해진다.

이후 「홍길동전」 작품론에서 필자의 논의는 별다른 이견이 없이 당연시되었다. 그러던 중 정규복은 다시 「홍길동전」 이본을 연구해서 필자의 논의를 반박했다.[7] 물론 부분적으로 인정한 부분도 있지만 가장 중요한 문제였던 한남본 선행설에 대해서는 필자의 논의에 동의하지 않았다. 이 문제에 대해 필자는 아직도 결론을 내리지 못하고 있지만 경판본에 대한 종합적인 논의를 진행한 이창헌은 필자와 정규복의 논의가 모두 타당하다는 결론을 내렸다.[8] 다시 말해 한남본과 야동본이 모두 고본이며 이 둘 이전에 다른 모본이 존재했을 것이라고 했다. 「홍길동전」의 전반부는 한남본이 고본이며 후반부는 야동본이 고본이라

4 조동일, 『한국소설의 이론』, 지식산업사, 1976, 288~292면.
5 정규복, 「홍길동전 이본고」, 『국어국문학』 48호 · 51호, 1970 · 1971.
6 송성욱, 「홍길동전 이본신고」, 『관악어문연구』 13호, 1988.
7 정규복, 「홍길동전 텍스트의 문제」, 『정신문화연구』 44호, 1991.
8 이창헌, 위의 책, 373~400면.

는 것이다.

「홍길동전」 이본을 둘러싼 이 논의는 원전 비평이 자구의 단순한 대조만으로는 해결할 수 없다는 것을 시사한다. 한남본을 보면 야동본과는 달리 어미(魚尾)의 변화가 일어난다. 안성동본이본을 보면 간기(刊記)가 있는데, 이것이 다른 곳에서 이루어진 판본을 가져와서 간기 부분만 판각된 것인지 아닌지를 분별해야 한다. 그 결과에 따라 경판과 안성판의 관계가 해명되기 때문이다.

이것은 고전소설 텍스트 연구에도 본격적인 문헌학적 연구가 이루어져야 한다는 것을 시사한다. 고전소설은 대개가 조선후기에 이루어졌고, 책을 만드는 과정이 엄밀하지 않았기 때문에 책의 서지학적 형태에 대해서는 무시하기 일쑤이다. 텍스트 연구라면 응당 서지학적 고찰이 선행되어야 한다. 지질, 제책, 판형, 자형, 판각 등이 모두 검토되어야 한다는 것이다. 이것들은 서지학에서는 가장 기초적인 부분에 해당한다. 고전소설 텍스트 연구가 작품론을 위한 부차적 연구가 아니라 독립적인 하나의 연구 영역으로 성립하기 위한 전제 조건이다.

☑ 주석의 문제

고전소설 텍스트 연구가 본격적인 문헌학적 연구로 발돋움하는 것도 필요한 일이지만 이와 아울러 시급하게 해결해야 일은 주석 혹은 역주와 관련된 연구이다. 주석이나 역주는 텍스트 연구의 본연이 아니라고 할 수도 있다. 그러나 소설은 책이면서 문학이고, 텍스트이면서 작품이다. 따라서 텍스트 연구라고 해서 문헌학적 영역만을 강조하다 보면 문학 연구와는 전혀 동떨어진 책 자체의 연구로 귀결될 가능성이 다분히 있다. 고전소설이 작품으로 인정되는 한은 작품 연구와 텍스트 연구가 서로 상보적인 입장을 취할 수 있는 방향으로 연구가 이루어져야 한다. 다시 말해 고전소설을 이용한 문헌학 연구가 아니라 문헌학적 방법을 동원한 고전소설 연구가 될 수 있는 길을 모색해야 한다는 말이다.

이와 관련하여 고전소설 텍스트 연구는 소설 목록, 모티프 사전, 용어 사전, 개별 작품의 역주 등을 위한 작업에도 관심을 기울여야 할 것이다. 사실 본격적인 문헌학적 연구는 아니라 할지라도 이본 연구는 어느 정도 진척되었다. 그러나 위에서 열거한 작업들은 거의 이루어지지 않았다. 이 작업은 기초 연구 분야에서는 반드시 있어야 하는 일이다. 누구나 할 수 있는 일이라고도 볼 수 있지만 목록이나 사전을 만드는 일은 텍스트 연구와 더 많은 관련이 있어 보인다.

고전소설 목록을 만드는 일은 상당한 노력이 뒤따른다. 고전소설은 표제와 권수제가 다른 경우도 허다하며, 같은 작품이 제각기 다른 표제로 이루어진 경우도 많다. 뿐만 아니라 국내는 물론이고 해외 도서관 곳곳에 산재되어 있다. 어떤 소설이 존재하는지에 대한 일목요연한 목록집의 완성은 시급한 과제 중의 하나이다. 조희웅의 오랜 산고 끝에 고전소설이본목록집이 완성되었다.[9] 기초 연구 분야에서 상당히 뜻 깊은 일이 아닐 수 없다. 그러나 이 목록집은 말 그대로 이본 목록집이다. 연구에 상당한 도움이 되는 목록집이지만 개별 이본에 대한 각종 문헌학적인 정보가 보다 풍부하게 삽입되어 있다면, 나아가 이본 사이의 계통도가 마련되어 있다면 그 파급 효과는 훨씬 더 클 것이다. 고전소설의 문헌학적 연구는 바로 이와 같은 거대한 목록집의 완성과 같은 뚜렷한 목표를 정해 놓고 이루어질 필요가 있다.

목록집과 아울러 소설 어휘나 모티프 사전 역시 텍스트 연구가 적극적으로 개척해야 할 분야이다. 이본 연구에서 필수적으로 수반되는 자구의 비교는 이본의 계통을 구축하는 용도로만 사용될 것이 아니라 어휘나 모티프 사전을 만드는 작업으로 나아갈 필요가 있다. 박재연은 조

9 조희웅, 『고전소설 이본목록』, 집문당, 1999.

선시대에 번역된 중국 소설을 중국의 원전과 비교하고, 이에 대한 체계적 D/B를 구축하여 『고어사전』을 만들었다.[10] 이 작업은 한 · 중 소설의 특성 비교 및 한국소설의 독자적 어휘 체계를 연구하는 데 큰 도움이 된다. 나아가 조선시대 중국어의 번역에 대한 전반적인 상황을 연구하는 데도 기여하는 바가 크다. 고전소설이 중국소설과 밀접한 연관을 지니고 있음은 주지의 사실이다. 따라서 이 작업은 서로 번역 관계에 있는 작품에 대한 텍스트 연구가 방대한 분량의 어휘 사전 작업으로 발전한 하나의 모델에 해당한다. 우리 소설만을 대상으로 한 『한국고전소설독해사전』[11]이 발간된 적이 없는 것은 아니지만 어휘의 양에서 아직도 상당한 보완이 요구된다.

이러한 어휘 사전의 완성을 위해서 먼저 전제되어야 할 일은 주석본의 완성이다. 필자의 생각으로는 이 주석본의 완성이야말로 고전소설 텍스트 연구의 최종 단계이자 가장 이상적 결과물이 아닌가 한다. 정확한 주석본이 없이는 어휘 사전이나 모티프 사전이 만들어질 수 없다. 이런 주석 혹은 역주 작업이 본격적인 연구가 아니라는 시각도 있을 수 있다. 원전을 해독하는 능력은 고전 연구자라면 누구나 갖추었기 때문에 굳이 주석 작업을 할 필요가 없으며, 주석 작업은 강의용이나 일반인을 위한 것이라고 생각을 할 수 있다는 것이다. 그런 탓에 주석 작업이 활발하게 일어나는 쪽은 한글소설이 아니라 한문소설의 경우이다.[12]

그런데 실상을 들여다보면 그렇지 않다. 주지하듯이 고전소설은 당대에 존재했던 다른 텍스트들과의 부단한 교섭 작용 속에서 만들어졌

---

10 박재연, 『고어사전』, 이회, 2001.

11 서대석, 이광호, 이남순, 정하영, 조희웅, 『한국고전소설 독해사전』, 한국정신문화연구원, 태학사, 1999.

12 박희병, 『한국 한문소설 교합구해』, 소명출판(2005)은 이러한 측면에서 대단한 노작이라고 할 수 있으며, 텍스트 연구의 또 다른 지향점을 보여주는 연구 결과라 할 것이다.

다. 그 텍스트는 소설일 수도 있으며 역사서일 수도 있다. 따라서 하나의 소설 텍스트 속에는 무수한 다른 텍스트가 직 · 간접적으로 인용되어 있다. 텍스트 연구가 지향해야 하는 주석 연구는 어구의 기계적 뜻풀이가 아니라 텍스트의 상호소통성을 아울러 밝힐 수 있는 작업이 되어야 한다.

이러한 주석 작업의 가닥을 도식적으로 잡아 보면 다음과 같다.

첫째, 어휘나 문장의 뜻풀이가 필요한 텍스트에 대해서는 우선적으로 어휘 풀이를 해야 한다. 한문소설이나 어휘가 대단히 어려운 대하소설의 경우, 이 일차적 주석은 무엇보다 중요하다.

둘째, 원전 비평과 이본 대조의 과정에서 얻어진 결과를 종합한 교합본을 만드는 일이다. 가령, 「홍길동전」은 경판계열, 완판계열, 필사본계열 사이에 현격한 차이가 있다. 또 경판계열은 다른 계열에 비해 상당히 다양한 이본이 존재한다. 이 이본들의 차이를 한눈에 파악할 수 있는 종합본으로서의 「홍길동전」이 만들어질 필요가 있다는 것이다. 현재 간헐적으로 이루어지는 주석본은 중요한 이본을 별도로 취급하고 있다. 「구운몽」을 예로 들면 한문본은 한문본대로 국문본은 국문본대로 별도로 역주하여 한 책으로 묶어 놓았다.[13] 「구운몽」은 이미 상당한 정도의 이본 연구가 이루어진 작품인데 주석본이 이렇게 되어 있으니, 힘들여 한 이본 연구가 주석 작업으로 연결되지 못한 결과이다. 특히 고전소설 이본 연구에서 고본이나 선본은 밝힐 수 있겠으나 원전을 밝히기는 사실상 불가능하다. 그리고 존재하는 이본은 무수한 상호작용을 통해서 생산된 것들이니 만큼 이본 사이의 상호작용을 모두 고려하여 새롭게 생산된 텍스트가 어떤 의미에서는 해당 작품에 대한 '정본'라고 할 수 있을 것이다. 바로 이러한 정본을 만드는 일이 텍스트 연구

---

13 정규복, 진경환, 『구운몽』, 고려대 민족문화연구원 발간 한국고전문학전집, 1996.

가 궁극적으로 지향해야 할 점일 것이다.

셋째, 이본 사이의 관계를 고려한 정본텍스트와는 별도로 작품과 작품 사이의 소통 상황을 고려한 텍스트 생산 역시 고려해 볼만 한다. 고전소설은 필사의 시대 다시 말해 구술적 사유 방식이 지배했던 시대의 기록 문학인 만큼 베끼기, 모작(模作), 부분 차용 등의 방식에 의해서 작품이 생산되는 경향이 대단히 농후하다. 「홍길동전」과 「소대성전」의 관계, 「유충렬전」과 「조웅전」의 관계 등 단편소설에서부터 「창난호연록」과 「옥원재합기연」의 관계와 같은 장편소설에 이르기까지 많은 곳에서 상호텍스트 활동이 진행되고 있다. 이것은 이본 간의 소통만큼이나 적극적이다. 따라서 이런 관계까지 고려한 종합 주석본이 만들어질 필요가 있다는 것이다. 사실 이 작업은 텍스트 연구의 진폭을 대단히 넓게 잡은 결과라고 볼 수 있다. 그러나 작품론에서 이본의 관계를 고려하지 않은 폐해가 큰 만큼 다른 작품과의 관계를 고려하지 않은 폐해 역시 크다는 사실은 곳곳에서 발견한다. 어떤 작품의 고유한 특성이라고 밝혔는데, 그 특징이 다른 작품에서도 발견된다면 애써 논의한 결과가 허사로 돌아가 버린다.[14] 따라서 정본 텍스트의 구축과 동시에 반드시 염두에 둘 일이다.

☑ 현대화의 과제

고전소설을 연구하면서 깨닫는 것 중의 하나는 연구 결과를 실용화 혹은 대중화와 연결시킬 필요가 있다는 사실이다. 학계에서조차도 관심있는 몇 사람밖에는 읽지 않는 풍토이다 보니 공들여 연구한 보람이 없어진다. 학문의 길이 원래 그런 것이라고 치부할 수도 있지만 고전소설과 연관된 교육의 현실을 돌아보면 마냥 가만히 있을 수만은 없다는

---

14 특히 이러한 경우는 장편소설 연구 분야에서 많이 보인다.

생각이 든다. 이제는 연구의 실용화를 위해서 눈을 돌려볼 때가 된 것 같다.

앞에서 목록, 주석의 문제를 거론했다. 이 일을 고전소설 교육 및 대중화의 문제와 연관시키는 일 역시 필요하다. 고전소설은 이미 초, 중, 고등학교 교과 과정에서 교육되고 있으며, 독서 교육의 중요성과 더불어 더욱더 많은 눈길을 끌고 있다. 이런 분위기를 반영하듯이 각종 출판사들이 고전문학 전집을 간행하고 있으며, 이 속에는 소설이 다수 포함되어 있다. 이런 책들을 주석본과는 별도로 현대역 본이라고 할 수 있다면, 이 현대역 본은 초등학생을 대상으로 한 것에서부터 일반인을 대상으로 한 것까지 다양하게 나와 있다.

그런데 막상 출간된 서적들을 보면 작품의 선택, 판본의 선택 과정에서부터 번역에 이르기까지 몇 가지 문제점을 발견하게 된다. 이것은 국정 교과서나 검인정 교과서에서도 드러나는 문제점이다. 어떤 작품을 읽혀야 하는가의 문제는 모든 연구자들이 함께 고민할 문제이다. 각 교육 단계에 적합한 작품이 있을 수 있다면 이 작품의 목록을 선정할 필요가 있다. 예컨대 「사씨남정기」나 「구운몽」을 초등학교 고학년에서 교육해도 좋은지에 대한 문제가 거론될 수 있다. 「사씨남정기」는 현재의 여성관과는 상반된 여성상과 가치관을 제시하고 있으며, 「구운몽」 역시 마찬가지이다. 이런 작품들이 고전이라고 해서 모든 학년의 학생들에게 적용할 수 있을지 의문이다.

텍스트 연구가 직접적으로 관련이 있는 부분은 작품의 선정보다는 해당 작품의 판본 선정과 번역, 책의 구성과 관련된 문제이다. 고전소설을 잘 모르는 학생들이나 일반인에게 작품을 선보이는 일이기 때문에 판본의 선정은 더욱더 신중을 기해야 한다. 현재 중등학교 국어교과서에 실린 「홍길동전」은 완판본이다. 이에 따라 창작과 비평사나 웅진출판사에서 출간된 「홍길동전」 역시 완판본을 수록하고 있다. 그러나 일부 검인정 고등학교 문학교과서에 수록된 「홍길동전」은 경판본이다. 이본 사이의 변이가 미세하다면 별 문제가 없지만 「홍길동전」 완판본과 경판본은 현격한 차이가 있다. 그런가하면 가장 오랫동안 교과서에 등장하고 있는 「춘향전」은 관습적으로 완판 「열녀춘향수절가」 84장본을 수록하고 있다. 남원고사는 왜 채택되지 않는지 의문이다. 그래도 이런 경우는 판본의 정보를 확실히 알 수 있기 때문에 사정은 나은 편이다. 아예 판본에 대한 정보를 누락하고 있는 경우가 대부분이기 때문이다. 따라서 고전소설 텍스트 연구는 연구의 초석을 위한 원전 확정뿐만 아니라 교육용 현대역 출간의 대상을 위한 가장 적합한 판본 선정 작업을 할 필요가 있다. 앞 절에서 언급한 정본텍스트의 구축이 이루어진다면 이것을 곧바로 현대역하는 것이 가장 바람직한 결과라고 생각한다.[15]

판본 선정과 아울러 번역의 문제 역시 관심의 대상이 되어야 한다. 아직 제대로 된 주석본도 없는 상황에서 현대역을 거론하는 것이 시기상조일지도 모르겠다. 그러나 이미 무수한 현대역이 출간된 상황이니 관심을 기울이지 않을 수 없다. 독서 혹은 교육 대상의 단계에 따른 현대역이 우선 고려되어야 하는데 실제로 번역을 해보면 간단치 않은 문제가 많이 발생한다. 내용의 축조를 할 것인가? 원전의 문체적 감각을 어느 정도 살릴 것인가? 어려운 전고를 어떻게 해결할 것인가? 긴 문장을 어디에서 끊어야 효과적인가? 등등 엄밀한 연구가 수반되어야 되는 문제가 하나둘이 아니다.[16] 그런가 하면 고전소설은 대부분 중국을 배경으로 서사가 진행된다. 이 경우 중국이라는 공간적 배경과 역사적

---

15 이와 관련하여 이강옥, "초등학교 고전소설 교육의 의의와 방향", 한국고소설학회 68차 학술대회 발표문(2005.1.27)에서는 현대역을 하면서 이루어지는 다시쓰기 과정에서는 가능한 한 많은 이본을 참조해야 한다고 주장한 바 있다. 그리고 스토리와 주제의 일관성을 유지하기 위해서 중심 이본을 설정해야 한다고 하였다.

16 특히 〈춘향전〉과 같은 판소리체 소설은 조금만 잘못 번역해도 문체의 율격성이 훼손되고, 그 율격성을 지키자면 어려운 어휘가 생경하게 노출된다.

배경을 그대로 살릴 것인가에 대한 문제도 발생한다.[17] 이러한 문제를 해결하기 위해서는 "원문 → 주석 → 현대역"에 이르는 체계적인 연구가 이루어져야 할 것이다.

이와 아울러 책의 구성에 대해서도 관심을 기울여야 한다. 책의 구성이나 편집 상태는 내용의 효과적인 전달을 위해 반드시 고려해야 할 부분인데 이 역시 텍스트 연구와 밀접한 관련이 있다. 초등학교 교과서를 비롯하여 현재 서점가에 나와 있는 고전소설 현대역본들은 대개 삽화를 곁들이고 있다. 흥미를 느끼게 만들고 내용을 효과적으로 전달할 수 있는 보조 매개로 삽화가 들어간 것이다. 어떤 경우는 삽화가 차지하는 비중이 텍스트 부분보다 큰 경우도 있다. 그렇다면 이 삽화가 서사의 어떤 부분에 들어가야 좋은지, 몇 장 정도의 삽화가 적절한지, 이상적인 삽화의 이미지는 어떤 식으로 디자인되어야 하는지 등에 대한 연구가 수반되어야 한다. 교육학자나 일러스트가 담당할 영역이라고 할 수 있겠지만 삽화가 담아야 할 주된 내용이 고전소설이다. 그런 만큼 고전소설 연구자가 주도적으로 개입하여 연구해야 할 것인데, 이것은 책 자체와 관련된 분야이니 텍스트 연구에서 담당할 수 있는 영역이다.

고전소설은 이미 학교 현장에서 교육되고 있으며, 일반인에게도 읽히고 있다. 이들은 원전을 모르며 고전소설 전반에 대한 폭넓은 지식도 없다. 극단적으로 말하면 '이본'이라는 개념조차 모르는 존재들이다. 그렇기 때문에 더욱더 현대 출간물에 대해서 신중을 기해야 한다. 이 방면이 전통적인 텍스트 연구와 거리가 멀다고 생각할 수도 있다. 그러나 조금만 더 유연한 입장을 견지한다면 텍스트 연구가 사회에 기여할 수 있는 큰일이라고 생각한다.

---

17 한겨레아이들 출판사에서 나온 신동흔 번역의 『아름다운 사랑 숙향』은 원전의 중국 배경을 조선시대로 바꾸어서 번역하고 있다.

2) 「구운몽」 텍스트의 현대화 분석

☑ **분석의 관점**

문학작품과의 일차적 소통은 텍스트를 통해 이루어진다. 그런데 원전의 형태로 텍스트를 읽을 수 있다면 다른 말이 필요 없겠지만, 조선시대 소설과 같이 원전을 읽을 수 있는 독자가 한정된 경우에는 사정이 달라진다. 뿐만 아니라 다양한 연령층이 동시에 접근하는 작품의 경우는 독서 대상에 따라 적절하게 텍스트를 변형하는 일까지 필요하다.

「구운몽」은 그 문학사적 중요성과 더불어 고등학교 교과과정에 등장하는 작품이기 때문에 다양한 형태의 현대역 텍스트가 요구되는 작품이다. 그런 만큼 상당히 많은 종류의 「구운몽」 현대역 텍스트가 존재하고 있기도 하다.[18] 뿐만 아니라 「구운몽」의 교육 방법에 대한 연구도 꽤 많이 진척되었으며, 범위도 중등학생 교육과 관련한 연구에서부터 대학 수업에서의 교육까지 넓게 확산되어 있다.[19] 특히 「구운몽」은 다른 소설과는 달리 주제적 심도가 범상하지 않은 소설이기 때문에 보다 많은 주목을 받았다. 「구운몽」이 삶에 대한 가치를 전면적으로 질문할 수 있게 하는 작품이라는 견해[20]는 「구운몽」이 가진 무게를 가늠하게 한다.

그런데 학계에서 「구운몽」에 대해 각별한 애정을 기울이는 만큼 일반인들 역시 그러한 관심을 가지고 있는가에 대해서는 의문의 여지가

---

18 이에 대해서는 권혁래, 「「구운몽」의 현재적 소통과 다시쓰기 출판물」, 『온지논총』 27집, 온지학회, 2011, 9~37면에서 전체적인 현황에 대한 개괄적인 분석을 시도한 바 있다.

19 대표적인 연구결과 중, 중등학생 교육과 관련해서는 이강옥, 「「구운몽」의 재해석과 희망의 서사교육」, 『국어교육연구』 46집, 국어교육학회, 2010, 121~ 158면에서 연구사 비판 및 새로운 견해를 제시하였다. 대학에서의 고전소설 교육과 관련해서는 권순긍, 「대학 고전소설교육의 지향과 방법」, 『한국고전연구』 15집, 한국고전연구학회, 2007, 27~56면 및 권혁래, 「대학 교양수업에서의 「구운몽」 읽기와 소설교육」, 『새국어교육』 83집, 새국어교육학회, 2009, 5~25면이 있다.

20 이강옥, 위의 논문, 122면 참조.

있다. 「구운몽」이 명실상부한 우리 고전이라면 누구나 찾아서 읽어보고 싶고, 나름대로의 방식으로 작품과의 소통을 즐겨야 한다. 그런데 사정은 그렇지 않은 것 같다. 「구운몽」을 알고는 있지만 제대로 읽어보지 못한 독자들이 대부분이기 때문이다. 여기에는 두 가지 문제가 있는 것 같다. 우선 「구운몽」이 교과과정에 수용된 작품이기 때문에 일방적인 교육이 이루어졌을 가능성이 있으며, 이 과정에서 「구운몽」과의 다양한 소통 가능성이 차단되었을 수 있다. 다음으로는 출판된 대부분의 현대역 텍스트가 교육용 도서로 기획되어 있기 때문에 의무감에서 읽는 소설로 각인되었을 가능성이다. 어떠한 경우이든 「구운몽」과 독자와의 자유롭고 즐거운 소통이 이루어지지 않았다면, 지금부터라도 이를 위해 노력해야 할 필요가 있다.

여기에서는 「구운몽」 현대역 텍스트를 원전과 대비하여 비교하고, 여기에서 발견되는 문제점을 지적하고자 한다. 물론 여기에서 모든 현대역 텍스트를 세밀하게 분석할 수는 없으며 그것이 효과적이지도 않다. 따라서 현대역 텍스트의 전반적인 현황에 대해서는 선행 연구의 결과에 미루고[21], 여기에서는 읽을 만하다고 판단되는 몇 개의 텍스트를 중심으로 살펴보기로 한다.[22]

☑ 문체의 측면

「구운몽」과의 현대적 소통을 위해서는 무엇보다 소통을 위한 텍스트

21 권혁래, 위의 논문.

22 권혁래, 위의 논문에 의하면 2010년도까지 출간된 「구운몽」 현대역 텍스트는 무려 28종에 달한다. 이중 청소년, 아동을 대상으로 출간된 텍스트가 대부분을 차지하고 있다. 그런데 청소년용과 아동용의 구별이 모호하여 아동용이라고 명백하게 거론할 수 있는 몇몇 출간물을 제외하고는 청소년, 아동용의 구별은 의미가 없다. 따라서 여기에서는 출판사의 인지도, 판매량 등을 고려하면서도 가장 충실하게 기획되었다고 판단되는 텍스트를 선별하여 논의를 진행하기로 한다.

가 전제되어야 한다. 이 텍스트는 원전으로서의 「구운몽」이 아니라 일반적인 독자들이 읽을 수 있는 현대역 텍스트여야 한다. 현재 중 · 고등학교 교과과정에 반영된 작품을 위주로 한 폭넓은 독서 교육의 일환으로 여러 고전소설의 다양한 현대역 출판물이 존재한다.[23] 「구운몽」도 예외는 아니어서 원전에 충실한 현대역, 삽화를 이용한 현대역, 작품 해설 혹은 해석을 겸한 현대역 등 다양한 출판이 이루어졌는데, 이는 작품을 읽는 대상 연령을 고려한 결과이다.

「구운몽」을 원전에 가깝게 번역한 것은 일반 독자 즉 대학생을 포함한 성인을 염두에 둔 것이다. 물론 독서 능력이 거의 완성된 고등학생까지 감안했을 수도 있다. 원전에 가깝게 번역할 경우에는 상당히 까다로운 문제가 발생한다. 작품 곳곳에 서술되는 전고의 처리, 문장이나 문단의 구획, 문장의 서술어 처리 등 해결해야 할 문제가 하나둘이 아니다. 지나치게 원전에 구속되면 가독성이 떨어지고 원전에서 벗어나려고 하면 원래 작품의 분위기를 제대로 전달하지 못한다.

❶ 선녀 팔인이 걸어서 산문을 나와 서로 의논하되, "남악 형산은 한 물과 한 언덕도 우리집 것이 아닌 것이 없지만, 이 화상이 절을 연후로는 홍구지분(鴻溝之分)이 되었는지라. 연화봉 경치를 지척에 두고 보지 못하였더니 우리 이제 다행히 낭랑의 명으로 이 땅에 왔으니, 해 저물기 전에 연화봉 위에 옷을 떨치고 폭포수에 관(冠) 끈을 씻고 글을 읊고 돌아가 궁중의 자매들에게 그 유람을 자랑하는 것이 어찌 즐겁지 아니리오." ㉠ <u>하니, 모두 그 말이 마땅함을 일컫더라.</u>[24]

---

23 이강옥, 「초등학교 고전소설 교육의 의의와 방향」, 『고전소설교육의 과제와 방향』, 월인(한국고소설학회), 2005.에서 초등학생을 대상으로 한 고전소설 다시쓰기의 문제와 개선 방향에 대한 상세한 논의가 이루어졌다.

24 송성욱 역, 『구운몽』, 민음사(세계의문학전집 72), 2003, 12면.

이 현대역은 원전의 표현을 최대한 반영한 것이다. 특히 '홍구지분'과 같은 다소 까다로운 한자성어 역시 그대로 노출시키고 대신 각주로 처리하였다. '-ㄴ지라', '-리오', '였더니', '-더라'와 같이 고전소설에 전형적으로 사용되는 서술어를 최대한 살렸다. 따라서 원전의 느낌을 최대한 살렸지만 이로 인해 가독성은 떨어진다. 이는 「구운몽」을 현대역하는 작업에서 수시로 만나게 되는 문제이다.

다음 인용은 보다 가독성을 높인 경우이다.

> ❷ 팔선녀가 대사께 하직하고 문 밖으로 나오면서 말했다. "하늘이 만든 이 남악은 물과 언덕이 모두 우리집의 것이었는데, 육관대사가 거처하신 후부터 경계가 분명히 나뉘었습니다. 그래서 아름다운 연화봉의 경치를 지척에 두고도 구경하지 못한 지 오래되었지만 이제 다행히 낭랑의 명으로 이 땅에 왔습니다. ㉡ 게다가 춘색이 아름답고 산에서의 하루도 아직 저물지 않았으니, 이때를 놓치지 말고 저 높은 곳에 올라가 연화봉 위에 옷을 벗어놓고 폭포수에 관 끈을 씻으며 시를 읊고 돌아가서 궁중 자매에게 자랑하면 정말 즐겁지 않겠습니까?"[25]

한자성어가 없어지고 문장이 보다 짧게 처리되어 가독성이 훨씬 높아졌음을 알 수 있다. 뿐만 아니라 ㉠과 같은 인용어투도 생략하고, '-ㅂ니다', '-ㅂ니까'로 문장을 종결시킴으로써 현대적인 문장 감각에 가깝게 번역이 이루어졌다. 대신에 ㉡과 같은 표현이 더 들어와 있어 내용상의 차이도 약간 보인다. 물론 내용상의 차이는 ❶과 ❷가 대상으로 삼은 원본의 차이에서 기인하는 것이다. ❶은 규장각본 한글 4권 4책본을 저본으로 삼았고, ❷는 이가원 소장과 정규복 재구본(再構本) 즉 한문본을 저본으로 삼았다. ❷의 문장 종결어미가 현대 표현에 가까운 것도

25 설성경 역, 『구운몽』, 책세상, 2003, 10면.

여기에서 기인한다고 볼 수 있다.

❶과 ❷는 원본에 충실하면서도 가독성을 획득했다고 여겨진다. ❶은 애초에 국문본을 저본으로 선택했기 때문에 고전소설 특유의 문장 감각을 살릴 수 있었고, ❷는 한문본으로 인해서 세밀한 표현이 풍부해질 수 있었다.

그런데 현재 소통되고 있는 「구운몽」 현대역 텍스트의 상당수는 대부분 중·고등학교 학생이나 초등학생을 주 독자층으로 상정하고 제작된 것이다. 이 텍스트들은 원전의 분위기보다는 가독성을 높이는 데 훨씬 주력을 한 것으로 보인다. 그런데 이 현대역의 과정을 자세히 살펴보면 몇 가지 특징과 문제점이 보인다. 먼저 다른 텍스트에 비해 원전의 내용을 비교적 충실하게 전달하고 있는 나라말 출판사의 상황을 살펴보기로 하자.

> 문 밖을 나온 팔선녀가 서로 의논을 하였다.
>
> "남악 형산은 어느 곳도 우리 집이 아닌 곳이 없었는데, 육관대사께서 연화도량을 여신 후로는 연화봉의 좋은 경치를 가까이 두고도 구경하지 못했습니다. 마침 오늘 위 부인의 명을 받고 여기에 오게 되었으니 얼마나 좋은 기회입니까? 계곡에서 목욕도 하면서 잠시 쉬다가 돌아가는 게 좋겠습니다."[26]

확실히, ❶과 ❷에 비해 가독성이 높아졌다. 한자어투가 완전히 사라졌으며 문장도 매우 간결하게 처리되어 있다. 읽기가 수월해졌다는 것은 환영할만한 일이다. 그런데 '홍구지분' 혹은 '경계' 등의 표현을 다른 표현으로 대체하면서 가독성을 높인 것이 아니라 아예 삭제하고 있다.

---

26 이상일, 『무엇이 꿈이고 무엇이 꿈이 아니더냐』, 나라말(국어시간에 고전읽기 구운몽), 2007, 22면.

삭제해서 문제가 없다면 괜찮지만 이것 때문에 내용 전달에 문제가 생긴다면 충분히 따져보아야 한다.

팔 선녀가 연화봉을 구경하지 못한 것은 육관대사가 연화봉에 절을 만들면서부터 엄격한 경계가 나뉘었기 때문이다. 이 경계를 원전에서는 '홍구지분'이라는 단어를 사용하면서까지 강조하고 있다. 이것은 팔 선녀와 성진이 사는 곳과의 소통이 금지되어 있음을 의미하는 것이며, 이후에 팔 선녀와 성진의 만남이 큰 죄가 되는 부분과도 연결이 되는 중요한 표현이다. 즉 가독성을 얻기 위해 이 표현을 삭제함으로써 내용상의 중요한 의미를 살리지 못하는 결과를 초래했다.

그리고 해가 저물기까지는 시간이 충분히 남았다는 표현, 폭포수의 좋은 경치를 풍류롭게 감상하겠다는 표현, 나아가 그러한 경험을 연화봉에 오지 못한 다른 자매들에게 자랑하고 싶다는 표현 등이 모두 생략된 채 한 문장으로 처리되고 있다. 이 부분은 원전과 비교하여 의미상의 문제가 발생하지는 않지만, 「구운몽」의 풍부한 표현력이 사라져 버렸다. 별 문제가 아니라고 생각할 수 있지만 고전소설에 대한 부정적인 통념이 아직도 존재하고 있다는 점을 감안하면 짚고 넘어갈 사안이다. 고전소설은 세밀한 묘사가 없이 설명 위주로 전개되는 소설이기 때문에 현대소설과 비교하여 풍부한 표현이 없다는 부정적인 견해가 있다. 물론 그러한 고전소설이 없는 것은 아니지만 적어도 「구운몽」은 그렇지 않다. 가독성을 방해하는 대목이 아니라면 원전에 기록된 배경이나 상황에 대한 묘사는 충분히 살려 주어야 해당 장면의 분위기를 전달할 수 있다. 그러나 이와 같은 방식으로 현대역이 이루어졌기 때문에 「구운몽」의 원래 모습을 전달하지 못하는 결과를 가져왔다.

팔선녀가 다리 위에 앉아 아래로 흘러가는 물을 굽어보고 있노라니, √ 그 맑음이 마치 방금 닦아 놓은 거울과 같고, 물속에 비친 푸른 눈썹과 붉은 단장은

> 실로 한 폭의 미인도였다. 팔선녀는 물속에 비친 스스로의 모습에 도취되어 그곳을 쉽게 떠나지 못한 채 날이 저물어 가는 줄도 몰랐다.[27]

이 부분은 내용과 표현상의 특징을 잘 전달하고 있다. 그런데 원전의 부분에 있는 "여러 골짜기의 물이 다리 밑에 모여 넓은 못을 이루었는데 그 맑음이 마치 광릉(廣陵)의 보배인 거울을 새로 닦은 듯하였다."라는 부분이 생략되었다. 물이 맑음을 거울에 비유한 표현은 살리고 있지만, 원전에서 사용된 '광릉의 보배'라는 전고를 생략했다. 의미상 차이는 없다고 할지라도 전고를 끌어와서 장면의 분위기를 풍부하게 살리는 「구운몽」 나아가 고전소설 특유의 문체를 느끼지 못하게 된 것이다. 또한 "푸른 눈썹과 붉은 단장이 물 속에 떨어져 마치 한 폭의 미인도 같았다."라는 표현을 "물속에 비친 푸른 눈썹—"으로 바꾸었다. 물속에 모습이 비치는 것을 원전에서는 "비치는 대상이 떨어진다"고 표현했으니 품격 있는 수사를 사용한 것이다. 이러한 수사로 인해 가독성이 떨어진다면 이는 감수해야 할 몫이다. 가독성과 문학적 표현력을 선택하라면 문학작품의 경우는 당연히 문학적 표현력을 선택해야 하기 때문이다. 게다가 이 정도 수사는 중·고등학생 수준이면 충분히 받아들일 수 있는 부분이며, 「구운몽」이 가진 고전으로서의 매력을 느낄 수 있게 하는 요소이다. 이런 부분이 평이한 문체로 현대역되면서 사라졌다는 점은 많은 아쉬움을 가지게 된다.

그런데 표현상 더욱 큰 문제를 안고 있는 텍스트는 초등학생을 주요 독자층으로 삼은 텍스트이다. 원전의 분위기를 제대로 살린 「구운몽」을 초등학생이 읽기에는 무리가 있을 수밖에 없다. 위에서 언급한 나라말 출판사 텍스트도 초등학생이나 중등 저학년이 읽기에는 부담스럽

27 이상일, 위의 책, p.23.

다. 어린 연령대의 독자들에게까지 「구운몽」을 읽힐 필요가 있는지에 대해서는 별도의 검토가 필요하지만 이왕 출판된 텍스트가 워낙 다양하니 살피지 않을 수가 없다.

❸ 양소유는 어머니의 편지를 잘 챙겨서 길을 떠났습니다. 여러 날 만에 낙양 땅에 도착하였는데 갑자기 소낙비가 내려 한 주점에 급히 들어갔습니다. 비를 피하는 동안 술을 몇 잔 마셨더니 금세 얼굴이 붉어졌습니다. 잠시 후 비가 그치자 다시 나귀를 타고 길을 떠나 천진으로 향하였습니다. 도중에 낙양 시내의 화려한 물건과 번화한 거리가 양소유의 눈에 들어왔습니다.[28]

❹ 양소유는 동자를 데리고 길을 떠났다. 어느덧 양소유는 낙양을 지나게 되었다. 성안에 들어서자 화려한 누각과 정자가 서 있고, 그 앞에 푸른 강이 느릿느릿 흘렀다.[29]

❺ 소유는 나귀를 타고 떠난 지 며칠 만에 장안 근처에 있는 낙양에 도착했다. 낙양성 안에 들어가 보니 화려하기가 이루 말할 수가 없었다.[30]

양소유가 진채봉과 다시 만나지 못하고 고향으로 돌아왔다가 다시 과거를 보러 집을 나서는 대목이다. 내용상으로는 ❸이 가장 자세하게 다루었고 ❹, ❺는 대동소이하다. ❸은 비록 다른 텍스트에 비해 자세하기는 하지만 양소유와 술집 주인과의 대화 장면, 천진으로 가는 이유가 빠져 있다. 규장각본에 따르면 양소유는 비를 피하기 위해 주막을 찾아갔고, 주막의 주인이 "상공이 술을 자시려 합니까?"라고 묻는 바람에 좋은 술을 가져오라고 했다. 따라서 시골에서만 자란 양소유가 난생

---

28 주재우, 『구운몽』, 계림, 2007, 39면.
29 정영애, 『구운몽』, 예림당, 2008, 40면.
30 김대성, 『구운몽』, 아이세움, 2008, 45면.

처음 번화한 도시에 와서 어떤 자존심을 지키려 노력하는 태도를 읽을 수 있다. 주막 주인이 가져온 술을 먹은 양소유가 그 술이 상품이 아니라고 말하는 대목에서도 이러한 태도가 분명하게 감지된다.[31] 그런데 ❸에서는 비를 피하는 동안 술을 먹어 얼굴이 붉어졌다고만 되어 있어 양소유의 음주 동기를 알 길이 없다. 이렇게 된다면 어린 양소유의 음주 장면이 도리어 저학년 학생에게는 비교육적인 요소로 작용할 여지를 남기게 된다. 차라리 ❹, ❺와 같이 이 장면을 아예 삭제하는 것이 더 나을 수도 있다.

특히 ❸은 특이하게도 문장의 종결을 '-습니다'와 같이 경어체로 처리하고 있다. 유아나 초등 저학년용 동화책에서는 흔히 볼 수 있는 문체이다. 「구운몽」을 동화로 완전 탈바꿈을 했다면 모르겠지만 오히려 다른 텍스트에 비해 내용을 더 자세하게 옮기면서 이런 문체를 사용한 것은 쉽게 납득이 가지 않는다. 고전소설 현대역 텍스트 중에는 내용을 축약하고 동화에 가깝게 만든 것도 다수 있다. 「박씨전」, 「금방울전」 등은 그러한 작업이 충분히 가능한 소설이다. 그러나 「구운몽」은 그렇게 변용하기가 쉽지 않다.[32] 이러한 문체는 결국 고전소설은 모두 설화적 성격, 동화적 성격을 지니고 있는 단순한 이야기에 불과할 수 있다는 부정적 인상을 심어줄 가능성을 지니게 된다.

또한 ❸과 ❺는 나귀를 타고 가는 모습을, ❹는 나귀 없이 동자만 대동한 모습을 서술하고 있다. 사소한 표현이라고 생각할 수도 있지만 이 역시 의미 전달에 미묘한 차이를 낳게 하는 부분이다. 양소유는 가난한 집안의 시골 서생이며 초라한 행색으로 번화한 도시에 들어왔지만, 명

---

31 뿐만 아니라 시골에서 자랐지만, 도시의 사람보다 뛰어난 풍모를 가지고 있는 양소유의 재능을 파악할 수 있게 해주는 대목이다.

32 「구운몽」에서 사용되는 전고의 양이나 이야기의 분량, 품격 있는 문체 나아가 전 연령대가 읽기에는 부절적한 장면의 설정 등이 다른 소설보다 번역을 어렵게 한다.

색이 사대부 집안의 자손이다. 나귀는 전자의 의미를 표현하는 소재이며 동자는 후자에 해당하는 소재이다. 이 장면에서 굳이 더 중요한 소재를 말하자면 나귀일 것이다. 나귀를 탄 양소유의 초라한 시절이 말을 탄 출세한 시절과 비교되는 대목이 나중에 나오기 때문이다. 그렇다면 '동자'만 서술한 ❹의 경우는 가난한 양소유가 아닌 사대부 집안의 양소유의 모습만 부각시키기 때문에 오해를 불러일으킬 수 있다. 이는 우리 고전소설의 근간인 초라한 주인공이 자신의 출중한 능력을 발휘하여 성공한다는 '영웅의 일생'과도 배치(背馳)될 수 있다. 물론 앞에서 양소유 집이 가난하다는 서술이 나오기는 하지만 오히려 그런 가난한 집에서 왜 동자를 두는가라는 소모적인 의문을 생산할 수도 있다.

이와 같이 가독성을 고려하면서 원전의 분위기와 의미를 살리는 작업은 결코 쉽지 않다. 위에서 보았듯이 고려할 요소가 하나 둘이 아니며 간단하게 해결될 문제도 아니기 때문이다. 그러나 대부분의 현대역 텍스트가 가독성에 치중한 나머지, 단어를 생략하거나 표현을 바꾸었을 때 발생하는 중요한 문제를 놓치는 문제를 지니고 있다. 사소한 부분은 놓칠 수도 있으며, 굳이 청소년이나 아동들에게 전달될 필요가 없는 부분도 있다. 특히 아동이라면 오히려 전달되지 않는 편이 더 나을 법한 장면도 있다. 그런데 대개의 현대역 텍스트는 이러한 전략적 고려 없이 편의에 따라 만들어졌다는 비판을 피할 길이 없어 보인다. 편의에 따른 현대 텍스트로 인해 「구운몽」이 지닌 고전적 가치가 폄하되거나 우리 고전소설 전체의 가치마저 부정될 여지가 발생한다면 큰 문제가 아닐 수 없다.

☑ 구조적 측면

「구운몽」을 읽는 재미나 이를 통해 얻는 의미의 측면에서 보자면 아무래도 성진의 입몽과 각몽 대목, 환생 후 팔 선녀를 차례로 만나는 과정에 초점이 모아진다. 팔 선녀를 만나는 대목에서는 진채봉, 계섬월과의 만남 그리고 정경패와 난양공주와의 만남을 특히 주목할 수 있다. 진채봉은 양소유가 처음으로 만나는 인연임과 동시에 진채봉이 비련의 삶을 사는 여인이라는 점에서 관심이 간다. 계섬월의 경우는 신분이 기생이기 때문에 특히 청소년 이하의 독자층 텍스트에서는 더욱 주의를 요하는 대목이다. 정경패와의 만남은 「구운몽」 전체에서도 많은 비중을 차지하는 부분이면서도 여장한 양소유와 음악을 통해 교류하는 모습, 속고 속이는 사건 등 다양한 재미를 창출하는 부분이다.

청소년을 대상으로 한 텍스트의 경우는 앞 절에서 본 것과 같은 문체적인 문제들이 있기는 하지만 이러한 장면들은 대개 살려서 번역을 하였기 때문에 서사적으로는 큰 문제가 없다. 그러나 아동 혹은 중학교 저학년 이하를 대상으로 한 텍스트에서는 축약의 정도가 심하기 때문에 서사 구조의 측면에서 상당한 변형이 초래된다. 이미 잘 알려져 있듯이 「구운몽」은 양소유의 삶을 통해서 사대부 남성의 욕망을 한껏 드러낸 작품이다. 그런 만큼 지금은 상상도 할 수 없는 가부장적 질서가 내재화되어 있다. 물론 조선시대 소설치고 그렇지 않은 소설을 찾아보기도 힘들다. 그러나 「구운몽」은 양소유와 팔 선녀의 만남을 통해 참으로 발랄하고 때로는 발칙하기도 한 남성 중심의 애정 욕구를 담고 있다. 따라서 아동에게 있어서는 교육상 문제가 있는 작품이라고 할 수도 있다. 그렇기 때문에 아동용 텍스트가 별도로 필요한 것이다.

대부분의 텍스트에서 입몽과 각몽 장면, 팔 선녀와의 만남 장면은 빠짐없이 반영하고 있다. 그런데 반영의 정도에서 계섬월과 만나는 부분, 정경패를 유혹하는 부분은 특별히 차이가 많이 난다. 계섬월 장면은 기생에 대한 처리 문제, 적경홍을 첩으로 천거하는 문제 등에서 구성상 곤혹스러운 부분이 있을 것이며, 정경패 장면에서는 음악 장면에 대한 까다로운 번역 문제가 있었을 것으로 짐작된다. 이러한 부분을 중심으로 대표적인 텍스트의 변형 양상을 살펴보면 다음과 같이 정리할 수 있다.

만남의 대상	세부 장면	예림당	아이세움	계림	생각의 나무
계섬월	만남의 계기	잘 반영됨	잘 반영됨	잘 반영됨	잘 반영됨
	계섬월의 과거사	있음	없음	없음	있음
	혼인 언약	정식 부인이 되지 않는 조건으로 언약	혼인 언약만 함	정식 부인이 되지 않는 조건으로 언약	정식 부인이 되지 않는 조건으로 언약
	적경홍 천거	있음	없음	없음	있음
정경패	만남의 계기	있음	있음	있음	있음
	여장의 이유	없음	있음	없음	있음
	음악 연주 장면	봉구황 대목만 있음	"곡을 차례로 연주했다"로만 처리	상세하지는 않지만 봉구황 대목까지의 과정이 제시됨	연주했다는 서술만 있음
	정체 탄로 장면	봉구황 연주 후 고개를 들어 살핌	이유 없이 눈을 들어 유심히 살핌	봉구황을 듣고 방으로 들어감	음악을 듣고 방으로 들어감

논의의 편의상 위와 같이 정리를 하고 보면 우선 계섬월의 과거사 처리 부분에서 차이를 보이고 있음을 알 수 있다. 원전에서는 계섬월이 기생이 된 이유와 현재 선비들의 시를 품평하게 된 목적을 이 부분에서 밝히고 있다. 계섬월은 계모에 의해 강제적으로 기생이 되었고, 자신의 마음에 차는 영웅을 만나기 위해 천하 선비들의 시를 평하고 있다. 이로 인해 술자리의 명랑하고 들뜬 분위기가 계섬월의 기구한 인생과 역

설적인 조화를 이루게 된다. 만약 이 부분이 없다면 계섬월은 얼굴이 아름답고 재주가 뛰어난 평범한 기생으로만 읽히게 된다. 또한 양소유가 계섬월과 혼인을 언약하는 동기 역시 정당성을 획득하지 못한다. 따라서 이 계섬월의 과거사 부분은 교육상의 이유로도 보다 구체적으로 삽입되어야 한다.

여기에서 문제는 혼인 언약이 첩으로 맞이한다는 조건으로 이루어진다는 점, 이와 동시에 계섬월이 절친한 친구인 적경홍을 양소유의 첩으로 천거한다는 점이다. 사실 이 부분은 조선시대의 시대적 상황과 가부장제에 대한 이해, 이에 기반하여 창작된 당시 소설의 관습에 대한 이해 속에서 읽혀져야 하기 때문에 아동의 문식으로는 받아들이기 힘든 부분이다. 원전 「구운몽」은 풍부한 묘사와 품격 있는 문체가 버티고 있기 때문에 이러한 장면의 선정성이 충분히 가려지지만 축약된 상태에서는 양소유의 바람둥이 기질과 그에 매달리는 여성의 모습만 부각될 소지가 충분히 있다. 그러나 이왕 「구운몽」을 현대역의 대상으로 한 이상은 이 부분을 완전히 삭제할 수도 없는 노릇이다.

'생각의 나무' 텍스트는 이 장면이 나오는 페이지 하단에 '생각거리'라는 부분을 별도로 마련하고 있다.

> 양소유는 계섬랑과 만나자 진채봉과의 약속을 까맣게 잊은 채 사랑에 빠집니다. 게다가 계섬랑에게 사대부 집안의 규수 중에 괜찮은 사람이 없냐고 묻습니다. 양소유의 이런 태도에 대해 여러분은 어떻게 생각하세요?[33]

문제가 되는 부분을 짚고 넘어가자는 의도이다. 축약해서 오히려 문제만 더 부각시킨다면 차라리 원래 장면을 살리면서 이와 같이 비판적

33 박지웅, 『모두가 꿈이로다』, 생각의 나무, 2009, 39면.

사고를 유도하는 것도 좋은 방법일 것이다.

정경패가 등장하는 장면은 「구운몽」에서 상당한 비중을 차지한다. 양소유의 제1 처가 되는 여성이기 때문에 아무래도 진채봉이나 계섬월과는 비중이 다를 수밖에 없다. 그리고 이정경패를 통해 당대의 바람직한 여성으로서의 모델을 제시하고 있다. 양소유의 첩이 되는 6명의 여성은 모두 여성이 먼저 양소유에게 접근했지만 정경패의 경우는 양소유가 먼저 접근하며, 그 접근 또한 상당히 어렵게 이루어진다. 이 과정은 모두 정경패가 전형적인 사대부 규수로서의 모습을 지니고 있기 때문이다. 정경패는 시를 외우고 예를 익혀 숙녀로서의 몸가짐을 단정하게 하는 까닭에 외간 남자가 만날 방도가 없는 여성으로 설정되어 있다. 그럼에도 불구하고 양소유가 굳이 정경패를 만나기를 원하니, 두련사가 여장(女裝)과 음악연주라는 계교를 내놓은 것이다. 그런데 위의 텍스트들은 이런 정경패의 성격을 부각시키지 않고 있다.

> 다음 날 아침 소유는 숙모를 찾아가 정 낭자를 볼 수 있는 방법을 물었다. 그러자 숙모가 곰곰이 생각하다 "혹시 자네 음률을 익힌 적이 있는가" 하고 물었다.[34]

양소유가 여장을 한 계기를 이 정도로만 밝히고 있거나 아예 이러한 서술조차 없는 경우가 많다. 그렇기 때문에 양소유가 여장을 하고 음악연주를 한 것이 단순히 정경패와의 만남을 위한 장치로만 읽히게 된다. 사대부 규수로서 자신의 몸가짐을 지키는데 엄격한 정경패의 성격은 전혀 읽을 길이 없게 되었다.

고전소설의 관습으로 보자면 제일 처음에 만난 여성과의 인연이 가

---

34 박지웅, 위의 책, 같은 곳.

장 비중 있게 다루어지기 마련이다. 아마 「구운몽」을 처음 읽은 독자라면 진채봉과 양소유의 혼인 여부에 대해 상당히 궁금해 할 것이고, 훗날 진채봉이 양소유의 처가 되지 못하고 첩이 되는 것에 안타까움을 표할 수도 있다. 「구운몽」에서 진채봉이 양소유의 처가 될 수 없는 가장 큰 이유 중의 하나는 진채봉이 윤리적 완결성을 보이지 않았기 때문이다. 진채봉은 부모에게 고하지 않고, 여성 스스로가 남성에게 먼저 청혼하는 대담성을 발휘했다. 진취적인 모습이기는 하지만 당대가 인정하는 바람직한 여성의 모습은 아니다. 원전에서는 이러한 진채봉의 행위를 탁문군의 고사에 비유하고 있다. 이는 남자 친척에게도 얼굴을 좀처럼 보이지 않는 정경패의 행동과 대비되고 있으며 그 때문에 진채봉은 양소유의 처음 인연임에도 불구하고 첩이 될 수밖에 없었다.

그렇다면 정경패의 성격만큼은 최대한 원전에 가깝게 부각시켜야 하며, 이를 통해 조선시대 여성관에 대해 독자들이 파악할 수 있도록 해야 한다. 그러나 이러한 부분이 생략되면서 정경패가 제1 처가 되고, 진채봉이 첩이 될 수밖에 없는 이유가 드러나지 않게 되어 작품을 정확하게 이해하지 못하게 되는 결과를 초래하였다. 이는 원전에 대한 깊은 이해가 없이, 앞뒤 이야기의 자연스러운 연결과 가독성만을 고려한 결과로 보인다.

정경패와 양소유의 만남은 음악을 통한 교류라는 점에서 묘한 매력을 지니게 된다. 양소유의 또 다른 처가 되는 난양공주와 만남 역시 퉁소 소리를 계기로 이루어지는 만큼 음악적 교류는 「구운몽」에서 대단히 중요한 부분이다. 정경패와의 음악적 교류에서는 두 사람의 음악에 대한 높은 식견이 부각되기 때문에 엄숙하고도 지적인 분위기가 주를 이루고 있다.[35] 그런 만큼 이 장면을 원전에 가깝게 번역하기 위해서는

35 난양공주와의 교류 장면은 퉁소 소리에 반응하는 학의 움직임으로 인해 환상적인 분위기

수많은 각주가 필요할 정도이다. '곡명'과 그 유래, 곡의 의미를 설명하는 과정에서 서술되는 수많은 인물과 전고들이 모두 각주에서 해명되어야 하기 때문이다. 그러나 아동용 텍스트에서 이 장면을 제대로 살린 경우는 발견할 수가 없다.

❻ 그는 자신 있게 한 곡을 연주하였습니다. 연주를 마치자 정경패가 입을 열었습니다. "곡조가 참 아름답군요. 태평한 시절의 느낌이 납니다. 하지만 세상의 잡스러운 소리입니다. 다른 곡을 듣기 원합니다." ㉠양소유는 연달아 여덟 곡을 연주하였습니다. ㉡정경패가 그만 듣고자 하여 연주를 그치도록 하자 양소유가 말하였습니다. "제가 들으니 음악소리가 아홉 번 변하면 하늘에서 신이 내려온다고 합니다. 아직 연주하지 않은 한 곡이 남아 있으니 마저 들어 보시길 바랍니다." 그러고는 다시 줄을 골라 한 곡을 연주하니 ㉢음악 소리가 전보다 더욱 유려하고 호탕하였습니다. 그때 문득 ㉣정경패의 뺨이 붉어지고 얼굴에 미소가 사라지더니, 몸을 일으켜 자리를 떠났습니다.[36]

❼ 소유는 산에서 만나 백발도사가 들려줬던 곡을 차례로 연주했다. 최씨 부인과 경패는 소유의 거문고 소리에 취하여 한나절을 꼬박 보냈다. 그런데 경패가 눈을 들어 소유를 유심히 보더니 얼굴을 붉히며 어찌할 바를 몰라 했다.[37]

원전에서 이 장면은 양소유가 한 곡조를 연주하면 정경패가 품평을 하는 방식으로 진행되며 여덟 곡이 차례로 등장한다. 곡이 거듭될수록 더욱더 품격이 높은 곡조가 등장하는데, 여덟 번째 곡조가 순임금의 '남훈'이다. 정경패는 이 곡조가 그 뜻이 지극히 높고 아름답다고 평하

를 연출하고 있다.

36 주재우, 위의 책, 52면.

37 김대성, 위의 책, 50면.

고는 이보다 더 나은 소리가 없기 때문에 ㉡에서처럼 그만 듣겠다고 한 것이다. 그런데 ❻에서는 이런 맥락이 완전히 빠져 있기 때문에 ㉡의 이유를 알 길이 없다. ❻의 문맥을 따른다면 정경패가 양소유의 연주에 싫증이 났을 수도 있고, 이미 양소유 정체를 파악했을 수도 있다는 엉뚱한 해석이 가능하다. 또한 ㉢의 표현만으로 보면 양소유가 계속 정경패를 유혹하는 연주를 했을 수도 있다는 해석이 가능하다. 그러나 원전을 보면 이전의 여덟 곡은 아홉 번째에 연주한 곡과는 완전히 성격이 다른 정중한 음악이었다. 아홉 번째 곡에서 곡의 성격이 달라지니 정경패가 그 뜻을 알고 뺨이 붉어지고 얼굴에 미소가 사라지며 자리를 떠난 것이다. 따라서 ❻은 다른 텍스트에 비해 이 장면을 상세하게 서술하고 있지만 기계적인 축약으로 인해 「구운몽」에서 상당히 중요한 비중을 차지하는 장면을 훼손한 결과를 낳고 말았다. 차라리 ❼과 같이 완전히 압축하는 편이 더 나을 수도 있다. 그런데 ❼ 역시 정경패의 성격을 곡해하게 만드는 중요한 결함을 지니고 있다. 당시의 예의에 충실한 정경패가 아무 맥락 없이 양소유를 쳐다볼 리가 없기 때문이다. 정경패는 양소유가 마지막에 탄 곡조에 심기가 불편하고 의심이 들어 두어 번 거들떠보았을 뿐이다. 그런데 ❼의 번역에서는 아무런 이유 없이 갑자기 정경패가 눈을 들어 유심히 본다고 하여 숙녀로서의 정경패의 성격과 맞지 않는 모습을 그려내고 있다.

원전에 가깝게 현대역을 하는 것도 어렵지만 독서 대상의 눈높이와 교육적 목표에 맞추어 원전을 적절하게 변형하는 작업도 결코 쉬운 일이 아니다. 어떻게 보면 후자가 훨씬 더 어려울 수도 있다. 변형을 할 때는 원전의 큰 골격을 유지하면서 새로운 텍스트 자체의 정합성을 확보해야 한다. 비교적 잘 만들어졌다고 판단되는 텍스트에서도 이러한 중대한 결함들이 도처에서 발견된다는 것은 우리의 고전에 대한 인식 결여에서 나온 결과라고 판단된다. 줄거리만 대충 전달하고 매끄럽게 연결만 하면 된다는 안이한 인식, 그리고 무엇이 문제인지 정교한 검토 없이 모양새만 갖추어 출판하는 태도 등에 대한 반성과 교정이 필요하다.

☑ **삽화**

청소년 이하를 대상으로 나온 현대역 텍스트는 작품 내용 외에도 다양한 읽을거리와 볼거리를 마련하고 있다. 삽화는 물론이고 작품 해설, 시대적 상황, 생각할 문제 등 상당히 입체적인 구성을 지니고 있다. 이런 구성을 분석하면,「구운몽」 독서에 대한 현주소를 보다 정확하게 파악할 수 있을 것이다.

이에 삽화 부분을 살펴보기로 하자. 중국 명, 청대의 소설과는 달리 조선시대 소설에는 삽화가 거의 없다. 소설에서 삽화는 소설의 이해를 돕기 위한 목적으로 삽입된다고 볼 수 있는데 조선시대는 소설은 물론이고 다른 책에서도 삽화가 적극적으로 이용되지는 않았다. 그러나 현대에 출판되는 책들은 삽화 경쟁이라고 할 수 있을 정도로 좋은 삽화를 삽입하기 위해 갖은 노력을 기울이고 있다. 아동용 도서는 말할 것도 없고 고등학교 교과서까지 삽화는 책의 중요한 한 부분을 담당하고 있다.

「구운몽」의 경우 중 · 고등학생이 많이 읽는 〈나라말〉은 전면 삽화와 부분 삽화를 합해서 삽화의 분량이 80쪽 이상을 차지한다. 작품 본문이 311쪽 내외로 구성된 것을 감안하면 30%의 쪽수에 삽화가 들어가 있는 셈이다. 〈아이세움〉과 같은 초등학생용 텍스트는 거의 매 쪽에 삽화가 들어가 있어 텍스트와 삽화의 비중이 거의 같을 정도이다. 그렇다보니 책이 상당히 화려해졌고 읽는 재미에 보는 재미가 더해졌다. 조선시대에 존재하지 않았던「구운몽」 삽도본이 현대에 와서 새롭게 탄생했다는 느낌마저 들 정도이다.

그런데 삽화는 문학이나 독서 교육에서 텍스트의 이해를 더욱 풍부하게 하는 상당히 중요한 기제로 작용하기 때문에 삽화의 내용 또한 무시할 수 없다. 단지 재미있는 볼거리를 제공하기 위한 삽화는 좋은 삽화라고 할 수 없다. 복잡한 텍스트의 의미나 인물의 성격, 상황에 대한 분위기를 제대로 전달할 수 있는 삽화여야 진정한 의미의 삽화라고 할 수 있다. 이 정도에 미치지 못하더라도 최소한 삽화만으로도 해당 장면의 분위기나 인물의 심리 정도는 짐작할 수 있어야 한다.

삽화 1(나라말, 84면)

삽화 2(예림당, 131면)

「구운몽」이 조선시대 소설이고 작품의 배경이 중국의 당나라 시절로 설정되어 있는 만큼 대개의 삽화 역시 동양적인 분위기를 드러내고 있다. 그림 형태도 전형적인 동양화 풍은 아니더라도 동양화에 가까운 형태를 지향하고 있다. 또한 인물은 세밀한 묘사를 지양하고 약간 왜곡된 형태의 얼굴 윤곽을 잡아 만화적 캐릭터의 느낌이 들도록 하였다. 아마 독자층의 연령대를 감안하여 보다 친근감이 들도록 그린 결과로 보인다. 이렇게 본다면 삽화가 책 자체에 대한 재미나 친근감을 높이는 데에는 충분히 성공한 것으로 보인다. 그리고 엄밀하게 따지자면 문제가 있을 수 있지만 텍스트의 분위기를 전달하는 데에도 일정한 기여를 하고 있는 것으로 판단된다.

삽화 3(계림, 59면)

그런데 삽화가의 개성이 너무 지나치게 반영되었거나 「구운몽」의 전체적인 분위기를 잘못 파악하여 삽화가 텍스트 이해에 방해를 주는 경우도 있다. 〈삽화 3〉은 어두운 색감과 무거운 캐릭터로 인해 작품의 전체적인 분위기를 암울한 빛이 돌도록 하였다. 부분적으로 애상적 분위기가 설정되는 곳도 있지만 「구운몽」의 전체적인 분위기는 밝고 명랑하다. 특히 양소유의 삶에서 인생의 즐거움이 강조되어야 성진의 각몽 부분에 대한 의미가 더욱 살아난다. 물론 삽화가 그림이라는 독립적인 예술성을 견지할 수 있다. 또한 그것이 삽화가의 임무이기도 하다. 그렇지만 텍스트를 더 잘 이해시킬 목적으로 그려지는 삽화에서 보다 중요한 것은 텍스트에 대한 정확한 이해이다.

이런 맥락에서 생각해 본다면 「구운몽」의 삽화 구성에서 반드시 필요한 것은 등장인물에 대한 캐릭터이다. 「구운몽」에는 육관대사와 양소유를 비롯하여 8명이 여인이 등장하며, 이 중 8명의 여인들은 제각기 다른 성격을 지니고 있다. 이 인물들의 성격이 다채롭기 때문에 「구운몽」은 더욱 재미있게 읽힌다. 그렇다면 이 인물들의 캐릭터가 제대로 구현된 삽화가 있다면 그 삽화만으로도 대단히 의미 있는 책이 될 수 있다.

삽화 4(생각의나무, 27면)

삽화 5(생각의나무, 34면)

〈삽화 4〉, 〈삽화 5〉가 이러한 시도를 한 경우로 보인다. 다른 텍스트에서는 개별 인물에 대한 독립적인 캐릭터가 없거나 있다고 하더라도 변별점이 없다. 〈삽화 4〉는 진채봉, 〈삽화5〉는 계섬월을 단독 인물화하여 그리고 있다. 캐릭터 자체가 이 인물의 성격을 정확하게 반영했는지의 여부에 대해서는 논란이 있지만 일단 시도 자체는 의미가 있어 보인다.

삽화 6(아이세움, 51면)

한편, 〈삽화 6〉과 같이 만화의 형식을 본격적으로 이용한 삽화도 있다. 만화의 성격답게 인물의 행동과 표정에서 다소 과장된 측면이 드러난다. 고전의 권위를 훼손하고 있다는 비판이 있을 수도 있지만 오히려 독자층의 눈높이에 맞추어 적절한 장면을 구상했다고 판단된다. 특히, 말풍선을 이용해서 실제 텍스트에서 제대로 전달하지 못한 새로운 의미를 만들어내고 있다. 인용된 삽화는 여장한 양소유가 정경패에게 그 정체가 탄로나는 장면인데, "히히, 내 여장에 감쪽같이 속았겠지?"라는 말풍선을 통해 양소유의 행위에 다분히 장난기가 묻어 있도록 하였다. 이것은 실제 작품의 분위기와도 일맥상통하는 면이 있어 원전의 분위기를 어느 정도 반영하고 있다고 할 수 있다.

그런데 이와 같은 텍스트는 대개 작품 학습과 관련한 다양한 활동을 덧붙여 놓았다. 문학 텍스트를 학습한다는 것 자체가 문제이긴 하지만 현재 출간된 대개의 텍스트가 이런 목적을 가지고 있는 것이 사실이다. 그래서 아예 책의 표지에 '논술대비', '국어수업대비', '독후감 대비' 등의 목적성 문구가 들어가 있기도 하다. 따라서 이러한 학습용 책들이 어떠한 부분을 학습 요소로 삼고 있는지 살펴볼 필요는 있다.

다양한 학습거리로 주목을 받고 있는 책은 〈나라말〉 텍스트이다. 이 책에는 중간 중간에 작품 해석에 필요한 여러 가지 사실을 삽화와 사진을 곁들여 제공하고 있다. 환생에 대한 것, 작가와 양소유의 비교, 악기, 신선 세계 등에 정보를 제공하고 있다. 또한 꿈속의 일을 대상으로 전개되는 영화에 대한 해설도 말미에 붙어 있다. 이런 정보들로 인해 「구운몽」에 대한 이해의 폭이 깊어질 수 있고, 작품을 떠나서도 과거에 대한 다양한 지식을 얻을 수 있다. 작품 자체에 대한 이해뿐만 아니라 그 작품을 둘러싼 다양한 사회, 문화적 환경을 학습할 수 있다는 것이 우리가 고전을 읽으면서 얻는 큰 수확 중의 하나이다. 이런 학습을 가능하도록 구성을 했다는 점에서 의의를 부여할 수 있겠다.

물론 이 책을 포함해서 대개의 텍스트들이 일차적인 목표로 삼고 있는 것은 작품 내용에 대한 사실적 이해와 비판적 이해이다. 〈예림당〉 텍스트는 아예 개관식 문항을 구성해서 책의 말미에 붙여 놓았다. 그런가하면 〈생각의 나무〉는 중요 장면에 대한 '생각거리'를 제공해서 비판적 독서를 하게 했고, 〈아이세움〉 텍스트에서는 논술 문항을 제시하고,

답안에 대한 접근 방법을 알려주고 있다. 독서 교육적 차원에서 본다면 바람직한 구성이라고 생각할 수 있다. 다만, 「구운몽」을 통해서 반드시 생각해 보아야 할 것이 무엇인지에 대해 보다 체계적인 접근이 없다는 것이 아쉽다. 책의 구성에 대한 발상은 좋은데, 이 발상을 실행하기 위해서는 원전 자체에 대한 철저한 이해가 수반되어야 한다. 현대역 텍스트에서 이 과정이 결여되었다는 것은 크게 아쉬운 부분이다.

3. 교육 현장 활용 사례

☑ 기본 발상

학령인구 감소, 등록금 동결, 청년실업 문제 등 한국의 대학은 안팎으로 엄청난 시련에 봉착하고 있다. 현재의 난관을 도저히 타개할 수 없기 때문에 다소 무리한 대학 구조조정까지 시도하는 실정이다. 그 변혁의 과정이 부정적 혹은 긍정적 결과를 초래할지에 대해서는 장담할 수 없다. 그러한 변혁 속에서 눈에 띄는 것이 하나 있다면 대학교육에 대한 인식의 전환이다.

대학은 상아탑이자 학문의 전당이라는 말은 이제 사라진 지 오래다. 과거의 대학 교수는 자신의 전공 학문을 잘 가르치면 그것으로 만족이었다. 학생들 역시 그것에 불만이 전혀 없었다. 불만이 없었다는 말보다 불만을 표출할 수 없었다고 보는 것이 더 타당할 듯하다. 해당 학문의 전통과 교수의 학문적 인식이 생산한 완고한 '교육의 틀'을 감히 비판할 수 없었기 때문이다. 이때 대학 교수에게는 학문 후속 세대를 양성하는 것이 일차적인 목표였다.

그러나 지금 대학교육은 엄청난 변혁기를 맞고 있다. 대학에서 '무엇을, 어떻게 가르칠 것인가'에 대한 고민, 다시 말해 대학교육에 대해 본격적으로 고민을 하고 있다. 학문에 대한 고민에서 교육에 대한 고민으로 대학교육의 패러다임이 크게 바뀐 것이다.

이상적인 대학교육이라면 교수와 학생 그리고 사회가 모두 만족하는 교육일 것이다. 그러나 이 접점을 찾기가 정말 쉽지 않다. 개설할 교과목을 결정하는 주체는 교수이고, 그 과목을 선택할 권리를 가진 자는 학생이다. 이른바 개설권과 수강권의 주체가 다른 셈인데 여기에서 항상 갈등이 벌어진다. 학생은 항상 수강할 만한 과목이 많지 않다고 불만이고, 교수는 어렵고 재미없어도 이것만은 꼭 수강해야 한다는 입장이다. 한 전공 속에서도 학생이 몰려 수강 제한을 해야 하는 과목이 있는가 하면 언제나 폐강의 위험에 시달리는 과목이 있다. 학교의 입장에서는 소수자를 위한 과목을 무한정 개설할 수 없기 때문에 폐강 기준을 적극적으로 유지하려고 한다. 각 대학들은 수강바구니 혹은 예비수강 제도 등을 마련해 문제를 해결하려 한다. 교수자의 입장에서는 이것은 학문을 무시하는 시장 논리라고 비판한다.

학점 잘 나오고 듣기 편한 과목만을 원한다고 학생을 비판할 수 있고, 학생은 무시하고 자기만 행복한 강의를 한다고 교수를 비판할 수도 있다. 이 수강권과 개설권 사이의 갈등은 갈수록 심해지는 경향이 있다. 교수의 교수법에 대한 문제가 아니라 과목의 성격 때문에 이러한 문제가 발생한다면 이것은 교수뿐만 아니라 해당 전공의 정체성과도 관련되는 심각한 문제다. 응용 학문이 아니라 기초 학문 분야의 전공 교과목들은 더 말할 나위 없다. 아예 개설하는 과목 과반수가 폐강 위기에 몰리는 전공도 나오는 실정이다.

이러한 상황은 결국 대학교육이 더 이상 학문을 통한 진리의 추구만을 고집할 수 없다는 흐름과 맥이 닿아 있다. 씁쓸한 현상이지만 학생 대다수가 대학에 입학하는 이유는 더 이상 학문과 진리 추구가 아니다. 물론 이를 위해서 입학하는 학생이 있다고 해도 학문 후속세대가 되는 것이 그들의 꿈은 아니다. 대학 4년 동안 학생들은 무엇을 먹고살 것인가에 대한 고민을 안고 산다. 어쩌면 고등학생 시절보다 더 암울한 대학 생활을 누리고 있다 해도 과언이 아니다.

그렇기 때문에 대학은 이제 개설권을 내려놓고 수강권에 대해 보다 철저한 고민을 할 수밖에 없다. 대학교육의 사회적 적합도를 높여 보자는 것이다.

여기에 코로나19 대유행으로 인해 새로운 변화가 모색되고 있다. 1년 이상 대개의 강의가 온라인 비대면으로 이루어지면서 대면 수업에 대한 고민이 발생했다. 온라인 비대면 수업에 비해 대면 수업이 나은 점이 무엇인지에 대한 고민이 시작되었다는 것이다. 학생은 물론이고 일부 교수들도 온라인 수업의 탁월한 장점을 인정하고 나섰다. 이미 우리는 MOOC이나 OCW 형태의 온라인 강의를 접해 왔지만, 코로나19로 인해 강제적으로 그러한 온라인 수업의 상황을 맞이했다. MOOC이 기존의 대학을 위기에 빠뜨릴 것이라는 경고가 있었지만 별로 귀담아듣지 않았는데, 지금 상황을 맞이하고 보니 그런 경고가 현실이 될 수 있다는 생각이 든다.

대학교육에 대한 만만치 않은 문제들이 한꺼번에 갑자기 다가온 셈이다. 이런 상황에서 본 장에서는 필자가 진행한 고전소설 교육의 한 가지 사례를 제시하고자 한다. 지금 제시하는 사례는 애초에 비교과 교육으로 실시된 것이다. 그렇지만 비교과 교육의 형태가 교과 교육과 호환되는 것이, 어쩌면 지금 대학교육이 당면한 문제를 해결하는 한 대안이 될 수 있을 것이다.[38]

☑ **진행 방식과 방향**

필자는 고전소설을 대상으로 소위 프로젝트 기반 멘토링 프로그램을 몇 차례 진행한 바 있다. 학습 대상과 과제를 선택하고 복수의 학생 그룹과 지도교수가 그 과제를 수행하는 방식의 비교과 프로그램이다. 이 형식은 '캡스톤디자인' 교과에서 진행하는 교육과 매우 흡사한 방식이다. 이 과정에서 교수는 문제를 제시하고 학생은 스스로 문제를 해결한다. 교수는 학생이 문제를 해결하는 과정을 관찰하며 더 좋은 결과가 나올 수 있도록 문제 해결 방법을 지도한다. 이에 필자는 학생들에게 본 장에서 제시한 고전소설 창작소재 개발 사례를 학습하게 하고, 이를

---

38 비교과 교육은 강의실 교육에서 이루어지는 강의식 교육과는 분명히 다른 일면이 있다. 교육의 진행 과정이나 결과에 대한 객관적 검증이 이루어지지 않기 때문에 아직은 학점이 부여되는 교과 교육으로 인식되지 않고 있다. 현재는 대개의 대학에서 이른바 '캡스톤디자인' 형태의 정규 강의가 이루어지고 있다. 비교과 교육의 교과화가 어느 정도 이루어진 형태라 할 것이다.

참고하여 고전소설을 사회에 활용할 수 있는 방안을 찾아보도록 하였다. 그 결과 학생들은 브레인스토밍을 거쳐 '고전소설과 연계한 체험형 프로그램 개발'이라는 구체적인 학습 주제를 설정했다.

이 주제를 정하는 과정에서 학생들은 다음과 같은 사항을 고려했다.

❶ 교과 교육을 통해 배운 수업 내용과의 연관성

❷ 팀원들이 소속한 전공과의 연관성

❸ 팀원들의 공통 관심사

과제 대상이 고전소설이라면 이와 관련한 배경 지식은 필수적이다. ❶은 과제 수행에 있어서의 배경 지식 유무를 따져보는 과정으로 보인다. 특이하게 이 과제를 수행한 학생들은 국어국문학과를 부전공으로 하면서 특수교육학을 전공으로 선택한 학생들이었다. 이에 ❷를 통해 자신들의 주전공과의 연관성을 고려하는 것이 필요했을 것이다. ❸은 당연히 고려되어야 할 요소이다.

이와 같은 요소를 고려하여 필자의 수업 내용과 연관이 있는 '고전소설', 자신의 전공과 연관이 있는 '교육'과 연계된 '체험형', 팀원들의 공통 관심사인 '한국문화' 등의 키워드를 도출하여 위와 같은 학습 주제를 결정한 것이다.

문제는 이러한 학습 주제를 보다 구체화하는 일이다. ❶에서 결정된 '고전소설'과 관련해서는 고전으로서의 품격, 중등교육과의 연계성, 소설 내용상의 흥미, 수업 내용 등을 고려하여 「구운몽」을 선정했다. ❷에서 고려된 '교육'의 측면에서는 강압적이어서 흥미없는 학교 교육 내용을 매력적인 대상으로 바꿀 수 있는 방안을 탐색하기로 결정했다. 특히 「구운몽」은 오랜 기간 교과서에 수록된 작품이기 때문에 중등교육과정 학생들이 흥미 있게 학습할 수 있는 방안을 찾는 일은 상당한 의

의가 인정된다 할 것이다.

이와 같이 학습 과제가 구체적으로 설정되었다면 이제 과제 해결의 방법이 결정되어야 하는데, 일차적으로 설문조사를 통해 결과물을 결정하기로 했다. 여기에서 수행한 설문조사의 결과는 그 자체로도 시사하는 바가 있을 수 있기 때문에 소상하게 소개하도록 한다.

☑ **진행 내용: 설문 결과(현직 교사의 인터뷰 포함)**

▪ 설문 대상 : 총 200명

- 초등학생: 50명　　　　- 중등학생: 50명
- 학부모: 50명　　　　　- 일반인: 50명

▪ 설문 결과

교육과정과 관련한 설문에서는 강의식 수업에 대한 비중이 62%로 높았다. 어느 정도 예상한 결과라고 보이며, 사실 대학의 전공 수업에서도 강의식 강의 비중이 높은 것이 사실이다. 그나마 강의와 모둠활동을 병행하는 경우가 15%라는 점은 고무할 일이다.

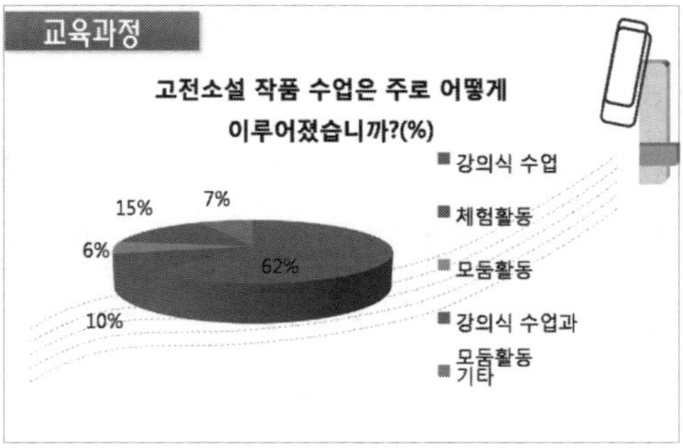

흥미로운 것은 초등학생 50명에게 전래동화에 대한 느낌을 물었을 때, '보통' 의견이 44%, '재미있다' 의견이 28%를 차지했다는 점이다.

초등교육과정에서 전래동화는 고전소설과 유사한 분야인데, 재밌다는 인식의 비중이 대체로 높다는 것이다. 그런데 같은 질문을 중등학교 학생에게 했을 때는 상당한 차이를 보였다. 예상대로 중등학교 학생은 대개가 고전소설을 시험 때문에 공부하며, 자발적 흥미를 보인 경우는 18%에 지나지 않았다.

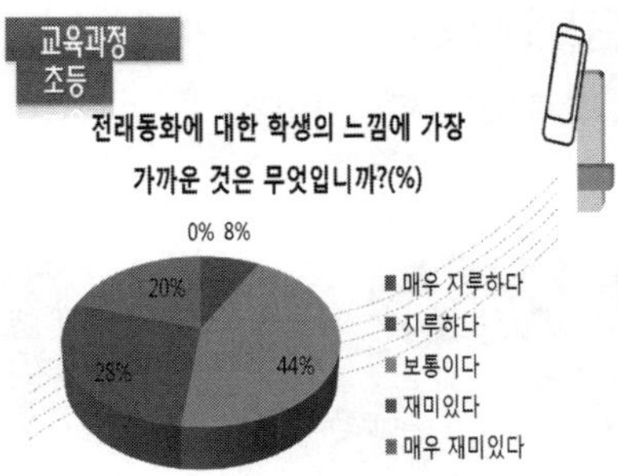

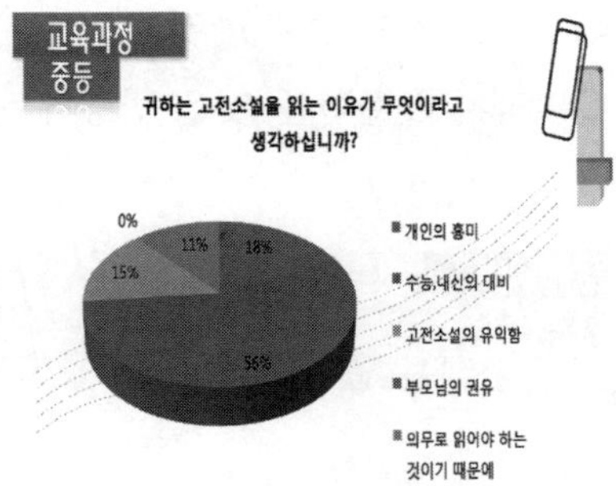

따라서 중등학생에게 고전소설이 지루하게 다가오는 것은 당연한 결과로 보인다. 초등학교에서 중 · 고등학교로 오면서 고전소설에 대한 흥미가 크게 반감하는 것은 아무리 예상한 결과라고 하지만 그냥 보아 넘길 수 없는 일이다. 고전소설이 강요, 강압이 아니라 재미와 매력의 대상으로 바뀔 수 있는 교육 방법이 절실함을 보여주는 설문 결과라 할 것이다.

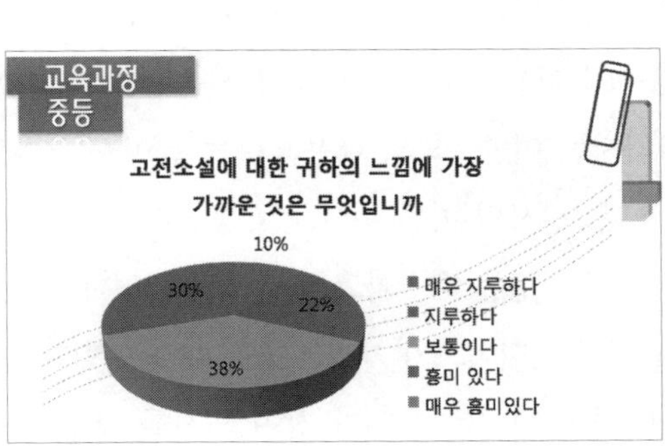

이와 관련하여 학생들은 새로운 교육 방법의 일환으로 고전소설을 활용한 교육콘텐츠를 개발하기로 하고, 그 개발 방향에 대해 다시 설문 조사를 수행하였다. 그 결과 체험형 프로그램에 대한 수요가 매우 높았으며('기대된다' 이상 68%), 기대되지 않는다는 의견은 7%에 불과했다. 그러한 체험형 콘텐츠의 개발 방향에 대해서는 일종의 테마파크와 유사한 놀이공원 형태에 대한 관심(53%)이 상당히 높았다. 박물관 형태에 대한 의견이 14%에 불과한 것을 보면 기존의 박물관이 학생들에게 흥미를 유발하지 못한다는 것을 반증하는 결과라고 할 것이다.

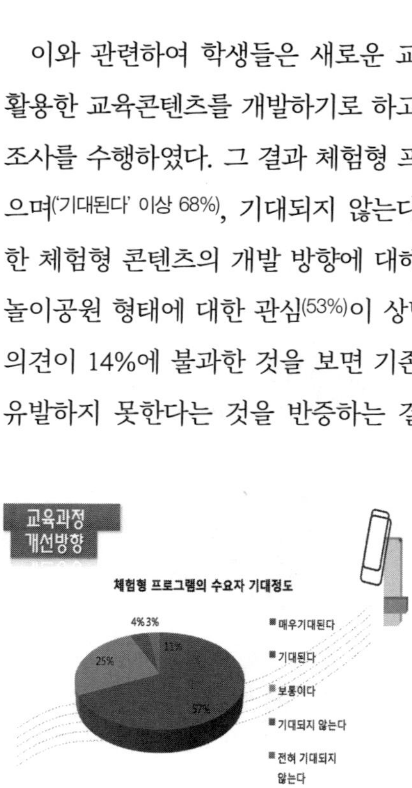

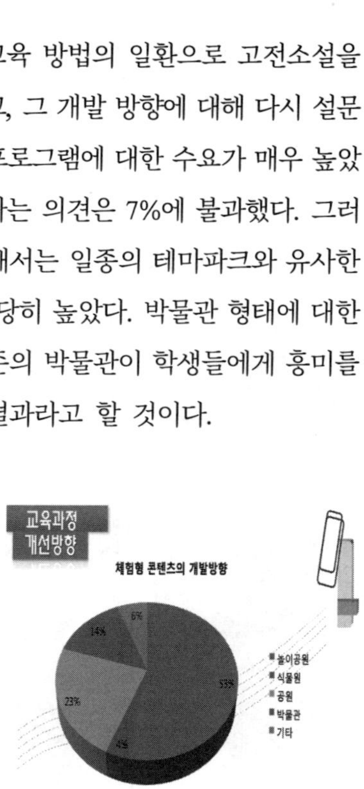

필자는 이 결과를 보면서 에버랜드의 '이솝빌리지', 전라남도 장성군의 '홍길동 테마파크', 중국 상하이 인근의 '홍루몽 테마파크' 등을 생각했다. 모두 장단점이 있지만 나름대로의 역할을 하는 테마파크임에는 분명하다. 홍길동 테마파크는 홍길동의 실존성에 너무 치우쳤다는 단점이 있고, 홍루몽 테마파크는 체험보다는 관람에 치중했다는 단점이 있다. 이솝빌리지는 이솝우화의 내용보다는 놀이 자체에만 관심이 있다는 단점이 있다. 필자의 이런 분석을 학생들과 세미나를 통해 공유했고, 학생에게 직접 홍길동 테마파크를 답사하게 했다. 설문 조사에서는 고전소설과 관련한 테마파크가 개발되었을 때 참여할 것인지를 별도로 물어보았다. 이에 대해서는 67%가 참여 의사를 보였다. 이런 과정을 통해 결과물로 「구운몽」을 대상으로 하는 테마파크 개발 기획안을 수립하기로 했다.

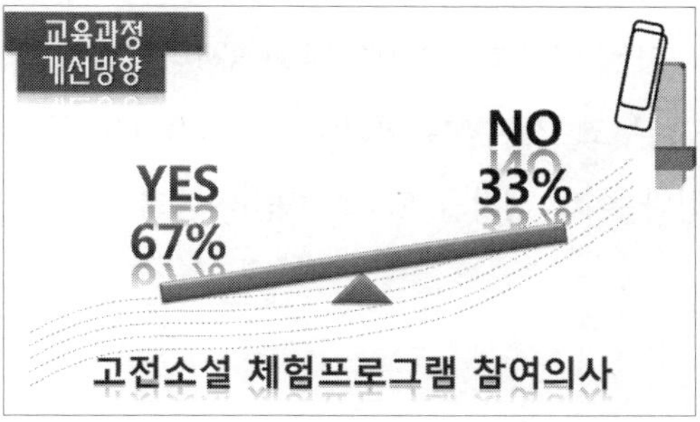

☑ **결과물 제시**

다음은 지금까지 언급한 과정을 통해 개발된 결과물의 제시하면 다음과 같다.

■ **테마파크 콘셉트**

❶ 「구운몽」 테마파크로서, 8선녀와의 만남과 이별을 통하여 깨달음을 얻는 과정을 체험할 수 있도록 한다.

❷ 테마파크는 「구운몽」과 연계하여 구역(공간)을 천상계 공간과 지상계 공간으로 구획한다.

❸ 테마파크의 입구는 지상계에서 시작하며, 입구 – 지상계 – 천상계의 동선으로 체험이 가능하도록 한다.

❹ 지상계는 어트랙션이 배치되어 있으며, 천상계는 대개 공원으로 구성한다.

■ **공간 콘셉트**

천상계와 지상계의 공간 구도는 고전소설의 보편적 정신사적 구도에 근거한 것이며, 「구운몽」은 이러한 원리가 구현된 소설이다. 이에 테마파크의 천상계 공간은 현실 공간으로서 평온함, 환상성을 느껴 성진이 되는 경험을 할 수 있도록 설계한다. 지상계는 양소유 되기를 체험할 수 있는 공간으로 재미와 스릴감이 느껴지도록 다양한 어트랙션을 배치한다.

지상계에 배치될 어트랙션은 양소유와 8선녀의 만남과 연계하여 모두 8구역으로 나누고, 각 구역은 8선녀의 성격을 체험할 수 있는 어트랙션으로 구성한다. 이런 생각을 도식화하면 다음과 같이 제시할 수 있다.

☑ **시사점**

어트랙션 구성안

✔ '구운몽 테마파크'의 8구역 및 어트랙션 구성안

천상계
- 현실 공간
- 평온, 환상
- 성진 되기

지상계
- 꿈속 공간
- 재미, 스릴
- 어트랙션
- 양소유 되기

- 진채봉 : 진채봉의 인생 그래프
  ex) 드롭타워, 바이킹, 스윙
- 정경패 : 정경패와 거문고 대결
  ex) 회전목마, 꼬마기차(거문고 음향)
- 이소화 : 공주님의 구경
  ex) 중국 궁궐, 하늘자전거(퉁소 음향)
- 백능파 : 양소유와 백능파의 결혼
  ex) 물 어트랙션
- 적경홍 : 남장의 기생
  ex) 거울의 방, 비밀의 방
- 계섬월 : 무대시설
  ex) 서커스, 마술쇼, 공연 등
- 심요연 : 오락시설, 상품매장
  ex) 민속놀이, 구운몽 상품 판매
- 가춘운 : 편의시설, 식음시설
  ex) 편의시설, 음식점

이상에서 필자가 실제로 학생들과 수행한 프로그램의 전모를 대략적으로 제시했다. 어떻게 보면 필자가 대하소설 창작소재 개발 결과에서 제시한 것과 유사한 방식으로 학습 활동이 진행되었다고도 볼 수 있다. 학생들이 수행한 학습 결과를 감안한다면 상당히 잘된 결과로 평가된다. 이 과정은 고전소설을 활용하여 대학교육의 사회적 적합도를 제고할 수 있는 한 방안이 될 수 있을 것으로 판단한다.

4. 의궤儀軌류 소설의 활용 가능성: 위씨오세삼난현행록魏氏五世三難賢行錄

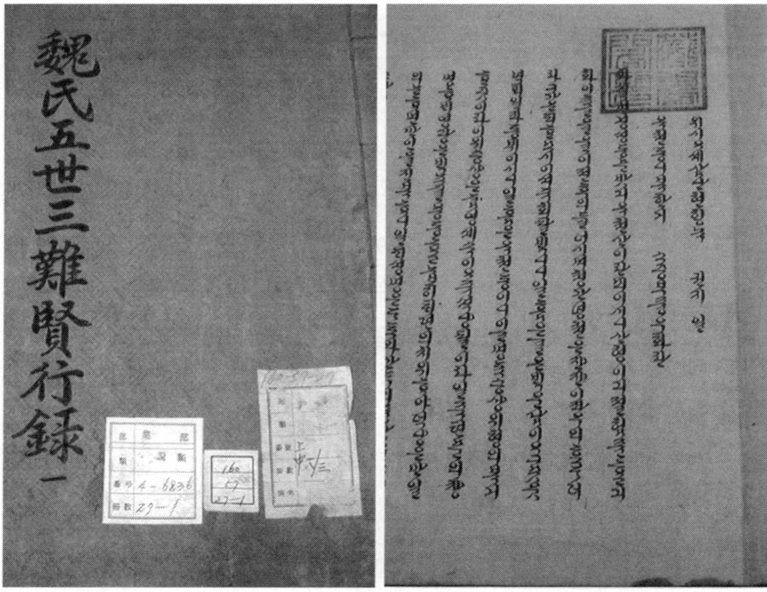

본 절에서는 고전소설 중 상당히 특이한 작품인 「위씨오세삼난현행록」을 간략하게 소개하고자 한다.[39] 작품성을 고려한다면 사실 소설답지 않다고 보는 것이 타당할 정도로 구조적 부조화가 극심한 소설이다. 중간 중간에 불쑥 튀어 나오는 특이한 장면 묘사, 혼란스럽기 짝이 없는 인물의 출현, 기대되는 진행 방향과는 전혀 다른 방향으로의 작품 전개 등 특이한 곳이 하나 둘이 아니다. 습작이 아니면 대하소설의 새

39 이 작품에 대해서는 송성욱, 「「위씨오세삼난현행록」의 특이성」, 『정신문화연구』 26집, 2003에서 자세하게 다루었다. 이 소설은 27권 27책으로 총 길이가 688장인 작품으로 장서각에 원본이 소장되어 있다. 매면 10행, 각 행당 25~29자, 궁체로 상당히 깨끗하게 필사되어 있다. 보존 상태가 상당히 양호하며 꽤 고급스러운 지질(紙質)을 가지고 있어, 일반 여염가의 소설책이 아닌 듯한 인상을 한 눈에 받을 수 있다. 이본으로는 표제가 「衛氏賢行錄」이고 권수제가 '위시셰딕록'으로 되어 있으며, 27권 27책으로 구성된 작품이 있다. 전체적인 장수는 「위씨」보다 많지만 매면이 9행, 13~14자로 되어 있어 사실상 큰 차이가 없다. 내용은 완전히 동일한데, 궁체가 아닌 일반 여염체로 조악하게 필사되어 있다.

로운 경향을 추구하려 했던 작품이 아닌가 한다. 그러나 새로운 경향을 추구하려 했다고 해도 그것이 제대로 매듭을 맺지 못했다는 인상을 주기 때문에 습작의 성격이 농후한 특이한 작품으로 남아 있다.

다만, 여타의 대하소설에서는 전혀 볼 수 없는 장면 구성이 이루어지고 있어 자료적인 가치를 충분히 인정할 수 있는 작품이다. 나아가 조선시대 궁궐 종사자가 직접 소설의 창작에 가담했을 것이라는 조심스러운 짐작을 할 수 있어 관심이 가는 작품이다.

그런데 작품성과는 별개로 활용 가치를 따져볼 필요가 있다. 이 작품의 기이한 장면 구성에서 보이는 긴 삽화가 오히려 창작소재로의 활용 가치가 있다는 것이다. 조선시대의 풍속에 대한 자료가 상대적으로 부족한 우리에게 소설 장면을 통해 사회상이나 풍속상을 재구할 수 있다면 충분한 활용 가치가 있다는 것이다. 이에 대표적인 몇 장면을 제시하기로 한다.

☑ 국문장의 모습

친문ᄒᆞ실ᄉᆡ 좌우의 시위ᄒᆞᆫ 갑ᄉᆡ 뉵쳔인이오 창ᄃᆡ보졸이 일만인이오 ᄂᆡ외 작문의 환위ᄒᆞᆫ 보군이 삼만인이오 금의 위관 십이인이 나졸 삼쳔인을 거ᄂᆞ려 뎐계 아ᄅᆡ 버리시며 좌우 승상과 좌우 통경과 한님ᄒᆞᆨᄉᆞ와 시독ᄒᆞᆨᄉᆞ와 즁셔샤인과 집현뎐 ᄒᆞᆨᄉᆞ와 시강ᄒᆞᆨᄉᆞ와 한님검토와 한님젼슈와 감찰어ᄉᆞ와 뎐듕시어ᄉᆞ와 십삼ᄉᆡᆼ도어ᄉᆞ와 지금의위ᄉᆞ 등이 ᄎᆞ례로 시립ᄒᆞ야ᄂᆞᆯ 상이 문ᄉᆞ랑을 명ᄒᆞ야 문묵을 쓰여 ᄀᆞᆯᄋᆞ샤ᄃᆡ[40]

위 인용문은 국문장의 모습이다. 호위대의 종류와 나열된 군졸의 수,

40 『위씨오세삼난현행록』 권27.

참여하는 신하들의 벼슬명이 기록되어 있다. 국문하는 천자의 주위 모습에 대한 세밀한 묘사가 이루어지고 있음을 확인할 수 있다. 이후에는 천자의 추문장 내용과 죄인의 모든 초사 내용이 별행으로 기재되어 있다.

☑ 임금과의 내기 바둑 장면

아래 인용문은 천자가 수상유람을 할 때, 신하들과 내기 바둑을 두는 장면인데, 내기 바둑이라는 사건 설정도 특이할 뿐더러 바둑 자체에 대한 묘사도 이루어지고 있다. 이런 방식의 장면 묘사는 비단 이것만이 아니다. 과거장의 모습, 장원급제 행렬 장면에서도 위와 비슷한 방식의 묘사가 나온다. 아울러 편지, 상소문, 비답내용, 격서 등 다른 서식들도 어김없이 그 내용이 소개되고 있으며, 대개가 별행의 형식으로 기재된다.[41]

> 상이 본ᄃᆡ 신묘ᄒᆞ신 긔국지슐을 졔왕 귀쳑으로븟터 아ᄅᆡ로 ᄂᆡ시 졔관이 막감앙망이어날 금일 여명이 ᄯᅩ한 감당치 못ᄒᆞ리로ᄃᆡ 여명이 ᄯᅩᄒᆞᆫ 긔술이 ᄯᅩᄒᆞᆫ 등한치 아닌지라. 숨가 쥬텬도수를 안ᄒᆞ여 의장을 비포ᄒᆞ며 긔셰ᄅᆞᆯ 셩년ᄒᆞ야 년ᄒᆞ야 셰판을 이긘지라. 상이 크게 긔이히 너기샤 이의 여명ᄃᆞ려 닐ᄋᆞ샤ᄃᆡ 딤이 ᄯᅩᄒᆞᆫ 만긔지가의 혹 긔국을 시험ᄒᆞᆫ ᄇᆡ 이셔 일즙 텰오환뉵과 요숨지칠ᄒᆞᄂᆞᆫ 슐을 알미 잇ᄂᆞᆫ지라[42]

☑ 보부상 장면

세영의 처 소소저가 남복개착하고 있을 당시 물건을 팔러 온 보부상의 행장에 대한 묘사한 대목이다. 다소 장황하지만 특이한 장면이라 인용을 한다.

---

41 특이하게는 공주의 혼인을 알리는 천자의 고서(告書) 내용까지 들어가 있다.

42 『위씨오세삼난현행록』 권16.

ᄃᆡ랑 왈 보홰 이러ᄐᆞᆺ ᄒᆞ면 ᄒᆞᆫ번 구경ᄒᆞ기ᄅᆞᆯ 원ᄒᆞ노라 당외 즉시 횡니ᄅᆞᆯ 열고 보화ᄅᆞᆯ ᄂᆡ여 뵈거ᄂᆞᆯ 대랑이 보니 상모 일ᄇᆡᆨ 오십팔근 소파리쥬쟈 오ᄇᆡᆨ환 마뢰쥬아 일ᄇᆡᆨ환 호박쥬ᄋᆞ 일ᄇᆡᆨ환 슈경쥬ᄋᆞ 일ᄇᆡᆨ환 산호쥬ᄋᆞ 일ᄇᆡᆨ환 금ᄑᆡ쥬ᄋᆞ 일ᄇᆡᆨ환 밀화쥬ᄋᆞ 일ᄇᆡᆨ환 상아쥬ᄋᆞ 일쳔환 화ᄉᆞ쥬ᄋᆞ 일ᄇᆡᆨ오십구환 셔각ᄋᆞ 십근 상아 ᄉᆞᆷ십근 진남셕 이십근 침셕 십오근 ᄃᆡ침 오만봉 즁침 오ᄇᆡᆨ구십봉 셥ᄌᆞ 일ᄇᆡᆨᄀᆡ ᄃᆞᆫ목 오만근 젼모 팔십부 도쳠종 일ᄇᆡᆨ개 호박징쟈 일ᄇᆡᆨ개 결충모ᄌᆞ 일ᄇᆡᆨ개 면분 일ᄇᆡᆨ개 면년지 일ᄇᆡᆨᄀᆡ 납년지 일ᄇᆡᆨᄀᆡ 우각합ᄋᆞ 일ᄇᆡᆨᄀᆡ 슈침 일ᄇᆡᆨ본 녹각합ᄋᆞ 일ᄇᆡᆨ개 조목소ᄌᆞ 일ᄇᆡᆨ개 황양목소ᄌᆞ 일ᄇᆡᆨ개 ᄃᆡ비ᄌᆞ 일ᄇᆡᆨ개 밀비ᄌᆞ 일ᄇᆡᆨ개 샤피 침통ᄋᆞ 일ᄇᆡᆨ개 눈도ᄌᆞ ᄉᆞ십개 ᄃᆡ도ᄌᆞ 일ᄇᆡᆨ개 쏘ᄌᆞ 일ᄇᆡᆨ개 은장도 일ᄇᆡᆨ개 금장도 일ᄇᆡᆨ개 잡습ᄑᆡ도ᄌᆞ 쳔개 ᄌᆡ지도ᄌᆞ 오쳔개 빵갑도ᄌᆞ 일ᄇᆡᆨ팔십구개 오건젼지도ᄌᆞ 십부 상긔 십부 빵뉵 십부 ᄃᆡ긔 십부 소쥬금낭 오쳔개 젼ᄎᆞ 오ᄇᆡᆨ개 인도 오ᄇᆡᆨ개 츄ᄌᆞ 일ᄇᆡᆨ개 ᄇᆡᆨ근칭ᄌᆞ 오십병 ᄃᆡ포 일ᄇᆡᆨ필 소단ᄌᆞ 일ᄇᆡᆨ필 화양단ᄌᆞ 일ᄇᆡᆨ필 당녕 오ᄇᆡᆨ개 면경 일ᄇᆡᆨ개 ᄃᆡᄉᆞ경 일ᄇᆡᆨᄀᆡ 명마 오십필 마녕 일ᄇᆡᆨ과 감텰됴환 일ᄇᆡᆨ개 ᄇᆡᆨ양피 일ᄇᆡᆨ영 슈달피 십오영 우피 오ᄇᆡᆨ영 졔피 ᄇᆡᆨ녕 촉모피 오십영 화텰 일ᄇᆡᆨ개 년ᄌᆞ 오ᄇᆡᆨ면 면묵 오쳔파 모시 상셔 쥬역 논어 ᄆᆡᆼᄌᆞ 쇼ᄒᆞᆨ 즁용 네긔 팔ᄃᆡ가한문뉴문 통감강목 ᄌᆞ치통감 경관졍요 ᄉᆞᆷ국지 슈호지 표졔소ᄒᆞᆨ 어ᄇᆡᆨ단 오십통 총ᄇᆡᆨ단 오ᄇᆡᆨ통 월ᄇᆡᆨ단 십필 쳔경단 십필 셕청단 십필 뉴청단 십필 초록단 십필 잉가녹단 십필 흑녹단 십필 남송단 십필 북송단 십필 관녹단 십필 압녹단 십필 아청단 십필 아청녹단 십필 뉴록단 십필 분홍단 십필 박은홍단 십필 도홍단 이십필 ᄃᆡ홍단 십필 진홍단 십필 응ᄇᆡ필단 십필 회ᄉᆡᆨ필단 십필 장ᄉᆡᆨ필단 십필 지ᄎᆞ필단 십필 침향ᄉᆡᆨ필단 십필 션황필단 십필 아황필단 십필 쥬황필단 십필 뉴황필단 십필 ᄋᆡ갈피단 십필 밀갈필단 십필 오복화당 오십근 팔보당 팔십근 빙당 ᄉᆞ십근 ᄌᆞ당 오십근 건포도 십오근 과쇄ᄂᆞ포도 십오근 셤나포도 십오근 공작우 오ᄇᆡᆨ개 관ᄇᆡᆨ우 오ᄇᆡᆨ개 공작 오빵 텬아 오빵 금계 팔십슈 녀오 십필 나오 십필 원 십오필 잉무 오빵 ᄇᆡᆨᄌᆞ 팔십건 화살 오십건 젼닙 오십부 필통 오십부 필산 오십부 초오 오십개 습젼 오ᄇᆡᆨ파 왜션 오ᄇᆡᆨ파 호로 오ᄇᆡᆨ포 ᄇᆡᆨ반 오쳔근 경ᄃᆡ 팔십건

금지환 오십ᄃᆡ 옥지호나 십ᄀᆡ 밀화지환 오십ᄀᆡ 마뢰지환 오십ᄀᆡ 금ᄑᆡᆨ지환 오십ᄀᆡ 파려지환 오십개 슈정지환 오십ᄀᆡ 호박지환 오십ᄃᆡ 초피 오년 인ᄉᆞᆷ 오십근 황년 오십근 샤향 오십근 녹용 오십근 ᄇᆡᆨ복영 오십근 웅담 오십근 셕뉴황 오십근 텬청 오십근 쥬샤 오십근 쥬홍 오십근 경면쥬ᄉᆞ 오십근 도황 오십근 셕우황슈말 오십근 금녕 오십ᄀᆡ 황금이당 오십ᄀᆡ 봉관 이십부 하리 이십부 ᄑᆡᆨ옥 이십부 납촉 오십봉이오 기즁 황금팔쇠 한 ᄧᅡᆨ과 비취지환 ᄒᆞᆫ ᄧᅡᆨ이 제양이 긔교ᄒᆞ고 광치 찬란ᄒᆞ야 진짓 희귀ᄒᆞᆫ 보물이어ᄂᆞᆯ[43]

보부상이 팔기 위해 가지고 다니는 물건에 대한 목록이 세밀하게 조목조목 정리되어 있다. 보부상 장오는 행상이기 때문에 실제로 이와 같이 많은 물건을 가지고 다녔을 리는 없다. 따라서 다소 과장된 물목이라 하겠다. 이 장면은 다 읽지 않아도 밑줄 친 부분만 읽으면 앞뒤 내용 파악에 전혀 지장이 없다. 후술하겠지만 이 물목들은 아마도 어떤 '儀軌'류에 기재된 물목 조항을 부분적으로 옮기고, 여기에다가 작가가 알고 있는 다른 품목들 예컨대 인용문에 나오는 '삼국지' 등의 책명을 덧붙여 작성된 것이 아닌가 한다.

☑ 군영(軍營) 묘사

능허호 가온ᄃᆡ 군ᄉᆞᄅᆞᆯ 모와 향오ᄅᆞᆯ 편ᄎᆞᄒᆞ여 ᄃᆡᄅᆞᆯ 지을 ᄉᆡ 오만군졸ᄂᆞᆫ 오부 단영과 오ᄉᆞ오초로 준ᄒᆞ니 좌영의 젼ᄉᆞ 후ᄉᆞ 즁ᄉᆞ 우ᄉᆞ 좌ᄉᆞ요 즁영의 전ᄉᆞ 좌ᄉᆞ 즁ᄉᆞ 후ᄉᆞ요 전영의 즁ᄉᆞ 젼ᄉᆞ 좌우 ᄉᆞ후 ᄉᆞ요 우영의 좌ᄉᆞ 즁ᄉᆞ 후ᄉᆞ 젼ᄉᆞ 우ᄉᆞ요 후영의 즁ᄉᆞ 우ᄉᆞ 좌ᄉᆞ 후ᄉᆞ니 ᄆᆡ ᄉᆞ의 각각 최 잇고 ᄆᆡ 최의 각각 ᄃᆡ 잇고 ᄆᆡ ᄃᆡ의 각각 긔이시며 호쥰은 그 가온ᄃᆡ 거ᄒᆞ여시니 년긔 계유 이십의

43 『위씨오세삼난현행록』 권1.

지략이 츌뉴ᄒᆞ며 각영 ᄆᆡᆼ장이 진즁의 포렬ᄒᆞ여시니 그 슈를 혜ᄋᆡ 골온 //(필자주: 행이 바뀜) 젼영쟝 긔호쥰은 년이 이십이니 젼영 휘ᄒᆞ군 일만ᄉᆞᆷ쳔인이오 ᄌᆞ슐군 ᄉᆞᆷ만인이오 쳔즁군 오쳔ᄉᆞᄇᆡᆨ인이오 파즁군 일쳔뉵ᄇᆡᆨ인이라 젼영좌부쳔총 ᄌᆞ젹홍은 연이십구요 우부쳔총 원쳥운 년이 이십구요 즁부쳔총 됴마ᄂᆞᆫ 년이 이십오요 젼부쳔총 가젹은 년이 이십뉵이요 후부쳔총 쥬황은 년이 이십구요 젼영좌부 젼ᄉᆞ파총 마병은 년이 이십팔이요 후ᄉᆞ[44] (후략: 이하 각 휘하 진영의 군사수가 장황하게 나열됨)

이 장면은 강남의 수적 기호준의 군영에 대한 묘사이다. 대열의 배치 상태와 각 휘하 장수의 이름과 나이, 그리고 이후에는 각 하부 대열의 군사 수가 장황하게 나열된다. 기호준은 중요 인물 중의 한 사람이니 그렇다 하더라도 서사의 진행과 전혀 관계가 없는 장수의 이름과 나이까지 소개되고 있다. 이 부분 역시 어떤 진법서의 내용을 그대로 옮기고 여기에 가상의 인명을 부여하여 구성된 장면일 가능성이 있다.

☑ 공주의 혼인 장면

하양공주가 혼인을 하는 장면은 114장에서 159장까지 무려 45장(90면)에 걸쳐 묘사가 되어 있다. 혼인행렬, 신부의 복식, 공주를 옹위한 상궁들에 대한 설명, 하객들의 자리 배열 상태, 합환례 절차, 현구고지례 절차 등 혼인에 관한 의궤 한 대목을 그대로 보는 듯한 느낌이다. 혼인 장면이 시작되는 첫 부분만을 인용하면 다음과 같다.

시긱이 니ᄅᆞᄆᆡ ᄉᆞ례팃감이 공쥬의 교ᄇᆡ위를 곤졍뎐 셔벽의 동향ᄒᆞ야 ᄇᆡ셜ᄒᆞ고 부마의 교ᄇᆡ위를 동벽의 셔향ᄒᆞ야 ᄇᆡ셜ᄒᆞ고 상영위를 동셔 합외의 베플고

44 『위씨오세삼난현행록』 권4.

수쥬뎡을 동셔 계상의 ᄇᆡ셜ᄒᆞ고 화륜을 뎡계상의 ᄇᆡ셜ᄒᆞᄆᆡ 상이 잇고 찬안위를 영ᄂᆡ 동셔의 ᄇᆡ셜ᄒᆞ고 찬안을 영ᄂᆡ 좌우의 ᄇᆡ셜ᄒᆞᄃᆡ 져기 남녁으로 ᄒᆞ야 셔ᄅᆞ 향ᄒᆞ게 ᄒᆞ고 촉ᄃᆡ를 동셔의 ᄇᆡ셜ᄒᆞᄃᆡ 뉵향으로 ᄒᆞ고 산호상을 냥위젼의 ᄇᆡ셜ᄒᆞ고 옥동을 좌우의 ᄇᆡ셜ᄒᆞᄃᆡ ᄃᆞ 남향ᄒᆞ야 동으로 우흘 ᄒᆞ고 모란비취병을 북벽의 ᄇᆡ셜ᄒᆞ고 홍개 ᄒᆞᆫ 빵은 동셔 계 우ᄒᆡ ᄇᆡ셜ᄒᆞ고 혼산ᄒᆞᆫ 빵은 뎐ᄂᆡ 좌우의 셰우고 봉션 네 빵을 그 동셔의 베플고 작션 네 빵은 그 좌우의 잇고 곡개 십 빵은 뎐뎡 좌우의 잇고 현무당 ᄇᆡᆨ호당은 우편 길의 버려 세우고 청뇽당 쥬작당 등 ᄉᆞ당은 좌편 길의 버려 세우ᄃᆡ ᄃᆞ 십 빵이오 은월부 금월부ᄂᆞᆫ 뎐뎡 좌우 길의 각각 십오 빵이오 은닙과 금닙과 각 오 빵과 금작ᄌᆞ 은작ᄌᆞ 각 십 빵은 좌우의 잇고 금황과 음횡과 각 오 빵은 동셔의 잇고 금장도 은장도도 동셔의 이시ᄃᆡ 쏘ᄒᆞᆫ 오 빵식이오 금우관등도 쏘ᄒᆞᆫ 좌우의 이셔 ᄒᆞᆫ가지로 ᄆᆡ등의 버려 셰윗고 고악헌가를 뎐뎡 동셔의 베플며 녀령집ᄉᆞ위ᄂᆞᆫ 계상 동셔의 베프ᄃᆡ ᄃᆞ 거듧쥴 노북으로 우흘ᄒᆞ고 진국공 봉ᄒᆞᄂᆞᆫ 고명과 공쥬ᄇᆡ필 뎡ᄒᆞᄂᆞᆫ 됴셔 악ᄎᆞ를 뎐 계상의 ᄇᆡ셜ᄒᆞᄃᆡ 동향ᄒᆞ고 부마 공쥬 ᄇᆡ위를 졍 계상의 ᄇᆡ셜ᄒᆞᄃᆡ 당 즁ᄒᆞ여 동으로 우흘ᄒᆞ고 향안을 졍계상의 ᄇᆡ셜ᄒᆞ고 황양산 ᄒᆞ나흘 자편 길의 ᄇᆡ셜ᄒᆞ고 황개 일 빵은 좌우의 셰우고 의장도 좌우의 버리고 빈ᄀᆡᆨ위ᄂᆞᆫ 동셔 계상의 ᄇᆡ셜ᄒᆞ고 찬안위ᄂᆞᆫ 동 계하의 (ᄇᆡ셜: 생략)ᄒᆞ고 찬상위ᄂᆞᆫ 동 계상의 (필자 주: ᄇᆡ셜)ᄒᆞ고 뎐인위ᄂᆞᆫ 동셔 계하의 (필자 주: ᄇᆡ셜)ᄒᆞᄃᆡ ᄃᆞ남의 이시나 져기 물너가게 ᄒᆞ고 거안쟈위ᄂᆞᆫ 동셔 계ᄒᆞ의 ᄒᆞ고 궁관궁녀궁노궁가궁비 참ᄒᆞᄒᆞᄂᆞᆫ 위ᄂᆞᆫ 동셔 계ᄒᆞ의 ᄇᆡ셜ᄒᆞ고 통창위ᄂᆞᆫ 동셔 계하의 ᄇᆡ셜ᄒᆞ고 뎐뉼거휘위ᄂᆞᆫ 계상의 ᄇᆡ셜ᄒᆞᄃᆡ 동으로 우흘ᄒᆞ야 ᄇᆡ셜ᄒᆞ기를 계유 ᄃᆞᄒᆞᄆᆡ 시ᄀᆡᆨ이 임의 니ᄅᆞᆫ지라. ᄶᆡ의 승상이 종족과 ᄌᆞ부를 거ᄂᆞ려 ᄂᆡᄉᆞᄂᆞᆫ 부인이 쥬장ᄒᆞ고 외ᄉᆞᄂᆞᆫ 승상이 쥬장ᄒᆞᆯᄉᆡ 이날의 부인이 공쥬 의표덕용을 밧비 보고져 원ᄒᆞ믄 목ᄆᆞ른 것 ᄀᆞᆺ틀분이 아니러니 찬녜관 상궁 소경난은 공쥬 악ᄎᆞ의 나아가 취위ᄒᆞ믈 청ᄒᆞ고 ᄐᆡ감 됴ᄃᆡ용은 부마 악ᄎᆞ 압ᄒᆡ 나아가 취위ᄒᆞ시믈 청ᄒᆞ여 합분 외의 니ᄅᆞ러ᄂᆞᆫ 찬녜관 장손 ᄎᆡ란은 부마를 인도ᄒᆞ고 찬녜관 동방 ᄆᆡ향은 공쥬를 인됴ᄒᆞ여 ᄇᆡ셕위의 니ᄅᆞᄆᆡ 승상은 됴복을

> ᄀᆞᆺ쵸고 부인은 명복을 ᄀᆞᆺ초와 노ᄅᆡ의 풍광이 소년을 불워아니 ᄒᆞᄂᆞᆫ지라 동셔를 뎡ᄒᆞ야 셔ᄆᆡ 찬례궁 상궁이 고셔를 농뎡의셔 밧드러 오고 고악이 압히셔 인도ᄒᆞ야 계하의 니ᄅᆞ러ᄂᆞᆫ 악이 그치고 향안을 졍뎐 당즁ᄒᆞ야 비셜ᄒᆞ고 뎐인이 봉명ᄒᆞᆫ ᄐᆡ감과 봉명ᄒᆞᆫ 상궁을 인ᄒᆞ야 압히 세우ᄃᆡ 동향ᄒᆞ고 셔로 우흐로 ᄒᆞ게 ᄒᆞ고 뎐창이 ᄉᆞ비ᄅᆞᆯ 부ᄅᆞ니 부마와 공쥐 국궁ᄒᆞᄆᆡ 악작ᄒᆞ고 ᄉᆞ비ᄒᆞᄆᆡ 악지ᄒᆞ며 션고녀관 찬례관 녀춘옥이 셔향ᄒᆞ야 고셔를 닑을ᄉᆡ 뎐창이 궤를 부ᄅᆞ니 낭인이 다 궤ᄒᆞ고 승상 부인 이히 ᄃᆞ 좃ᄎᆞ 궤ᄒᆞᄆᆡ 션고ᄒᆞ야 ᄀᆞᆯ오ᄃᆡ(후략)[45]

의궤와 같은 서적을 옆에 놓고 소설을 짓거나 의례의 절차를 작가가 외우고 있지 않다면 이러한 장면 구성은 가능한 일이 아니다. 이 장면을 꼼꼼히 읽다보면 궁중 혼례의 실제적인 상황에 대해 소상하게 파악할 수 있을 정도이다.

☑ 궁중 수연(壽宴)

「위씨오세삼난현행록」에서 장면 묘사의 절정은 천자가 태황태후, 황태후, 장황태후 등을 모시고 궁중연회를 베푸는 장면이다. 장황태후는 천자의 친모인데 이 장황태후의 수연이 벌어진다. 여기에 대해서는 아예 별도의 회장과 권을 마련하여 장장 2권(권21과 권22)에 걸쳐 서술되고 있다. 따라서 장면이라고 말하기에는 너무 긴 서술이다. 그러나 연회에 대한 절차가 의궤식으로 나열되고 있어 장면 구성임에는 분명하다. 아래에 인용되는 대목은 연회에 대한 첫 묘사가 시작되는 부분이다.

> 기일 명신의 녀관이 ᄐᆡ황ᄐᆡ후어좌를 진셜ᄒᆞᄉᆡ 북벽남향ᄒᆞ고 황ᄐᆡ후어좌ᄂᆞᆫ 동벽셔향ᄒᆞ고 황뎨어좌ᄂᆞᆫ 황ᄐᆡ후 좌편이오 황후어좌ᄂᆞᆫ 황태후 우편이며 향안은 단

45 『위씨오세삼난현행록』 권6.

지 남녁히 베플고 그날 녀관이 의장을 단폐 동셔와 단지 동셔의 난화 ᄇᆡ셜ᄒᆞ고 녀관의 밧들며 집ᄉᆞᄒᆞᄂᆞᆫ 자ᄂᆞᆫ 어좌 좌우의 셔고 녀악을 단폐 동셔의 진ᄒᆞᄃᆡ 북향ᄒᆞ고 젼안을 젼 동문 밧긔 셜ᄒᆞ고 반슈 ᄇᆡ위ᄅᆞᆯ 즁도 동셔의 셜ᄒᆞ고 명부 ᄇᆡ위ᄅᆞᆯ 단지의 셜ᄒᆞᄃᆡ 북향ᄒᆞ고 ᄉᆞ찬위ᄅᆞᆯ 단지 동셔의 셜ᄒᆞ고 ᄉᆞ빈위ᄅᆞᆯ 명부 묵녁히 셜ᄒᆞ야 동셔로 향ᄒᆞ고 ᄂᆡ찬이인위 뎐ᄂᆡ 동셔의 셜ᄒᆞ야, 명뷔 궁문 박긔 니ᄅᆞ러ᄂᆞᆫ ᄉᆞ빈이 명부ᄅᆞᆯ 인ᄒᆞ야 입취ᄇᆡ위ᄒᆞ고 연관이 장복을 ᄀᆞᆺ초교 반ᄌᆡ의 시위ᄒᆞᆫ 상ᄒᆡ 거동과 가치ᄒᆞ고 녀시관이(후략)[46]

이 장면은 조선시대의 『진찬의궤(進饌儀軌)』나 『진연의궤(進宴儀軌)』, 『풍정도감의궤(豊呈都監儀軌)』 등 의궤류의 〈의례(儀禮)〉 부분을 보는 듯한 느낌을 준다. 실제로 『풍정도감의궤』에서 의례의 절차를 밝힌 부분은 "其日尙寢率其屬設…"로 시작되고 있어 '기일'로 시작되는 문구까지 같다. 그리고 아래에 인용한 『풍정도감의궤』의 부분과 비교하면 거의 비슷한 방식으로 설명이 이루어지고 있음을 알 수 있다.

상침이 그 소속 인원을 거느리고 대왕대비의 자리를 정전 북쪽 벽에서 남향으로 설치하고, 보안을 자리 동쪽에서 가까운 곳에 차리고 향안 둘을 궁전 밖 좌우에 설치한다. 전하의 자리를 대왕대비 자리 동쪽에서 서향이 되게 설치한다. 왕비의 자리를 대왕대비 자리의 서쪽에서 동향이 되게 설치한다. 전빈이 왕세자의 자리 (중략) 여령(女伶)이 풍악을 궁전의 계단 위와 전정(殿庭)에 평사시의 같이 진설하고 왕비의 배위를 전영 안의 서쪽에 가까운 북향에 설치하고 전찬(典贊)은 왕세자 배위의 전정길 동쪽에 설치한다.[47]

---

46 『위씨오세삼난현행록』 권21.

47 『豊呈都監儀軌』. 송방송, 『한국음악사논총』, 민속원(1999), 339면에 이 부분이 번역되어 있는데 이것을 재인용한다.

이러한 경향은 이후에 서술되는 모든 연회의 설명 부분에서 확인이 되는 바이다. 다만 이 작품의 장면이 조선시대 '의궤'류에서 밝히고 있는 것보다 진설되는 항목이 더 많이 첨가되어 있을 뿐이다.

☑ **태황태후에 대한 공주의 헌작지례**

다음은 태황태후에 대한 공주의 헌작지례가 시작되는 부분이다. 여기서 설명되는 의례의 절차는 『풍정도감의궤』에서 밝히고 있는 헌작지례의 절차와 완전히 동일하다.[48] 악작(樂作)과 악지(樂止)의 절차, 대치사(代致詞)의 절차, '부복흥평신'을 창하는 것 등이 그대로 일치한다는 것이다. 또 치사의 내용까지 서술되는데, 이 부분은 번역하지 않고 현토를 하거나 어떤 구절은 주쌍행의 형식으로 번역까지 달아 놓았음을 확인할 수 있다. 그렇다면 이 권21과 권22의 내용은 어떤 '의궤'를 가져다 놓고 중간 중간에 작품과 관계된 인물을 삽입하면서 그대로 번역하여 옮긴 것일 가능성이 있다.

젼빈이 공쥬를 인ᄒᆞ야 ᄇᆡ위의 나아가 궤ᄒᆞ고 ᄃᆡ치ᄉᆞ관이 ᄐᆡ황ᄐᆡ후 좌젼좌편으로 진당ᄒᆞ야 궤ᄒᆞ고 ᄃᆡ치ᄉᆞᄒᆞ야 ᄀᆞᆯ오ᄃᆡ 공쥬등(은:현토형식) 공우가졍십년졍월초일일(ᄒᆞ야) 초츈원졍(이오) 만슈셩졀(의) 공진휘호(ᄒᆞ고) 겸거화상(ᄒᆞ니) 경일구우(ᄒᆞ고) 환균됴야(라) 흠유ᄌᆞ슈소셩강혜안인ᄐᆡᄐᆡ후폐ᄒᆞ(는) 예지총명(ᄒᆞ시고) ᄌᆡ장즁졍(이ᄉᆞᆺ다) 슉찬니어궁위(ᄒᆞ시니) 즁희누흡(ᄒᆞ고) 국아승어텬권(ᄒᆞ시니) 경운홍ᄀᆡ(라) 복념신등(은) 직슈심원ᄒᆞ고(직명이 심슈동산의 븟그럽ᄉᆞᆸ고:주쌍행) 셩졀황가(라, 졍셩이 황가의 간졀ᄒᆞ옵도다) 환츄긔졀(ᄒᆞ니) 슌악(은) 화뉵늪지츈(ᄒᆞ고) 옥녁발상(ᄒᆞ니) 셩셰(의) 계쳔영지운(이ᄉᆞᆺ다) 신등이 불승셩환셩변

48 『풍정도감의궤』의 헌작지례에 대해서는 사진실, 『공연문화의 전통』, 태학사(2002), 312~316면 및 송방송 외, 『국역 풍정도감의궤』, 민속원(1999) 참조.

(ᄒᆞ야) 계슈계슈(ᄒᆞ고) 상만만셰슈(ᄒᆞ나이다) 치ᄉᆞᄒᆞ기를 ᄆᆞᆺᄎᆞᄆᆡ 부복홍강복위(ᄒᆞ고) 공쥐 부복홍평신ᄒᆞᄆᆡ 젼빈니 공쥬를 인ᄒᆞ야 강복위(ᄒᆞ고) 상의 ᄐᆡ황ᄐᆡ후 좌젼의 진당ᄒᆞ야 승지ᄒᆞ오믈 궤계ᄒᆞ고 뎐츙문을 말ᄆᆡ아마 나가 노ᄃᆡ상의 남향ᄒᆞ여 셔고 유지ᄒᆞ시믈 일ᄏᆞᄅᆞᄆᆡ 인ᄒᆞ여 션지 왈 여공주등 동경이라 ᄒᆞ고 션지ᄒᆞ기를 ᄆᆞᆺᄎᆞᄆᆡ 동문으로 말ᄆᆡ아마 환복위ᄒᆞ고 ᄐᆡ황ᄐᆡ휘 작을 드ᄅᆞ시ᄆᆡ 악작ᄒᆞ야 소장군곡을 쥬ᄒᆞ고 상식이 진ᄒᆞ여 뷘 작을 밧ᄌᆞ와 슈쥬뎡의 복ᄒᆞᄆᆡ 악지ᄒᆞ고 공쥬이ᄒᆞ ᄃᆞ 부복홍평신ᄒᆞᄆᆡ 상식이 공쥬 쥬뎡의 나아가 존을 ᄌᆞᆸ고 ᄉᆞᆯ르 부어 공쥬젼의 진ᄒᆞ고 악작ᄒᆞ여 경풍년곡을 쥬ᄒᆞᄆᆡ 공쥐 바다 상식을 쥬시면 상식이 바다 ᄐᆡ황ᄐᆡ후 좌젼의 궤진ᄒᆞ면 ᄐᆡ황ᄐᆡ휘 잔을 바다 상식을 쥬시고 상식이 공주 젼의 진ᄒᆞᄆᆡ 공쥐 쉐ᄒᆞ고 쥬존ᄒᆞ여 거음ᄒᆞ믈 ᄆᆞᆺ고 존을 ᄌᆞ은 ᄌᆡ 부복홍편싱ᄒᆞᄆᆡ 이ᄒᆡ ᄃᆞ 부복홍평신ᄒᆞ고 쥬뎡의 니ᄅᆞ러 상식은 존을 밧고 공쥬ᄂᆞᆫ 취좌를 ᄉᆡ 이ᄒᆞ도 ᄃᆞ 취좌ᄒᆞ고 악지ᄒᆞᄆᆡ 좌우 상궁이 황뎨를 인도ᄒᆞ와 황ᄐᆡ후 슈정젼의 나아가 북향 입ᄒᆞ시ᄆᆡ 상식이(후략)[49]

☑ **악기 진설 장면**

위에서 제시한 장면 외에도 악기의 배치 상태와 악기의 종류와 수, 문·무대(文·武舞)의 명칭과 무희의 복식과 상태, 연회에서 불려지는 28개 악곡의 악명과 가사가 모두 기재되어 있는 장면이 나온다.[50]

단폐상즁화소악을 단지 동셔의 버리니 휘 일과 박 일과 츅 일과 어 일과 교방고 이오 장고 십과 편경 일과 편총 일과 반향 일과 현금 십과 가야금 십과 비파

49 ( )는 다른 글씨체로 기재되어 있는 경우인데, 현토에 해당하는 부분을 다르게 보이도록 했다는 것 역시 대단히 특이한 구성이다.

50 어떤 의궤를 참고한 것인지는 모르겠지만 당시 조선시대 궁중 연회에서는 불려지지 않던 악곡들이 정리되어 있어 중국쪽 의궤를 참고하여 이루어진 장면일 가능성도 배제할 수 없다.

십과 ᄒᆡ금 삼십과 ᄉᆞ 이십과 ᄃᆡ금 ᄉᆞᆷ십과 통소 삼십과 필뉼 일ᄇᆡᆨ이요 듕화소악을 단지 아ᄅᆡ 버리고 휘 일과 박 일과 축 일과 어 일과 건고 일과 삭고 일과 응고 일과 교방고 이와 장고 이십과 편경 오와 편종 오와 방향 오와 현금 삼십과 가야금 삼십과 비파 삼십과 아ᄌᆡᆼ 삼십과 ᄒᆡ금 오십과 ᄉᆡᆼ 오십과 대금 오십과 당적 오십과 통소 오십과 필뉼 오ᄇᆡᆨ이오 셰악을 폐상의 버리고 고 일과 장고 십과 박판 삼과 소 ᄉᆞ와 ᄌᆡᆼ 칠과 비 칠과 ᄒᆡ금 삼과 ᄉᆡᆼ 십오와 필뉼 ᄉᆞᆷ십과 적 오십과 방향 뉵이오 녀악을 젼ᄂᆡ의 버리니 교방고 일과 장고 이와 적 십과 가야금 오와 ᄒᆡ금 십과 현금 십과 비파 십과 아ᄌᆡᆼ 십과 ᄉᆡᆼ 십과 ᄃᆡ금 십과 당적 십과 통소 십과 필뉼 오십이오 ᄃᆡ악을 단폐 아ᄅᆡ 버리니 휘 십과 박 십과 축 십과 어 십과 건고 오와 응고 오와 교방고 오와 장고 오십과 편경 십과 편종 십과 방향 십과 현금 오십과 가야금 오십과 비파 오십과 아ᄌᆡᆼ 오십과 ᄒᆡ금 일ᄇᆡᆨ과 ᄉᆡᆼ 오십과 ᄃᆡ금 십과 당적 오십과 통소 오십과 필뉼 팔ᄇᆡᆨ이오 황문고취를 버리니 고 십과 소 팔십과 징 팔십과 훈 팔십과 지 팔십과 적 팔십과 ᄃᆡ금 구십과 필뉼 팔ᄇᆡᆨ이오 춤추ᄂᆞᆫ 쎄를 ᄃᆡ상ᄃᆡᄒᆞ와 뎐뎡 좌우의 버리니 문뮈 팔ᄇᆡᆨ이며 무뮈 팔ᄇᆡᆨ이오 무를 진ᄒᆞ미 ᄃᆞᆺ번의 기일은 ᄀᆞᆯ온 평졍텬ᄒᆞ디무니(필자 주: 이하 나머지 무용과 악곡 28개의 가사가 모두 기재)

☑ **활용의 관점에서**

위에서 제시한 장면을 종합해 본다면 「위씨오세삼난현행록」은 소설로서는 실패한 작품임에 분명하다. 의궤식 장면 묘사가 있다는 것은 작중 상황에 대한 사실감을 부여할 수 있다는 점에서 긍정적인 기능을 할 수도 있다. 그러나 갈등을 설정하지 않고 있다는 점, 전체적인 서사의 흐름과는 전혀 딴 방향으로 달려가는 지엽적인 삽화들이 빈번하게 삽입된다는 점, '부분의 독자성'이라 해도 될 정도의 의궤식 장면 묘사나 단순 나열에 불과한 일회성 인명이 나열되고 있다는 점은 억지로 생산된 소설이 아닌가 하는 느낌을 주기에 충분하다.

작가가 이 작품을 창작하는 데 참고한 텍스트는 여러 종류였을 것으로 짐작된다. 다른 소설 작품과의 교류가 있었음은 당연한 전제라고 하더라도 이외에 상당히 많은 종류의 서적들과의 직접적인 연계가 있었다. 일차적으로 거론할 수 있는 것이 의궤이다. 장면 구성에서 가장 많은 지면을 차지하고 있는 것이 연회나 혼례의 절차이고, 해당 장면들은 의궤의 직접적인 번역이라고 볼 수 있기 때문이다. 이외에 진법과 관련된 문헌, 궁중의 조회나 국문 상황을 밝힌 문헌이나 그림들, 각종 직제에 대한 사항을 알 수 있는 문헌[51] 등이 모두 직·간접적인 관계가 있었다고 볼 수 있다.

이러한 문헌들을 쉽게 접할 수 있었던 사람은 궁중 종사자였을 가능성이 있다. 진법의 경우는 『병학지남(兵學持南)』과 같은 서적들이 광범위하게 유포되었고, 언해까지 이루졌지만 그 외의 문헌들의 유통은 제한적이었다. 게다가 일반인들이 보아서 별 도움도 되지 않을 것들이다. 이 작품과 관련해서는 그 향유층이 궁중 종사자 중에서도 상궁의 부류였을 가능성이 큰 것으로 짐작된다. 이런 서적을 쉽게 접할 수 있고 또 반드시 접해야만 했던 부류가 이 상궁들이다. 특히 궁중 혼례나 연회 장면의 묘사가 다른 장면에 비해 압도적인 분량을 차지하고 있는데, 이것은 상궁들의 직접적인 관심사이기도 한 부분이다. 또 지엽적이기는 하지만 상궁의 외로운 처지가 부분적이나마 언급된 것을 본다면 이 작품의 작가가 상궁이었을 가능성이 인정된다 할 것이다.

그렇다면 이 작품은 조선시대 상궁의 관점에서 바라본 궁중 생활의 일면을 확인할 수 있다는 점에서 매우 중요한 자료로 인정된다. 소설이기 때문에 다소 허구가 있을 것이지만 이 작품은 최대한 사실성을 확보하려는 방향으로 장면을 구성하고 있다. 의궤류를 활용한 장면 구성이

51 궁중 장면 묘사 장면에서 상당히 많은 벼슬 명칭들이 나열되고 있다.

이를 입증한다고 할 것이다. 뿐만 아니라 한 종류가 아니라 무수한 종류의 서적이 장면 구성에 활용되었다. 이런 사실을 종합하면 이 작품은 상궁의 눈에 비친 조선시대 궁중의 모습을 한꺼번에 짐작할 수 있게 하는 풍속사 텍스트로서의 의의를 지닌다고 할 것이다.

참고문헌

강명구, 김수아, 서주희, 「동아시아 텔레비전 드라마가 재현한 가족과 가족 관계」, 『한국언론학보』 52, 한국언론학회, 2008, 25~56면.

강미선, 「「현몽쌍룡기」 연작의 서사구조 연구」, 『어문연구』 145호, 국어문교육연구회, 2010, 207~228면.

강상순, 「영웅소설의 형성과 변모 과정 연구」, 고려대학교 석사학위논문, 1990.

고숙희, 「화본소설 「金玉奴捧打薄情郎」과 TV드라마 〈아내의 유혹〉의 스토리텔링」, 『중국문화연구』 14집, 2009, 282~298면.

권도경, 「한국고전영웅서사원형의 재생산과 코리안 슈퍼히어로물의 탄생, 그리고 헐리우드 슈퍼히어로물과의 서사코드적 차이」, 『비교한국학』 22권 1호, 2014, 139~172면.

권순긍, 「대학 고전소설교육의 지행과 방법」, 『한국고전연구』 15집, 한국고전연구학회, 2007, 27~56면.

권혁래, 「대학 교양수업에서의 「구운몽」 읽기와 소설교육」, 『새국어교육』 83집, 새국어교육학회, 2009, 5~25면.

권혁래, 「「구운몽」의 현재적 소통과 다시쓰기 출판물」, 『온지논총』 27집, 온지학회, 2011, 9~37면.

김경미, 「타자의 서사, 타자화의 서사, 「홍길동전」」, 『고소설연구』 30집, 2010, 185~210면.

김기덕, 「콘텐츠의 개념과 인문콘텐츠」, 『인문콘텐츠』 창간호, 인문콘텐츠학회, 2003.

김미림, 「미국의 영웅 슈퍼맨 서사 해석」, 『한국 콘텐츠학회 논문집』 10권 3호, 2010, 175~186면.

김성수, 「배트맨: 미국의 문화코드와 슈퍼히어로 캐릭터」, 『글로벌문화콘텐츠』 30집, 2017, 23~40면.

김성재 편, 『매체미학』, 나남출판, 1998.

김수연, 「소통과 치유를 꿈꾸는 상상력, 「숙향전」」, 『한국고전연구』 23집, 한국고전연구학회, 2011, 429~459면.

김수정, 김수아, 「'집단적 도덕주의' 에토스: 혼종적 케이팝의 한국적 문화정체성」, 『언론과 사회』 23권 3호, 2015, 5~52면.

김승현, 한지만, 『한국사회와 텔레비전 드라마』, 한울 아카데미, 2001.

김창남 외, 『TV를 읽읍시다』, 한울, 1991.

김현주, 「고소설의 반구상 담화와 그 도가사상적 취향」, 『고소설연구』 14집, 한국고소설학회, 2002, 211~236면.

류탁일, 『완판 방각소설의 문헌학적 연구』, 학민사, 1981.

류탁일, 『한국문헌학연구』, 아세아문화사, 1989.

박경하, 「한국의 문화원형콘텐츠 개발현황과 과제」, 『인문콘텐츠』 3집, 인문콘텐츠학회, 2004.

박기수, 「문화콘텐츠 교육의 현황과 전망」, 『국제어문』 37집, 국제어문학회, 2006.

박명진, 「즐거움, 저항, 이데올로기」, 『사회과학과 정책연구』 13권, 1991, 67~95면.

박성봉, 『대중예술의 미학』, 동연, 2001.

박영희 「17세기 재자가인소설의 수용과 영향」, 『한국고전연구』 4집, 1998.

박일용, 「유충렬전의 서사구조와 소설사적 의미재론」, 『고전문학연구』 8집, 한국고전문학회, 1993, 265~297면.

박일용, 『조선시대 애정소설』, 집문당, 1993.

박지웅, 『모두가 꿈이로다』, 생각의 나무, 2009.

박희병, 『한국 전기소설의 미학』, 돌베개, 1997.

사진실, 『공연문화의 전통』, 태학사, 2002.

설성경, 『구운몽』, 책세상, 2003.

설성경, 『춘향전의 형성과 계통』, 정음사, 1986.

성낙수, 유의종, 조현숙, 『중학생이 보는 구운몽』, 신원문화사, 2009.

성윤아, 「한일 TV드라마의 장르 다양성 및 원천콘텐츠의 비교」, 『일본어문학』 79, 한국일본어문학회, 2018, 375~393면.

송방송 외, 『국역 풍정도감의궤』, 민속원, 1999.

송방송, 『한국음악사논총』, 민속원, 1999.

송성욱, 「「옥원재합기연」과 「창난호연록」 비교 연구」, 『고소설 연구』 12, 한국고소설학회, 2001, 187~222면.

송성욱, 「17세기 소설사의 한 局面: 「사씨남정기」, 「구운몽」, 「창선감의록」, 「소현성록」을 중심으로」, 『한국고전연구』 8집, 한국고전연구학회, 2002,

241~270면.

송성욱, 「17세기 중국소설의 번역과 우리소설과의 관계-「옥교리」를 중심으로」, 『한국고전연구』 7, 한국고전연구학회, 2001, 71~94면.

송성욱, 「고소설과 TV드라마」, 『국어국문학』 137, 국어국문학회, 2004, 91~108면.

송성욱, 「고전소설의 이원적 구조와 TV드라마, 〈별에서 온 그대〉, 〈도깨비〉와의 비교를 중심으로」, 『한국고전연구』 39, 한국고전연구학회, 2017, 299~327면.

송성욱, 「문화콘텐츠 창작소재와 문화원형」, 『인문콘텐츠』 6집, 인문콘텐츠학회, 2005, 75~89면.

송성욱, 「조선시대 대하소설의 현재성-TV드라마와의 비교를 통하여」, 『개신어문연구』 31집, 개신어문학회, 2010, 119~145면.

송성욱, 「홍길동전 이본신고」, 『관악어문연구』 13호, 1988.

송성욱, 『조선시대 대하소설의 서사구조와 창작의식』, 태학사, 2003.

송성욱, 「18세기 장편소설의 전형적 성격」, 『한국문학연구』 4호, 고려대 민족문화연구원 한국문화연구소, 2003.

송성욱, 『구운몽』, 민음사(세계의문학전집 72), 2003.

송성욱, 『한국 대하소설의 미학』, 태학사, 2003.

신동흔, 「정수경전: 관련설화와의 비교고찰」, 『한국고전소설작품론』, 집문당, 1990.

심동, 이승조, 「한중일 상호 문화의 차이에 대한 드라마 가족서사 분석」, 『교육문화연구』 23-5호, 415~437면.

오현화, 「미국 슈퍼히어로 영화 속 영웅의 계보학」, 『영어권문화연구』 9권1호, 91~117면.

이강옥, 「「구운몽」의 재해석과 희망의 서사교육」, 『국어교육연구』 46집, 국어교육학회, 2010, 121~158면.

이강옥, 「초등학교 고전소설 교육의 의의와 방향」, 『고전소설교육의 과제와 방향』, 월인(한국고소설학회), 2005.

이매, 남태수, 한혜경, 「한중 가족드라마 서사 비교분석」, 『동북아문화연구』 49, 동북아시아문화학회, 2016, 387~402면.

이명현, 「문화콘텐츠시대 고전소설 연구 경향과 방향」, 『어문론집』 57, 중앙어문학회, 2014, 55~80면.

이명현, 『고전서사와 문화콘텐츠 스토리텔링』, 경진출판, 2017.

이상익, 『한중소설의 비교문학적 연구』, 삼영사, 1983.
이상일, 『무엇이 꿈이고 무엇이 꿈이 아니더냐』, 나라말(국어시간에 고전읽기 구운몽), 2007.
이상택, 『한국 고전소설의 이론 II』, 새문사, 2003.
이영미, 『한국인의 자화상 드라마』, 생각의 나무, 2008.
이윤석, 「설인귀전」, 『한국고전소설작품론』, 집문당, 1992.
이인화 외, 『디지털스토리텔링』, 황금가지, 2003,
이정원, 「영웅소설의 괴물문제 - 슈퍼히어로와의 대비의 관점에서 -」, 『우리어문연구』 55집, 2016, 99~129면.
이종수, 「텔레비전 미학」, 김성재 외, 『매체미학』, 나남출판, 1998, 233~246면.
이주영, 『구활자본 고전소설 연구』, 월인, 1998.
이지하, 「「옥원재합기연」 연작 연구」, 서울대 박사학위논문, 2001.
이지하, 「대하소설의 문화콘텐츠화에 대한 전망」, 『어문학』 103, 한국어문학회, 2009, 197~220면.
이창헌, 「혼사장애의 측면에서 본 고전소설의 도입부와 결말부」, 『관악어문연구』 14, 1989, 181~207면.
이창헌, 『경판 방각소설판본연구』, 태학사, 2000.
이택광, 「얼굴, 코스튬, 슈퍼히어로: 대중문화와 영성」, 『비평과이론』 19권 1호, 2014, 141~162면.
이현중, 「21세기 슈퍼히어로 영화의 문화적 다양화 경향 연구」, 『문화연구』 5권1호, 3~30면.
임치균, 「유충렬전」, 간행위원회 편, 『한국고전소설작품론』, 집문당, 1992, 387~406면.
전성운 『한, 중 소설 대비의 지평』, 보고사, 2005.
정규복 외, 『김만중 문학연구』, 국학자료원, 1993.
정규복, 『한국 고전문학의 원전비평적 연구』, 고려대민족문화연구소, 1992.
정규복, 『한중문학비교의 연구』, 고려대출판부, 1987.
정길수, 「17세기 장편소설의 형성경로와 장편화 방법」, 서울대학교 박사학위논문, 2005.
정병설, 「「옥원재합기연」: 탈가문소설적 시각 또는 시점의 맹아」, 『한국문화』 24호, 서울대 한국문화연구소, 1999, 81~98면.

정병설, 「고소설과 텔레비전 드라마의 비교」, 『고소설연구』 18, 한국고소설학회, 2004, 221~246면.

정병설, 「조선 후기 장편소설사의 전개」, 『한국 고전소설과 서사문학(上)』, 집문당, 1998.

정병설, 『구운몽도』, 문학동네, 2010.

정영애, 『구운몽』, 예림당, 2008,

정영희, 『한국 사회의 변화와 텔레비전 드라마』, 커뮤니케이션북스, 2005.

정종진, 「「숙향전」 서사구조의 양식적 특성과 세계관」, 『한국고전연구』 7집, 한국고전문학회, 2001, 206~229면.

조광국, 『TV홈드라마와 세계』, 연극과인간, 2014.

조광국, 「TV드라마 〈내 딸 서영이〉: 결연구조와 사랑의 스펙트럼」, 『문학치료연구』 29집, 한국문학치료학회, 2013, 9~38면.

조광국, 「고전대하소설과의 연계성을 통해 본 TV드라마의 서사 전략과 주제」, 『정신문화연구』 31권 3호, 2008, 389~411면.

조동일, 『한국 소설의 이론』, 지식산업사, 1977.

조재현, 「고전소설에 나타난 환상계 연구」, 국민대학교 박사학위논문, 2005.

주재우, 『구운몽』, 계림, 2007.

진경환, 「영웅소설의 통속성 재론」, 『민족문학사연구』 3호, 1993, 91~112면.

최수경, 「명말청초 소설 형태의 변화」, 『중국소설논총』 12집, 2000.

최영진, 유준석, 「〈어벤져스〉에 나타난 미국적 이데올로기의 양상들」, 『비교문화』 제62집, 2014, 303~322면.

최혜실, 「한국 문화산업 육성을 위한 이론적 토대로서의 문화콘텐츠」, 『인문콘텐츠』 3집, 인문콘텐츠학회, 2004.

한국문화산업교류재단, 『2016-2017 글로벌 한류실태조사』

한국문화콘텐츠진흥원, 『2003 문화원형콘텐츠총람』

한국문화콘텐츠진흥원, 『2004 문화원형콘텐츠총람』

한국문화콘텐츠진흥원. 『문화원형 창작소재 개발 중장기 로드맵』

한길연, 「18세기 문제작 옥원재합기연 연작의 재해석」, 『고전문학연구』 48, 한국고전문학회, 2015, 331~336면.

한길연, 「고전소설 연구의 대중화 방안」, 『어문학』 115, 한국어문학회, 2012, 249~287면.

한길연, 「대하소설의 능동적 보조인물 연구」, 서울대학교 석사학위논문, 1997.
황인성, 원용진 엮음, 『愛人－TV드라마, 문화 그리고 사회』, 한나래, 1997.
황준호, 「슈퍼맨과 미국의 신화」, 『안과밖: 영미문학연구』 34호, 2013, 343~379면.
Anthony Fung, 최기숙, 「TV드라마에서의 감성: 〈꽃보다 남자〉의 한중 비교를 중심으로」, 『동방학지』 161, 2013, 363~399면.
글랜 예페스, 『우리는 매트릭스 안에 살고 있나』, 굿모닝미디어, 2003.
롤랑 바르뜨 저, 김희영 역, 『텍스트의 즐거움』, 동문선, 1997.
월터 J. 옹, 이기우, 임명진 역, 『구술문화와 문자문화』, 문예출판사, 1995.
이와오 수미코 지음, 김영덕 · 이세영 옮김, 『TV드라마의 메시지』, 커뮤니케이션북스, 2004.
존피스크 · 존 하틀리 저, 이익성 · 이은호 역, 『TV읽기』, 현대미학사, 1997.
피터 와트 저, 김창유 역, 『영화 · TV의 화면 구성』, 책과 길, 2000.

찾아보기

[기타]

고전소설과 대중문화

초판 1쇄 인쇄 2021년 8월 13일
초판 1쇄 발행 2021년 8월 20일

지은이 송성욱
펴낸이 박성복
펴낸곳 도서출판 월인
주소 01047 서울특별시 강북구 노해로25길 61
등록 1998년 5월 4일 제6-0364호
전화 (02) 912-5000
팩스 (02) 900-5036
홈페이지 www.worin.net
전자우편 worinnet@hanmail.net

ISBN 978-89-8477-702-6 93810

값은 뒤표지에 있습니다.